Espiritualidade quântica

A busca da inteireza

AMIT GOSWAMI
E VALENTINA R. ONISOR

Espiritualidade quântica

TRADUÇÃO:
SONIA AUGUSTO

goya

ESPIRITUALIDADE QUÂNTICA

TÍTULO ORIGINAL:
Quantum Spirituality

PREPARAÇÃO DE TEXTO:
Entrelinhas Editorial

REVISÃO:
Hebe Ester Lucas
Mônica Reis

DIAGRAMAÇÃO:
Desenho Editorial

CAPA:
Giovanna Cianelli
Gabriel Rolim

MONTAGEM DE CAPA:
Pedro Fracchetta

PROJETO GRÁFICO:
Neide Siqueira
Desenho Editorial

**DADOS INTERNACIONAIS DE CATALOGAÇÃO NA PUBLICAÇÃO (CIP)
DE ACORDO COM ISBD**

G682e Goswami, Amit
Espiritualidade quântica: a busca da inteireza / Amit Goswami, Valentina R. Onisor ; traduzido por Sonia Augusto. - São Paulo, SP : Aleph, 2021.
296 p. ; 16cm x 23cm.

Tradução de: Quantum spirituality: the pursuit of wholeness
ISBN: 978-65-86064-04-9

1. Física quântica. 2. C Espiritualidade quântica. I. Onisor, Valentina R. II. Augusto, Sonia. III. Título.

2020-768   CDD 530.12
                                 CDU 530.145

ELABORADO POR VAGNER RODOLFO DA SILVA - CRB-8/9410

ÍNDICES PARA CATÁLOGO SISTEMÁTICO:
1. Física quântica 530.12
2. Física quântica 530.145

COPYRIGHT © AMIT GOSWAMI E VALENTINA R. ONISOR, 2020
COPYRIGHT © EDITORA ALEPH, 2021
(EDIÇÃO EM LÍNGUA PORTUGUESA PARA O BRASIL)

TODOS OS DIREITOS RESERVADOS.
PROIBIDA A REPRODUÇÃO, NO TODO OU EM PARTE, ATRAVÉS DE QUAISQUER MEIOS.

goya
é um selo da Editora Aleph Ltda.

Rua Bento Freitas, 306, cj. 71
01220-000 – São Paulo – SP – Brasil
Tel.: 11 3743-3202

WWW.EDITORAGOYA.COM.BR

@editoragoya

Este livro é dedicado
ao despertar espiritual
da humanidade.

sumário

Prólogo 09

Prefácio 13

Introdução: A necessidade de uma espiritualidade
científica e afirmativa no mundo 17

1. Inteireza e eu (Amit) 37
2. A física quântica da inteireza 51
3. A condição humana e como sair dela 71
4. As necessidades propositais da consciência 79
5. Preparar o terreno para a jornada de
   transformação 111
6. Construção da alma 133
7. O caminho profissional: karma yoga
   no estilo quântico 149
8. A integração das três dicotomias fundamentais:
   o caminho do líder quântico 159
9. O caminho da cura: cura quântica e exploração
   da inteireza 175

10. Inteireza por meio da nutrição 183
11. Inteireza por meio da integração das perspectivas de viver e morrer 189
12. Criatividade vital em busca da inteireza 195
13. A integração da sexualidade e do amor: a versão quântica do tantra 211
14. Inteireza e eu (Valentina) 231
15. A exploração dos grandes arquétipos: a jornada da alma na direção da inteligência supramental 243
16. A integração da cabeça e do coração 251
17. Iluminação quântica 259
18. O despertar da inteligência supramental em sua verdadeira forma 267
19. É possível experimentar os arquétipos sem separação? 279

Bibliografia 285
Índice remissivo 287

prólogo

A palavra "quântico" está praticamente ausente da vida da pessoa média, e até os físicos, que a usam há mais de um século, tiram o jaleco branco de laboratório à noite e a deixam para trás. O objetivo do livro que você está segurando é nos convencer de que o mundo quântico é importante para a espiritualidade e a cura, e eu gostaria de mencionar algumas ideias para criar um caminho.

O pensamento quântico precisa passar pelo que tem sido chamado de teste do "E daí?". Isto é, precisa se expandir da teoria para algo prático e útil. Quase todas as descobertas científicas passam pelo teste do "E daí?" ao levarem a uma nova tecnologia, e a física quântica conseguiu isso há muito tempo – a criatividade humana deve a bomba atômica e o transistor a ela, só para mencionar duas aplicações iniciais. Mas isso não é o mesmo que aplicar os princípios quânticos a nós mesmos pessoalmente, que é exatamente o que fazem a cura quântica ou a iluminação quântica, dois dos principais assuntos deste livro.

Por mais estranho que pareça, já estamos emaranhados no domínio quântico, percebamos isso ou não. Todos os objetos físicos no universo emergem do campo quântico, inclusive nosso corpo. Esse fato tem sido reconhecido há décadas, mas ainda não teve impacto real sobre a pessoa média, que simplesmente supõe, caso chegue a pensar sobre isso, que "tornar-se quântico" só envolve atingir um nível do mundo físico menor do que o dos átomos e moléculas. Nós não nos definimos, pelo menos fora dos livros, como atômicos e moleculares e, assim, o *quantum* também não faz parte da nossa vida cotidiana.

Mas, aqui, chegamos a uma conclusão falsa. Em sua busca pela menor unidade na criação, um projeto que data dos antigos gregos, a mente humana investigou a natureza, reduzindo-a a coisas cada vez menores, na suposição de que as coisas grandes são apenas uma acumulação de coisas pequenas, da mesma maneira que uma praia é composta por grãos de areia, um recife de coral é composto por minúsculos organismos unicelulares e o corpo humano é formado por trilhões de células.

Essa suposição não se sustenta no nível quântico, e é bom que seja assim. Ao contrário dos átomos e das moléculas, os *quanta* existem no ponto limite entre nada e algo. Eles têm dupla personalidade, emergindo de um vácuo primeiro como ondas invisíveis sem localização definida, mas depois se aglutinando em partículas. O lado partícula da natureza deles nos dá o mundo físico, mas o lado onda da natureza deles é muito mais misterioso. Ele está envolvido em um processo que a física chama de "algo a partir de nada", que é o ato mais primal da criação e o derradeiro truque mágico.

Como a primeira etapa na criação, algo a partir de nada desafia nosso senso comum – um mágico no palco tira um coelho de uma cartola porque o coelho já estava escondido na cartola. Mas o nada que produziu o universo é impenetrável. Ele contém o potencial para o nosso universo e, talvez, uma miríade de outros universos. De alguma forma, ele organiza a criação de tal maneira que 13,8 bilhões de anos depois do Big Bang existe DNA humano, a molécula mais complexa no universo conhecido. E, de modo ainda mais misterioso, o nada fez surgir a mente ou consciência.

Você pode passar a vida inteira tentando entender como o domínio quântico faz todas essas coisas. Se você parar para pensar, produzir algo do nada está no cerne de todas as perguntas que já foram feitas. Mas, se nos concentramos no pessoal, algo a partir de nada é exatamente como acontecem os pensamentos, emoções, percepções, lembranças, *insights*, curiosidades e saltos criativos. Cada pensamento é precedido por um espaço em branco e seguido por outro espaço em branco. Nesse espaço, algo emerge do nada.

Portanto, se nosso corpo e nossa mente são criações quânticas, constantemente renovadas, isso abre enormes possibilidades para o que significa ser humano. Amit Goswami e Valentina Onisor explicam os detalhes de como a interação de cada pessoa com mente, corpo, mundo e cosmos é uma interação quântica. Sua investigação é fascinante e, na minha opinião, apresenta uma nova e expandida visão da medicina, psicoterapia, biologia, genética e muito mais. Estamos a um passo de redefinir o que significa ser humano, e Goswami e Onisor estão na vanguarda dessa revolução.

Mas existe um problema. Até entendermos do que o "nada" consiste, o "algo" também não pode ser entendido. Sem uma história das origens, nosso relacionamento com a natureza e nosso lugar no universo continuam a ser um enigma. Ao nos apoiarmos em *insights* que datam de milhares de anos, descobrimos que o "nada" propõe uma escolha ou/ou, na verdade a mais básica das escolhas ou/ou mais básicas. O "nada" que dá origem ao "algo" ou está vazio ou está cheio.

A opção de ver o "nada" como vazio é tentadora para todos os que acreditam que a criação começou com o Big Bang, um caos superaquecido em espiral que, com o passar do tempo, levou ao cosmos, no qual a ação (ainda misteriosa) de eventos randômicos controlados por leis físicas levou à vida na Terra. Essa visão do "nada" tem sido uma parte integrante da física e da cosmologia convencionais por muito tempo, mesmo depois que o *quantum* e sua existência fantasmagórica puxaram o tapete de baixo do materialismo simples. Não existe uma coisa pequena da qual as coisas grandes são feitas, um fato que é convenientemente desconsiderado por inúmeros cientistas. No fim, bloqueados pela impossibilidade de conseguir dados do "nada", os físicos recorreram à matemática avançada como a única esperança para explicar o que acontece no útero da criação, removendo, assim, "algo a partir do nada" totalmente do domínio da vida cotidiana.

A outra escolha nessa configuração ou/ou é a plenitude, a proposição de que, em vez de ser um espaço vazio, o "nada" é o campo de infinitas possibilidades. Essa é a origem de todas as qualidades conhecidas da mente humana, inclusive as qualidades que mais valorizamos na vida: amor, inteligência, criatividade, evolução, descoberta etc. Se a escolha da plenitude é a certa, então todos os momentos em nossa vida estão conectados com nossa origem. A surpreendente conclusão a ser extraída é de que, se o campo de infinitas possibilidades está realmente presente aqui e agora, a mente humana deve partilhar a infinitude, não só de algum modo exótico representado em longas equações em uma lousa, mas como nosso modo normal de vida.

Essa definição do "nada" como plenitude data da antiga Índia, de onde surgiu a espiritualidade com base na religião — esse foi um pequeno passo da plenitude infinita para um Deus ou deuses infinitos. Mas atribuir a criação a um ser sobrenatural deixa de lado o *insight* original, que é essa plenitude na consciência — chamada de inteireza neste livro — que dá a cada um de nós uma conexão a possibilidades infinitas. No fundo, o movimento do potencial humano se baseia nesse *insight*, que Goswami e Onisor desdobram com inteligência, compaixão e otimismo.

O conhecimento deles é incrivelmente impressionante, e *Espiritualidade quântica* é um livro marcante. Não existe uma obra mais sã nem mais convincente sobre a fase emergente da evolução humana — uma evolução na consciência, aberta a todos.

Deepak Chopra

prefácio

Depois de pesquisar por várias décadas a física quântica e sua extensão, a ciência quântica, eu, Amit, posso declarar: a ciência quântica pode preencher todas as lacunas da ciência incompleta praticada hoje pela maioria dos cientistas sob a égide da metafísica do materialismo científico – a matéria é tudo. Tolhidos por essa camisa de força, esses cientistas perdem a ciência da consciência, vida, sentimentos, significado, intuição, criatividade, fenômenos paranormais, evolução, reencarnação e espiritualidade. A ciência quântica, com base na primazia da consciência, explica todos esses fenômenos.

Ainda mais importante, a ciência quântica está enraizada nas descobertas criativas feitas na Índia pelo menos há cinco mil anos. Essas descobertas originaram as tradições de sabedoria esotérica na Índia e em outros lugares, bem como religiões exotéricas cujos muitos dogmas, na verdade, nublam a sabedoria. A ciência quântica preenche as lacunas das tradições de sabedoria também ao explicar a interface do espírito e da matéria, a qual é tradicionalmente chamada de "mundo sutil".

As tradições de sabedoria falam da espiritualidade como basicamente uma exploração da natureza do *self*: "Quem sou eu?". A ciência quântica revela que, embora essa seja a mais elevada aspiração para um ser humano e leve à liberação do sofrimento causado pelas fraquezas da condição humana para sempre, a maioria das pessoas, antigamente e hoje, não está preparada para essa elevada exploração. A ciência quântica aponta para uma abordagem passo a passo da espiritualidade, a fim de que as pessoas do mundo sirvam-no permanecendo nele até estarem prontas para a cessação de todas as fraquezas do desejo e para a liberação desse mesmo mundo.

Descobri que a jornada espiritual enquanto se permanece no mundo, de modo geral, pode ser abordada como uma jornada de expansão progressiva da consciência para incluir os outros, uma expansão que experimentamos como felicidade (a ser distinguida do prazer, que muitas vezes consiste de uma contração da consciência como o sadismo ou o consumo de álcool). Assim, escrevi um livro com a psicóloga Sunita Pattani e lhe dei o nome de *The Quantum Science of Happiness*.*

Em 2017, enquanto eu ensinava em um workshop avançado de ativismo quântico em São Paulo, no Brasil, para algumas pessoas selecionadas, tive um *insight* "ahá!". A jornada de felicidade muito depressa se transforma em uma jornada de exploração do que chamamos de valores espirituais ou arquétipos: amor, beleza, verdade, abundância, poder, bondade, justiça, inteireza e *self*. A exploração do *self* o libera do mundo, como eu disse. Naquele dia, percebi que se, em vez disso, explorarmos o arquétipo da inteireza, então podemos permanecer para sempre no mundo porque a jornada na inteireza, ao contrário da jornada da exploração do *self*, não tem fim. Eu também percebi que isso é o significado do voto de Bodhisattva no budismo — permanecer no limiar da liberação até que todos os seres sencientes estejam prontos para isso. Percebi ainda que esse é o caminho espiritual que o grande mestre Sri Krishna ensinou no Bhagavad Gita e que o grande místico e filósofo Sri Aurobindo desenvolveu ainda mais. Percebi que havia chegado a hora de tornar mais científico esse caminho para

---

* A ser lançado no Brasil em 2021 com o título *Psicologia quântica*. [N. de E.]

a espiritualidade porque é muito apropriado para o aspirante espiritual do século 21.

Existe um antigo caminho espiritual chamado tantra, que se destina às pessoas que vivem no mundo e que usa as energias vitais para explorar os arquétipos em vez de usar a mente e o significado. Minha coautora, a dra. Valentina R. Onisor, é uma expoente da arte da medicina e da espiritualidade esotérica integral, integrando o conhecimento e os métodos da energia vital em sua vida e em seu trabalho. Ela foi convidada para o workshop de Ativismo Quântico em Bangalore, na Índia, em 2016 e, desde então, temos pesquisado e ensinado em especial o que é popularmente conhecido como o problema de integrar a cabeça e o coração. Naturalmente, ela se juntou a mim nesse empreendimento de desenvolver um caminho espiritual para explorar a inteireza. Foi muito útil que, como uma médica treinada, ela tenha explorado a inteireza em sua prática médica por vários anos, integrando a medicina convencional e a alternativa. É assim que funciona quando tudo se encaixa.

Para quem é este livro? É para todo o mundo. Vejamos de quais maneiras:

- Para os jovens leitores, este livro trará significado e propósito à sua vida.
- Para os profissionais em geral, este livro vai ajudá-los a integrar como pensar, como viver e como ganhar a vida; em outras palavras, ajudará a dar congruência a sua vida.
- Para os profissionais de medicina, em particular, este livro vai ajudá-los a praticar saúde e cura como inteireza restauradora.
- Para os líderes de negócios, política ou ativismo social, em particular, este livro vai ensiná-los a integrar sua criatividade exterior com a transformação interna e também a explorar a abundância e o poder tendo em mente o bem social.
- Para as pessoas de meia-idade, confusas a respeito de como fazer a transição dessa fase, este livro vai lhes dar um caminho no mundo para a espiritualidade.
- Para todos os aspirantes espirituais, este livro vai lhes dar uma maneira alternativa de viver na iluminação.

introdução: a necessidade de uma espiritualidade científica e afirmativa no mundo

O subtítulo deste livro deve intrigá-lo. Geralmente, as tradições espirituais falam da iluminação como um sinônimo de realização do *self* – o momento em que você percebe que não é seu ego, mas uma consciência cósmica. O que elas não lhe dizem (Depressa! Feche a porta!) é que existe suprema alegria nesse estado, mas nenhum *self* para desfrutá-la! Neste livro, eu mostro as etapas para encontrar um estado de iluminação para viver de um modo em que a alegria é um pouco comprometida, mas você ainda está lá e pode desfrutá-la. Está interessado?

Se você não me conhece, eu (Amit) sou físico quântico, pesquisador da consciência e ativista quântico. Ensino em workshops de ativismo quântico em todo o mundo. A física quântica integrou sem ambiguidade a ciência e a espiritualidade. Eu ensino as pessoas a transformarem a própria vida e também o mundo.

A dra. Valentina é médica especializada em medicina da família. Com mais de dezesseis anos de experiência, ela incorporou com êxito vários ramos de sistemas de cura integrativos antigos e modernos (cura quântica, acupuntura, Ayurveda, aromaterapia, apiterapia, táquions, naturopatia, nova medicina alemã) e métodos de desenvolvimento de consciência, como yoga e meditação esotéricas, em sua vida.

Escrevemos este livro usando sempre a primeira pessoa, eu, mas tenha certeza de que você está ouvindo a voz de nós dois.

Na física quântica, os objetos são possibilidades que residem em um domínio de potencialidade fora do espaço e do tempo. Nesse domínio, não são necessários sinais para a comunicação quando dois objetos estão em um estado de correlação ou de entrelaçamento: a comunicação é instantânea. Essa comunicação instantânea é proibida no espaço e no tempo, em que a comunicação deve ocorrer por meio da troca de sinais e isso tem um limite de velocidade. A comunicação demora um pouco para que os sinais percorram a distância que separa os objetos. Em contraste, o domínio da não localidade – comunicação sem sinal – é um domínio de unidade potencial. O exame mais de perto revela que esse domínio de unidade potencial é a consciência e suas potencialidades. E o domínio do espaço e do tempo é o que a consciência experimenta ao se tornar imanente e se separar em um *self* (sujeito) e o outro (objetos) no processo de converter potencialidade em manifestação.

É assim que a física quântica integra a ciência e a espiritualidade. As tradições espirituais têm dito, nos últimos cinco mil anos, que existe um domínio de realidade que transcende o espaço e o tempo, um domínio onde tudo é um. O que experimentamos como imanente é secundário a isso.

Se a consciência é a base não local do ser, todas as nossas experiências – não só as sensações físicas, mas também o pensamento, o sentimento e a intuição não físicos – devem vir dela. Essa extensão nos leva ao que chamamos de ciência quântica. O pensamento traz o significado de volta à ciência, as intuições trazem de volta o propósito como o amor, e os sentimentos trazem de volta a paixão à nossa exploração de significado e propósito. Dessa maneira, a extensão das ideias da física quântica para uma ciência quântica abre ainda mais o escopo da integração da ciência e da espiritualidade. Na verdade, isso nos dá uma nova lente conceitual para organizar todas as nossas experiências – sensação, sentimento, pensamento, intuição e espiritualidade. Desse modo, a ciência quântica nos dá uma visão de mundo quântica, uma nova lente para que os seres humanos vejam o mundo e sobre a qual eu muito expliquei em livros anteriores.

As pessoas vêm a nossos workshops porque existe uma fome real hoje por significado e propósito na vida. Isso é parcialmente uma consequência da visão de mundo prevalente do materialismo científico, a ideia de que tudo é matéria e um jogo de interações materiais. Nessa visão, o conceito de informação – o significado de outras pessoas – domina a psique da pessoa comum. E, segundo esses elitistas, que ditam a experiência de significado (ou da falta dele) das pessoas, o mundo é visto como mecânico e dirigido por causas sem propósito.

Isso não seria tão ruim porque há a outra visão de mundo, a religião – e as religiões deveriam fornecer algum senso de significado e propósito a seus seguidores (50% das pessoas do mundo). Qual religião? As tradições da sabedoria espiritual não combinam muito bem com pessoas comuns que não conseguem compreender suas sutilezas; as religiões são versões popularizadas das tradições espirituais. Infelizmente, em especial no Ocidente, a religião transmite uma mensagem confusa. Ela não rejeita inteiramente o propósito, mas propõe que o propósito derradeiro da vida humana é se esforçar por viver em perfeição – na companhia de uma entidade separada de nós, chamada "Deus". Deus é transcendente – fora do espaço e do tempo, que é a parte que as religiões ocidentais enfatizam. Não podemos entrar na morada de Deus – paraíso – a menos que consigamos virtudes, então aí está o propósito. O fruto de nossa ação só é alcançado quando morremos. Portanto, as religiões tendem a negar o mundo, e até mesmo a negar a vida, e não são apropriadas para as pessoas de um tempo em que, depois de centenas de anos de ciência e tecnologia, finalmente aprenderam a lidar em grande medida com o ambiente.

Ao reafirmar que Deus é disponível e imanente também no mundo e em nós, e também ao nos dar os meios de explorar nossa Divindade, a visão de mundo quântica aponta para um caminho intermediário entre a ciência materialista que afirma o mundo, mas nega Deus, e a religião que afirma Deus, mas nega o mundo. Afinal de contas, existe felicidade no mundo e na vida; não só dos prazeres materiais, mas também do espírito imanente.

E, portanto, neste livro, nós declaramos: *o significado e o propósito da vida humana para a maioria das pessoas são mais bem atendidos se for adotado o caminho do meio, que consiste em integrar a ciência e a espiritualidade na vida, explorar o significado e o propósito, alcançar a integração, a ação inclusiva e a inteireza, e viver e servir no mundo em um fluxo equilibrado e harmonizado entre o mundo e Deus imanente, o espírito.*

Não há nem religião nem ciência que seja superior à verdade. A moderna ciência materialista e as religiões feudais estão em atrito porque ambas afirmam abordar a verdade e que seu caminho é o único certo. Essa contradição aparente só pode ser resolvida se percebermos o fato de que tanto o cientista quanto o místico têm de orientar sua aspiração na direção do mesmo Deus (para a ciência materialista não há Deus, mas existem as leis materiais da ciência que governam a matéria) e buscar conhecer juntos Deus ou a Verdade Absoluta, em um espírito de fraternidade. Quando o cientista e o místico trabalham juntos, eles têm todas as ferramentas necessárias para a tarefa delicada que estão assumindo. O cientista tem o "equipamento" adequado, e o místico tem o desejo de explorar o "mapa do lugar". Até entenderem que só juntos eles têm uma chance, o trabalho deles é o de duas pessoas portadoras de deficiências tentando encontrar a saída de um labirinto: uma delas com boas pernas, mas cega, e a outra com olhos excelentes, mas sem pernas. Não importa qual método usemos ou qual explicação filosófica demos, a realidade de nossa experiência é a mesma. Em resumo, os cientistas devem aceitar as experiências místicas como dados a serem seriamente considerados para validação. Então, a colaboração entre o cientista e o místico levará ao renascimento da antiga ciência espiritual, dos tempos em que a pessoa com espírito científico era devotada ao Objetivo Supremo e a pessoa com coração místico estudava detalhadamente como chegar lá.

Propomos aqui uma nova religião? Categoricamente, não. Propomos uma nova maneira de viver. Não é uma coincidência que a ideia dessa nova forma de vida espiritual integrada com a ciência tenha surgido para mim enquanto Valentina e eu realizávamos um workshop de ativismo quântico no Brasil, que discutia como viver a vida usando os princípios e a visão de mundo quânticos. Os participantes do workshop foram codescobridores.

O que é preciso integrar para chegar à inteireza

A ideia do espírito imanente não é inteiramente nova. O que é novo é a integração: não deixamos o transcendente de fora também.

A exploração da inteireza em nossa vida pode começar em muitos níveis. Existem muitas dicotomias no modo como vivemos e nos relacionamos que impedem a inteireza. Chegar à inteireza, para começar, é integrar as principais dicotomias, que são três. Leia o que disse Jesus, segundo Tomás (p. 17), há dois mil anos:

> *Quando fizer de dois um,*
> *e quando fizer o interno como o externo*
> *e o externo como o interno,*
> *e o acima como o abaixo,*
> *e quando fizer*
> *o macho e a fêmea em um só*
> *para que o macho não seja macho*
> *e a fêmea não seja fêmea,*
> *então você entrará no Reino.*

O "reino" é o paraíso, é claro. Acima e abaixo significam transcendente e imanente. Transcendente é o que, na ciência quântica, chamamos de "domínio da não localidade potencial" (comunicação sem sinal), e imanente é o espaço e tempo locais (em que a comunicação requer sinais). *Interno* refere-se a nossas experiências internas de sentimento, pensamento e intuição, e *externo*, a nossas experiências externas de sensações. No entanto, a ênfase de Jesus é clara: entrar no paraíso é a meta da integração das dicotomias. E isso é o que estou propondo que "desenfatizemos". Para nós, a integração dessas dicotomias fundamentais é importante porque leva a inteireza e a harmonia para o nosso modo de lidar com as questões terrenas.

No ativismo quântico e nos institutos de educação transformadora que nossos amigos e eu fundamos, enfatizamos alcançar a congruência entre pensar, viver e ganhar a vida para atingir a inteireza.

Pensar refere-se à visão de mundo que você está usando para pensar, quer esteja consciente disso, quer não. Todos nós usamos uma lente para organizar as experiências que nos acontecem, e essa é nossa visão de mundo.

Viver refere-se ao modo como realmente experimentamos e vivemos a vida. Os materialistas científicos tentam vender a ideia de que somos robôs, máquinas determinadas; vivemos programas integrados em nós pela evolução, os genes e algum papel são dados à nossa criação ambiental e sociocultural também. Os robôs podem receber estímulos, operar programas em resposta e podem processar informações. Os materialistas enfatizam a sensação, os circuitos cerebrais emocionais negativos, os circuitos cerebrais de prazer e o processamento de informações. Os materialistas admitem que os robôs não podem ter experiências para as quais é necessário um sujeito ou *self* – que tem a experiência. Os neurocientistas nos categorizam como robôs filosóficos, "robôs-f" para abreviar, robôs com experiência. Vá entender!

É claro, pessoas pragmáticas, até mesmo materialistas, não vivem realmente desse modo como "robôs-f", especialmente as elites. Elas processam significado, mesmo sentimentos como o do romance e o da paixão pelo poder, e até dão valor a intuições e arquétipos como abundância, poder e amor, mas dizem que é fingimento, e podem até mesmo acreditar nisso. Essa filosofia – nossas experiências não físicas são experiências fingidas –, aliás, é chamada de *existencialismo*.

Na visão de mundo quântica, todas as nossas experiências são científicas, não apenas sensações e processamento de informações. Nós percebemos, sentimos, pensamos, intuímos, toda essa gama. Não somos robôs vivendo com memórias integradas em nós; podemos ser criativos e explorar o totalmente novo. Nossos sonhos têm significado. Nós até processamos em nosso inconsciente. Todo esse escopo de vida só pode ser percebido se você pensar com uma lente mais ampla. Agora você vê? É por isso que precisa da visão de mundo quântica para pensar.

O que mais precisamos integrar para atingir a inteireza? Uma importante faceta é pensar e sentir. Culturalmente, os homens enfatizam o pensar; as mulheres enfatizam o sentir. Isso é interessante porque, por muito tempo, eu pensei que o neocórtex fosse o único lugar em que experimentamos um *self* separado do objeto que estamos experimentando. E o neocórtex é construído para processar o significado mental. Eu pensava que não podíamos experimentar sentimentos sem pensamentos. Sentimentos mais pensamentos são o que chamamos de *emoções*. Nossas experiências comuns de sentimento ocorrem, realmente, por meio das emoções.

Sabe de uma coisa? Agora, eu entendo melhor. Em 1983, assisti a um workshop do físico e mestre espiritual Richard Moss. O próprio Richard e seus colegas deram a cada um de nós uma "cura de chakras". Pensa-se que os chakras sejam pontos ao longo da coluna nos quais experimentamos sentimentos. Bom, depois disso, houve uma sessão, e as pessoas – éramos 26 – começaram a contar suas experiências em termos gloriosos. Eu, que mal tinha tido uma experiência, me senti totalmente de fora. Pensei: "O que estou fazendo aqui?". Finalmente, não consegui me conter mais e levantei o braço.

– Sim, Amit?

– Richard, parece que você deu todas essas experiências a todas essas pessoas. Por que não eu?

— Amit, eu só posso abrir a porta para você. Você é que tem de atravessá-la.

— Isso soa bem e elegante. Então, você está dizendo que todas essas pessoas passaram pela porta e que eu escolhi não passar?

— Você é que tem de decidir. Todas essas pessoas deixaram o próprio *self* na porta. Esse é o truque. Depois, você entra.

— Mas eu sou cientista. Quero estar lá quando isso acontecer — falei impetuosamente. Todos riam e gargalhavam. E percebi o meu erro. Nos dias que se seguiram, recebi amplas doses do remédio prescrito por Richard, uma fisicalidade suculenta que consistia em abraços carinhosos, especialmente das mulheres. Depois disso e de algumas outras sessões de cura de chakras, eu entendi. Eu podia experimentar — sentir — energia nos meus chakras no corpo.

É claro, é verdade que as experiências têm dois polos — sujeito e objeto, *self* e outro. Se você não vê isso, medite. Na meditação de atenção plena, ou *mindfulness*, você pode facilmente se ver (seu "eu") olhando para os pensamentos em seu céu interno. Sem dúvida seu olhar converteu o "eu" para o qual você está olhando em um "mim", mas o "mim" tem um sabor implícito de "eu". Entendeu? A confusão é criada porque, normalmente, nossa experiência de "eu" se mistura com o "mim". O que chamamos de *nosso ego* é realmente eu/mim. Se você perseverar na meditação de atenção plena e sempre tentar olhar para o eu que está olhando para o eu/mim olhando para o eu/mim *ad infinitum*, em algum momento você vai se sentir relaxado. O que o relaxou? Você entrou em um estado do *self* (vamos chamar de *self quântico*) muito mais próximo da experiência da unidade, portanto, de uma consciência muito expandida. Quando você tem esse tipo de experiência, é natural concluir que existe um *self* quântico que é puro "eu" sem "mim".

Eu tenho essas experiências de relaxamento com regularidade. Algumas pessoas se saem ainda melhor. Elas experimentam com regularidade o puro eu, *sem mim*. Isso agora está até codificado. Os pesquisadores Daniel Goleman e Richard Davidson escreveram um livro, *A ciência da meditação* (São Paulo:

Companhia das Letras, 2017), sobre pessoas que meditam há muito tempo e cuja imagem cerebral mostra claramente que elas estão experimentando, grande parte do tempo, o *puro "eu"* em vez do eu/mim do ego. Esse puro *"eu"* é chamado de *self interior* nas tradições espirituais (*antaratman* em sânscrito), *self transpessoal* na psicologia transpessoal; na visão de mundo quântica, nós o chamamos de *self quântico*.

O livro que me colocou no mapa da pesquisa da consciência, *O Universo autoconsciente*, tem todos os detalhes de como a compreensão da física quântica nos leva à explicação de como o cérebro – o neocórtex – chega a ter um *self* e como nós chegamos a ter uma experiência. Vou resumir os detalhes da teoria neste livro também, porém mais adiante. Por enquanto basta dizer que, a princípio, eu não conseguia ver um modo de entender um *self* em nenhum dos chakras para qualificá-los como locais em que você tem um *self*, tem uma experiência de sentimento puro.

As pessoas materialistas amam apenas a matéria, pois em sua visão só existe matéria e nada fora disso. Quando se pergunta a elas como a matéria apareceu ou por que existe essa matéria, nunca dão uma resposta completa. Nessa visão, a vida não tem significado. Quando um ser humano morre, ele simplesmente se foi porque "não há nada parecido com vida depois da morte". Até terem essa experiência por si mesmos, alguns cientistas se tornaram destaques de jornal por mudar de ideia após uma experiência de quase morte. Eles são muito poucos.

Ainda assim, a maioria das pessoas busca a felicidade como sua derradeira meta de vida. O mais frequente é que a felicidade que elas encontram seja superficial e efêmera, e por isso continuam repetidamente na caça pela felicidade duradoura em suas maneiras ilusórias. Todas as religiões, sistemas filosóficos e até políticos à sua própria maneira, e a ciência também, estão em busca da mais bela das ilusões.

É preciso dar crédito a esses cientistas do cérebro. Recentemente, acredito, eles descobriram dois pequenos cérebros no corpo, grandes feixes de nervos, um no umbigo, outro na região do coração, bem onde supostamente se localizam dois dos chakras principais.

"Ahá!", pensei em surpresa criativa. No final das contas, existem *selves* no corpo, *selves* de sentimento puro. O mecanismo que dá um *self* ao neocórtex está disponível também nos chakras umbilical (plexo solar) e cardíaco. Os *selves* são fracos, é claro; o *self* do cérebro os supera, sem dúvida, durante a vida cotidiana. Quando têm intuições, muitos homens falam de sentir "nas entranhas", e muitas mulheres falam de "conhecimento intuitivo" com seu coração. Então, esses *selves* não são totalmente desconhecidos para nós.

Assim, existe outra coisa a integrar: os *selves*. Existem mais? Falei das intuições anteriormente. O que intuímos? Os objetos da intuição são tão sutis que podemos explorá-los apenas por meio de nossos pensamentos e sentimentos sobre eles, mas não em sua forma verdadeira. Nós os chamamos de *arquétipos*, segundo Platão, contextos elevados de pensamento e sentimento.

Um exemplo vai esclarecer a situação. O amor é um desses arquétipos. Você pensa e fala de amor todos os dias, certo? Mas você sabe com certeza o que é amor? É como aquela música da Joni Mitchell, não é? *Olhei para o amor de ambos os lados, / de cima e de baixo, e ainda, de algum modo, / são as ilusões do amor de que eu me lembro. / Na verdade, não conheço nada do amor.*

Existem nove arquétipos principais que mais nos interessam – entre eles o amor, é claro. Eles são o pensamento e o sentimento mais elevados que os seres humanos podem conceber. Eles estão muito relacionados com seu *dharma*, o seu próprio propósito escolhido para sua vida, portanto é essencial descobri-lo e buscá-lo, inclusive para nosso próprio estado de bem-estar e para tudo o que chamamos de *integração*.

Existe o arquétipo da abundância que as pessoas de negócios buscam. Você provavelmente pensa em pessoas de negócios como quem busca dinheiro. Já notou que, mesmo quando elas ganham dinheiro, mesmo a ponto de serem bilionárias, não ficam satisfeitas? Isso acontece porque os bilionários nunca sentem que já têm o bastante. Em outras palavras, não sentem que atingiram a abundância. O motivo é que eles não estão explorando o arquétipo da abundância direito.

Você nunca pode fazer do jeito certo com o arquétipo da abundância se o dinheiro for o único objetivo. É como um episódio da tira de quadrinhos *Pearls before Swine* ["Pérolas aos porcos", em tradução livre]: No primeiro quadrinho, Burr (um dos personagens humanos) diz: "Estou infeliz". Ele comprou bilhetes de loteria todos os dias por dez anos até ganhar. Depois, ele tem um frenesi de compras: carros, barcos, uma casa enorme. O último quadrinho mostra Burr dizendo: "Ainda estou infeliz". Ele passa o resto da vida gritando para sua pilha de dinheiro: "Me deixe feliz". O quadrinho com a moral da história reflete muito a visão de mundo materialista. A Cabra diz: "Existe uma lição em algum lugar aqui". O Rato diz: "Provavelmente ele precisa de uma casa maior". E o Porco diz: "É só comprar mais queijo!!!".

Como algumas pessoas ricas se transformam em filantropos? É porque elas, em contraste com a maioria das pessoas ricas, alcançaram uma maior plenitude em sua exploração da abundância buscando não só o dinheiro, mas também significado, paixão e até arquétipos como amor. Elas estão dando todo reconhecimento ao arquétipo da abundância.

Depois, existe o arquétipo do poder. Hoje em dia, políticos e empresários também buscam o poder. Eles também tendem a ser um grupo insaciável, não é? E também não estão agindo do jeito certo. Eles buscam o poder para dar poder a si mesmos, não para dar poder aos outros.

É a mesma história com os outros cinco arquétipos principais: verdade, beleza, justiça, bondade e inteireza. (O *self* é o arquétipo escolhido pelos monges, sadhus e outros renunciantes — buscadores de iluminação espiritual.) Sob a polarização da visão de mundo entre a religião e a ciência materialista, as profissões que os seres humanos seguem se tornaram tão fora de sincronia com os arquétipos pretendidos que ninguém consegue mais encontrar satisfação com sua ação profissional; no máximo, poucas pessoas conseguem.

Que arquétipo uma pessoa deve explorar? Os cientistas e místicos da Índia descobriram, por meio de seu estudo da reencarnação, o conceito do *dharma* escrito com "d" minúsculo. Nós temos um arquétipo escolhido para esta encarnação; isso é o *dharma*. A ciência quântica concorda com isto: explorar o *dharma* nos traz satisfação. Se ignorarmos nosso *dharma*, se não começarmos a assumir conscientemente nosso papel neste jogo mágico de Deus e da criação, nós nos tornaremos escravos de nossa falta de propósito e vagaremos sem rumo. "*Prisioneiro dos sentidos, sua existência não tem nenhum significado*", diz o Bhagavad Gita (3, 10-16). Uma vida sem significado é como a morte, é a vida de um robô.

No ativismo quântico, enfatizamos a mudança do mundo profissional conforme mudamos, de modo a ganhar a vida por meio de uma profissão que esteja em sincronia com o pensamento quântico e com o modo de vida quântico.

Isso ajuda a graduar os arquétipos em uma escala do muito pessoal para o muito transpessoal (Figura 1). A abundância está na parte inferior da lista porque, a menos que você tenha satisfeito suas necessidades de sobrevivência, ela continua a ser pessoal: você quer abundância para si mesmo com a exclusão dos outros. O poder vem a seguir: sua busca não é tão exclusiva como a da abundância. E assim por diante para a beleza, a justiça e o amor – que incluem gradativamente mais o "outro". A bondade vai no topo da escala, pois sua busca é mais transpessoal do que pessoal.

Nós incluímos o arquétipo da verdade nessa escala, pois a verdade é absoluta, não pode mudar de pessoa para pessoa, nem podemos lhe dar rótulos como pessoal e transpessoal. É triste que muitas pessoas hoje pensem que a verdade é relativa.

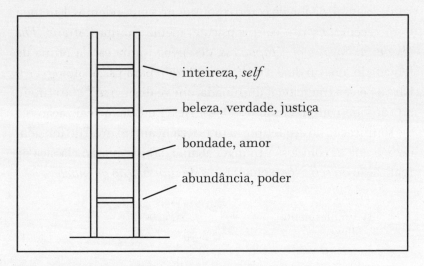

Figura 1. Os nove arquétipos principais (do pessoal para o transpessoal)

O arquétipo da inteireza

O arquétipo da inteireza é normalmente o objetivo da exploração das profissões de saúde e cura mental e física – pelo menos em uma extensão mínima. Um paciente está doente quando os órgãos do seu corpo não estão funcionando em equilíbrio e harmonia, embora um médico alopata de hoje talvez não concorde com isso. Em contraste, na visão de mundo quântica, para a verdadeira saúde, não apenas o físico, mas todos os cinco "corpos" de um ser humano – físico, vital (a fonte da experiência do sentimento), mental, supramental ou arquetípico, e sublime (o uno) – precisam estar em equilíbrio e harmonia.

Como acontece em outras atividades, a elite das profissões de cura também dificulta que qualquer pessoa que atue nessa área explore o arquétipo da inteireza, e seriam necessários um ativismo quântico e uma mudança completa de paradigma rumo à medicina integrativa quântica para mudar as coisas. Felizmente, isso está acontecendo.

O *xis* da questão, porém, é que o arquétipo da inteireza é muito mais do que restaurar a saúde física ou até mesmo recuperar a saúde mental, da forma como comumente a entendemos. Em meu livro recente, escrito com a psicoterapeuta Sunita Pattani, *The Quantum Science of Happiness*, desenvolvi uma escala ótima de felicidade que vai de 0 a 6 (Figura 2); zero para psicopatologia e 6 para a pessoa tradicional iluminada, que realizou o *self*, que atingiu a profunda compreensão de Deus. Nessa escala, a realização e a personificação do arquétipo da inteireza ficam no nível de felicidade 5, o que as coloca só um nível abaixo da iluminação clássica da realização do *self*. Nós o chamamos de *iluminação quântica*.

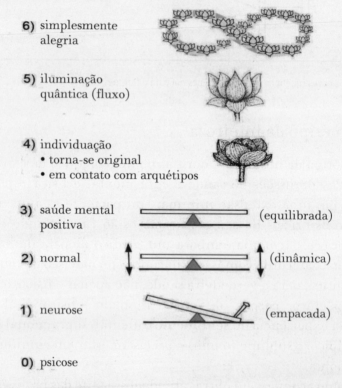

Figura 2. A escala da felicidade

Porém, existe outro fator além da felicidade. Sim, todas as pessoas buscam a felicidade, sem dúvida. Para viver no mundo, não precisamos só de felicidade, mas ainda mais de ação habilidosa e inteligência. Inteligência para lidar com qualquer estímulo com ótima resposta é o que define a habilidade. Os robôs ou a inteligência artificial são bons na inteligência de informações e mecânica, e isso define o escopo deles. No caso dos seres humanos, essa inteligência robótica torna você um humano apenas marginalmente, mesmo que se destaque nela. A inteligência mental, a capacidade de processar significado, é a próxima e existem várias camadas de inteligência mental, dependendo de diversos arquétipos, implícitos ou explícitos, cada um exigindo seu próprio tipo de inteligência. A seguir vêm os sentimentos. Quando integramos o pensamento mental e o sentimento vital na exploração do mundo, especialmente nos relacionamentos, temos a inteligência emocional. Quando dedicamos nossa vida às explorações arquetípicas e à personificação dentro do arquétipo geral da inteireza, finalmente nos dirigimos para a inteligência supramental.

Quando dedicamos nossa vida às explorações arquetípicas e à personificação dentro do arquétipo geral da inteireza, finalmente nos dirigimos para a inteligência supramental.

Nesse caminho, a iluminação quântica se transforma na capacidade de agir com a inteligência mais elevada disponível aos seres humanos — a inteligência supramental é um domínio completo da ação habilidosa.

Hora para uma mudança de paradigma na exploração espiritual

Em meus workshops, muitas vezes pergunto aos participantes: "Quantos de vocês querem se iluminar?". Em geral, 60% a 70% dos participantes levantam a mão. Depois, pergunto: "Vocês sabem o que isso significa?". É claro que não. Então, eu explico que isso significa que você atingirá o estado mais elevado de felicidade, sem dúvida, mas que isso seria Estar na consciência una na qual não há corpo para desfrutar da iluminação. E aí o entusiasmo cai para zero.

Você quer a iluminação, a felicidade perfeita, mas também quer desfrutar dela. Esse é o seu problema. Você fica confuso porque hoje existem tantos mestres espirituais, no

Oriente e no Ocidente, que afirmam ser iluminados, mas que não vivem na consciência una a maior parte do tempo. Eles dormem, é claro, mas você também. No sono, todos nós vamos para a unidade sem divisões, mas para a maioria de nós isso não é nada de especial. Permanecemos no compartimento pessoal do inconsciente, e Deus não visita esse lugar. O estado de sono dessas pessoas iluminadas é especial, e elas encontram Deus? Pode ser, mas mesmo assim são apenas oito horas de vida no Uno. Se a pessoa vive a maior parte de seu tempo na separação, o condicionamento não tenderia a retornar?

Existe ainda mais confusão no treinamento para a meta da iluminação. Você será constantemente lembrado: "Desista do ego". "Deixe o ego." Como alguém pode funcionar no mundo se deixar o condicionamento do ego? É claro que as grandes tradições sabem de tudo isso. Existe um ótimo koan zen: "Como o mestre zen vai ao banheiro?". Se você desistir do ego, lá se vai seu treinamento de toalete!

Alguns mestres racionalizam que você desiste da identidade do ego, mas não da função do ego. Como você retém a função do ego, seu condicionamento e evita o melodrama que o condicionamento cria? Não é de admirar que tantos mestres espirituais de hoje acabem no meio de escândalos.

É hora de uma mudança de paradigma. Se considerarmos o arquétipo da inteireza como a meta da busca espiritual, não a felicidade mais elevada, mas a inteligência mais elevada como a meta do nascimento humano, o que acontece?

O que demonstraremos a você nas próximas páginas é que, com essa meta, é possível evitar todas as contradições do caminho da realização do *self*. Sim, você pode ficar com o bolo e comê-lo também. Só faça uma pequena "concessão" na qualidade do bolo, do nível 6 da felicidade perfeita para uma felicidade de nível 5. E você terá algo em retorno: a inteligência mais elevada de que nós, seres humanos, somos capazes, a maior capacidade de agir no mundo com habilidade ótima. Quantas vezes você viu um suposto ser *iluminado* com falhas de bom senso? Com a iluminação quântica, você nunca terá esse problema.

Na verdade, as tradições espirituais nunca pretenderam que todos chegassem ao nível 6 da iluminação da felicidade perfeita. Existe uma história sobre o encontro de Buda com um fazendeiro. Buda estava tentando convencer o fazendeiro a se transformar em seu discípulo e buscar a iluminação. O fazendeiro perguntou:

– Ó, nobre Buda. Seus discípulos têm de renunciar a todas as posses e atividades do mundo, não têm? E eles têm de mendigar para viver, não é?

Buda respondeu:

– Sim, é claro. De outra forma, é impossível manter a congruência entre pensar, viver e ganhar a vida.

Então, o fazendeiro disse:

– Se todos se transformarem em renunciantes, então a quem seus discípulos vão mendigar para comer?

Buda percebeu seu erro e declarou que, para as pessoas comuns, existe realmente uma alternativa à felicidade perfeita. É a satisfação completa.

Veja o budismo. A primeira verdade nobre de Buda diz: "A vida é sofrimento". Sem qualificações, só uma declaração direta: a vida é sofrimento.

Você experimenta a vida como sofrimento? Nas sociedades ricas de hoje, para os jovens de boa saúde, o único sofrimento é o tédio. Mesmo que isso possa ser varrido para baixo do tapete por compras on-line de um par de sapatos (no caso de uma mulher) ou um casaco esportivo (no caso de um homem). Bom, isso é uma piada, mas não completamente. É para evitar o tédio que os jovens se tornam viciados em informações, só para descobrir depois, quando o sofrimento os atingir em cheio, como a vida começa a perder o rumo na falta de significado e de propósito.

Nos velhos tempos, a vida era mesmo sofrimento, especialmente para as pessoas comuns. Não havia aquecimento central, nem eletricidade, nem automóveis, nem internet. Desse modo, era fácil se motivar para se tornar um renunciante em busca da felicidade perfeita. Hoje, as pessoas só estão motivadas porque elas entendem tudo isso de modo equivocado. Elas não percebem o que está envolvido na iluminação, o que significa abrir mão do ego. Conversei com várias pessoas iluminadas da nova era. Uma não sabia o que *Nirvikalpa Samadhi* significava nem o que a compreensão profunda de Deus — viver em Deus — envolvia. Ela teve sua experiência, mas nunca pensou na transformação que devia ocorrer. Outro foi ainda pior. Quando um discípulo perguntou: "E o que acontece com as emoções?", esse homem respondeu diretamente: "As emoções não existem". A iluminação para ele era só mental!

Concordo que algumas pessoas podem ficar entediadas depois de servir ao mundo por muito tempo, isso já aconteceu comigo. Nós reencarnamos, você sabe. A visão de mundo quântica apoia a teoria hindu da reencarnação com provas científicas e dados empíricos que comprovam essa teoria. O estado de consciência que chamamos de *iluminação quântica* e os antigos chamavam de estado de *bodhisattva* pode durar muito tempo, de fato, estendendo-se por muitas encarnações. Se você está realmente entediado com esse modo de viver, e o tédio é um sofrimento, quem pode reclamar se você declarar "Vida é sofrimento" e passar o resto da jornada de realização do *self* e compreensão profunda de Deus em busca de uma grande fuga? Na teoria da reencarnação, depois de estar no estado de compreensão profunda de Deus, você escapa do ciclo de nascimento-morte-renascimento, você está liberado. Eu acho que esse é o objetivo da iluminação tradicional, ser liberado, escapar da vida manifestada quando você está totalmente entediado com todas as coisas do mundo.

Até então, que todas as pessoas com tendência espiritual — e isso significa todas as pessoas que veem o vazio da vida sem significado e propósito — explorem o arquétipo da inteireza, tornem a vida congruente, integrem todas as dicotomias e cheguem à inteligência supramental por meio de sua exploração. O mundo será um lugar melhor onde se viver se isso acontecer.

Buda disse: "As pessoas comuns podem escolher a satisfação perfeita em vez de felicidade perfeita". Querido leitor, a exploração do arquétipo da inteireza é o caminho para a satisfação perfeita. E, sim, isso pode levar você ainda mais longe. Quando a fruta estiver madura.

capítulo 1

inteireza e eu (amit)

Na minha infância, sob a égide de meu pai, recebi uma dose generosa de espiritualidade hindu. Meu pai era um brâmane, um guru de família; ele tinha discípulos que às vezes o visitavam para receber "*darshan*". Eles se sentavam ao redor dele, e todos meditavam. Depois disso, havia o que nós chamamos de uma sessão de perguntas e respostas.

Eu também estudei em casa, ensinado pelos meus pais. Algumas vezes, meu pai falava dos Upanishads e seu conceito de Brahman – unidade de tudo. Eu ficava fascinado, não que eu compreendesse. Ele tinha uma bela voz. Então, quando cantava alguns dos sutras dos Upanishads, eu o ouvia atentamente. Este era um dos meus sutras favoritos. Em sânscrito:

> *Om purnam ada, purnam idam, purnat purnam udachyate.*
> *Purnasya purnam adaya purnameba abashishyate.*

Tradução:
Isto é inteiro, aquilo é inteiro. Do inteiro, você recebe o inteiro.
Se você tirar o inteiro do inteiro, você ainda fica com o inteiro.

Eu ficava curioso, mas não compreendia muito, exceto a ideia de que, por baixo da separação, tudo é Brahman, que é inteireza, *purnam*. A unidade parece estar separada como todos nós, indivíduos, por meio da ação de uma força de ilusão misteriosa chamada *maya*. Como somos uma inteireza por trás de nossa separação ilusória, devemos amar uns aos outros. Entendi *essa* mensagem.

Mesmo como uma criança de 6 anos, eu via a contradição. Na minha mãe, por exemplo. Houve, certa vez, uma grande fome em Bengala, onde eu cresci; e havia mendigos o tempo todo. Minha mãe muitas vezes doava o próprio prato de comida para um mendigo, pois ela era muito gentil. Contudo, nem sempre, especialmente com minha cunhada. Algumas vezes, minha mãe era tão cáustica com ela, que minha cunhada chorava; em particular, é claro. Mas eu a via chorando muitas vezes e pensava: "Se somos um, então por que não podemos amar uns aos outros o tempo todo?".

Havia tumultos, e finalmente ocorreu uma divisão de Bengala como parte de um acordo que os políticos tinham firmado enquanto a Índia conquistava a independência. Eu tive de me mudar com uma parte da minha família para o lado hindu da Bengala dividida. Nada mais de educação domiciliar; tive de ir para uma escola pública para continuar os estudos. E, embora História fosse minha matéria favorita, também fiquei fascinado com Ciência. A ideia de verificar objetivamente uma ideia antes de a tornarmos parte de nosso sistema de crença fazia sentido para mim. Foi assim que eu terminei na ciência.

A ciência significava ciência materialista mesmo naqueles dias, é claro. Os objetos são formados por pequenos átomos que formam moléculas um pouco maiores, e essas moléculas formam todos os grandes corpos do mundo macro, inclusive nossos corpos físicos. O que vemos como um objeto inteiro não é realmente um todo, mas é formado por essas pequenas moléculas e por átomos ainda menores.

E isso foi só o começo. Mais tarde, aprendi que até mesmo os átomos podem ser subdivididos. Os derradeiros blocos de construção dos objetos materiais são partículas elementares que não podem mais ser divididas.

Tudo isso fez muito sentido para mim. Havia teorias, previsões e dados que verificavam a previsão. Compare isso com a situação da visão de mundo espiritual/religiosa. Algumas pessoas experimentaram algo, com certeza, depois criaram uma teoria da existência com base em sua experiência que era contraditória diante de nossa experiência comum. Se havia a inteireza e a unidade subjacentes que eles teorizaram, sem dúvida uma previsão seria que devíamos ser capazes de amar uns aos outros. Obviamente, não somos capazes desse amor e isso refuta a teoria.

Meus amigos e eu discutíamos muito sobre essas coisas, pois em nossos jovens corações havia muito idealismo, e queríamos ver uma sociedade amorosa, uma sociedade justa ao nosso redor. Apesar das tradições espirituais e religiões, o fato é que as pessoas foram até agora incapazes de construir uma sociedade amorosa.

O que me manteve preso a essa questão por muito tempo foi a confusão ocasional. Quando eu tinha 8 anos, meu pai me levou para o *ashram* de um guru local "iluminado". O lugar estava cheio de algo que me deixou imediatamente feliz. Quando perguntei a meu pai, ele disse simplesmente: "É por isso que dizemos que o *ashram* é sagrado". Outro conceito intrigante, sagrado. Em oposição a quê? "Ao mundano", disse meu pai.

Eu perguntei, e ele explicou um pouco mais. O objetivo da vida é explorar o sagrado; o amor, por exemplo. Como exploramos? Nós meditamos.

Eu tinha visto meu pai meditar todas as manhãs. Eu tentei meditar seguindo a instrução do meu pai, mas logo me entediei. Aí minha mãe interveio. "Amit é pequeno demais para meditar", ela disse para meu pai. E isso foi tudo.

Mais tarde, quando eu estava na faculdade e bem a caminho de desistir do conceito da inteireza como a base de tudo em favor das partículas elementares serem a base de tudo, um sadhu apareceu de repente no clube local frequentado pelos jovens e continuou a aparecer. Meu irmão mais novo e eu discutíamos com ele sobre a natureza da realidade, e todos os nossos amigos se juntavam a nós. Todos nós contra esse homem que argumentava em favor da espiritualidade e Deus. Nós ficávamos exasperados, mas o homem nunca perdeu a "calma".

Certo dia, meu irmão o desafiou bruscamente:

— Você fica nos falando sobre unidade e tudo isso. Você tem de nos dar uma prova, uma demonstração.

O homem olhou para meu irmão por algum tempo e, depois, disse:

— Fiquei sabendo que você tem um caso grave de úlcera gástrica, não é verdade?

Meu irmão tinha mesmo: ele sofria com isso porque minha família fazia comida bem apimentada, e ele não conseguia comer e precisava ingerir comida sem tempero!

Meu irmão manteve o ar de desafio.

— E daí? – perguntou ele.

— Posso colocar a mão sobre seu estômago? – perguntou o homem.

— Tudo bem – disse meu irmão, com um pouco de dúvida na voz, como se dissesse "Claro, é um de seus truques de mágica".

O homem calmamente colocou a mão sobre a barriga do meu irmão por alguns segundos, de olhos fechados. Depois, ele tirou a mão e declarou:

— Você está curado.

Meu irmão não estava convencido, é claro. Imediatamente, insistiu e comeu nossa comida normal, muito apimentada mesmo. Surpresa! Sem reação, sem dor. Ele continuou a comer pratos apimentados, e a úlcera não o incomodou mais. Sem dor.

Eu fiquei tão impressionado com esse homem por sua capacidade de administrar uma cura espontânea que até recebi dele um mantra e instruções para meditação. Infelizmente, eu me entediei de novo e desisti. A meditação não tinha a ver comigo. Na época, não.

Vamos pular para os anos 1960. Eu tinha concluído meu ph.D. e estava trabalhando como instrutor de física na Western

Reserve University (agora Case-Western Reserve). Minha especialidade era a física nuclear teórica, aplicando a física quântica para revelar os mistérios da dinâmica interna do núcleo atômico.

Richard Feynman, o físico premiado com o Nobel, era o meu novo herói, e ele era inequívoco sobre a natureza da realidade: tudo é feito de átomos, e isso nos inclui. Qualquer teoria que diga o contrário está errada, como o vudu. Por exemplo, a famosa teoria de Freud sobre o inconsciente e o consciente que indicava dois níveis de realidade. Feynman era claro. A psicanálise era psicologia vudu, disse ele em seu livro *Lições de física de Feynman* (Porto Alegre: Bookman, 2019. 3 v.).

Eu não tinha mais confusão de visão de mundo. É claro que existe um único nível de realidade – matéria movendo-se no espaço e no tempo. Qualquer realidade subjacente de unidade ou inteireza era vudu, disse Feynman, e isso fazia sentido. A ciência baseada na matéria vai explicar tudo. Se houver qualquer substância na espiritualidade, a teoria baseada na matéria também explicaria isso. Eu estava convencido disso.

Agora vamos para 1973. A confusão retornou. Meu primeiro encontro com a ideia da inteireza desde a juventude aconteceu em 1973 em uma reunião da sociedade de física. Vou contar a história toda.

Fui convidado para dar uma palestra em uma reunião da American Physical Society, que era considerada muito prestigiosa. Fiz minha palestra e achei que tinha ido muito bem, mas essa sensação não durou muito. Conforme os outros palestrantes falavam, sentia que eles estavam fazendo um trabalho muito melhor e, naturalmente, recebiam mais atenção, e fiquei com inveja. A inveja só aumentou durante o dia. À noite, fui para uma festa em homenagem aos palestrantes e, então, fiquei com ciúmes porque os outros estavam recebendo mais atenção das mulheres na festa do que eu. A uma da manhã, percebi que já tinha tomado um pacote de antiácidos e ainda estava com azia! Eu me senti mal e saí. A festa foi em um lugar chamado Asilomar, na Baía de Monterey. No terraço, com o ar do oceano batendo no rosto, um pensamento passou pela minha cabeça, vindo do nada: "Por que eu vivo assim?". E bem naquele momento eu soube. Soube que não tinha de viver nessa esquizofrenia entre a minha vida e o modo como ganhava a vida. Eu podia integrar. Eu podia fazer uma física feliz. Eu podia me tornar inteiro de novo. Eu tinha descoberto o objetivo para o resto da minha vida: explorar o arquétipo da inteireza. Os arquétipos — inteireza, amor e beleza são exemplos — são os contextos mais nobres de nossos pensamentos. Eu já sabia disso mesmo naquele tempo.

Muito depois, quando eu estava pesquisando a criatividade, descobri que esse tipo de revelação é chamado de *experiência de cristalização*. É essencialmente aquele momento em que você descobre o arquétipo que está destinado a seguir. A formação de um cristal a partir de uma solução é um tanto misteriosa. A experiência cristaliza — também um pouco misteriosamente — em algo que era potencial em você. A teoria da reencarnação nos diz que essa potencialidade, chamada *dharma*, escrita com "d" minúsculo, é uma escolha que você faz antes de continuar para o novo nascimento, e você traz tendências adequadas das vidas passadas para realizar seu *dharma*.

E aqui está o ponto importante: mais uma vez, *dharma* realmente tem a ver com valores espirituais que as religiões chamam de virtudes e Platão chamava de *arquétipos*: objetos intuitivos como verdade, amor, inteireza, abundância, poder, justiça, bondade e beleza.

De modo geral, descobri que essa teoria era verdadeira. Antes dessa experiência, eu era um cientista comum, medíocre. Em certa medida, eu me saía bem no meu campo de física nuclear teórica, é verdade, mas isso acontecia porque a física nuclear já não atraía mais a nata dos profissionais. No entanto, depois da experiência, não imediatamente depois, mas com algum trabalho, algo mudou. Era como se houvesse capacidades esperando e que agora eram usadas, e eu podia fazer coisas que nunca pensara que conseguiria fazer, entre elas resolver o problema da mensuração quântica, integrar ciência e espiritualidade, integrar medicina alternativa e convencional, desenvolver uma teoria científica do sentimento, integrar todas as diferentes forças da psicologia, desenvolver uma teoria científica da reencarnação, desenvolver uma teoria científica da vida e de sua evolução, responder perguntas que a biologia molecular e o neodarwinismo não podiam abordar, e até desenvolver um novo paradigma para o capitalismo. E, neste livro, abordar uma nova forma de exploração espiritual adequada para a nossa época. Todas essas realizações externas são pouco importantes em comparação com a transformação que aconteceu na minha personalidade, como a capacidade para amar. Não foi instantâneo. Na verdade, demorou muitos anos, mas aconteceu.

Estou me adiantando. Houve outras duas experiências que foram cruciais para o meu despertar. A primeira aconteceu em 1976, a segunda em 1985.

Vou contar o contexto da minha experiência de 1976. Depois da experiência de cristalização de 1973, comecei a fazer algumas mudanças para eliminar as fontes óbvias de infelicidade. Isso significou um divórcio e um novo casamento no lado da vida pessoal e uma mudança na área de pesquisa em física no lado profissional de ganhar a vida. Fazer mudanças nesses dois lados mostrou-se um grande desafio.

Os primeiros passos no lado pessoal foram relativamente fáceis. Eu me divorciei e casei com uma mulher branca norte-americana chamada Maggie. Essa foi a parte fácil. A parte difícil começou antes mesmo de casar. Quando eu a pedi em casamento, minha esposa disse: "Sim, vou me casar com você. Mas devo lhe dizer logo de início que eu o amo, mas não estou apaixonada por você". Qual é a diferença? Ela acrescentou algo que era ainda mais intrigante: "Tem algo em você que é muito puro e que me atrai muito. Então, aceitei o casamento".

Nós nos casamos, mas tivemos uma grande briga na nossa lua de mel. Uma coisa levou a outra, e ela me deu um ultimato: um ano para eu me resolver. Agora eu entendo: deve haver uma diferença entre amar e estar apaixonado. Talvez seja mais fácil perdoar quando estamos apaixonados!

De algum modo, consegui sobreviver ao ano que, na verdade, foi meu ano sabático na Universidade de Maryland em College Park. Quando voltamos a Eugene, as coisas se acertaram entre nós, mas ela ainda não dizia nada sobre estar "apaixonada". O desafio continuou: Como posso fazer essa mulher se "apaixonar" por mim, seja o que for que isso quer dizer?

O lado da física também não me deu nenhum caminho direto para a física feliz. Uma possibilidade que explorei foi a ficção científica. Meu departamento de física estava tentando criar cursos de vanguarda para despertar o interesse na física em estudantes de áreas não científicas. Eu me ofereci para dar um curso sobre *Física da Ficção Científica*. O curso passou no teste de popularidade e me colocou em contato com muitas ideias da nova física.

Uma dessas ideias se referia aos buracos negros. No final da vida, as grandes estrelas colapsam para se transformar em buracos negros dos quais nem mesmo a luz consegue escapar. Um jovem físico chamado Stephen Hawking, afetado por uma terrível doença, tornava-se famoso com descobertas sobre buracos negros que chamavam a atenção dos jornais. Talvez eu também pudesse.

Logo percebi que isso nunca integraria a vida com minha profissão de físico, já que o estudo dos buracos negros não tinha consequências na vida prática. Era um assunto para boa ficção científica, mas não fazia diferença no modo como vivemos. Tinha mais a ver com o que os padres medievais faziam, segundo a lenda: preocupar-se com quantos anjos poderiam dançar na cabeça de um alfinete.

Certa manhã, recebi um telefonema de uma aluna. Ela se chamava Suzanne e disse: "Por favor, me encontre na cafeteria do Grêmio Estudantil hoje depois da aula, às onze da manhã. Eu quero lhe mostrar uma coisa".

Ela parecia sincera. Eu fui e encontrei uma mulher com cerca de 30 anos que se apresentou rapidamente e pegou minha mão para me levar à livraria da universidade, a uns dois quarteirões dali. "Aqui", disse ela, apontando para um livro, "compre esse livro." O título do livro era *O tao da física* (São Paulo: Cultrix, 2011), de Fritjof Capra.

Fiquei surpreso com tudo isso e mais do que um pouco curioso. Comprei o livro, e Suzanne me convidou para almoçarmos juntos no dia seguinte e discutirmos o livro. "Você se incomodaria?"

Por que me incomodaria? Eu era casado e amava minha esposa. Eu não era cego; ela era muito bonita. Ela me disse que era divorciada; devia se sentir solitária. Que mal havia em almoçar com uma bela mulher solitária para discutir um livro? Mal nenhum.

Naquela noite, eu li o livro de Capra durante horas. Ele expressava ideias de paralelos entre o pensamento científico atual e o antigo pensamento espiritual do Oriente – misticismo oriental. Quanto mais lia, mais entusiasmado eu ficava. Se havia paralelos, por quê? A visão integrativa, de integrar minha vida e a física – meu veículo do pensamento –, voltou à minha mente.

Suzanne era outra história, mas certamente parecia que ela tinha me levado para aquilo que eu procurava, o veículo para integrar a física com a vida, e eu suspeitava de que isso significava integrar física e espiritualidade.

Minha suspeita logo foi confirmada. Eu tinha um sonho que me incomodava muito, um sonho incomum. Nele, eu via meu pai com uma cobra na mão. Enquanto eu olhava para ele, surpreso, meu pai jogou a cobra para mim, e eu a peguei. Depois, ele desapareceu. E eu acordei.

Fiquei tão intrigado com o sonho, que falei com Maggie sobre ele, e ela comentou com sua amiga, Fleetwood. Fleetwood veio nos visitar e conversamos por algum tempo.

– As imagens do sonho são símbolos. Elas representam o significado que você dá ao símbolo – disse Fleetwood. – O que seu pai significa para você?

– Um homem espiritual – eu disse, sem hesitar. – Ele era um tipo de guru brâmane, com cerca de 12 discípulos. Quando me sentava perto dele, eu me sentia em paz – eu lhe disse.

Fleetwood ficou entusiasmada.

— Seu pai representa o espiritual dentro de você que está dormente neste momento. A cobra, por outro lado, é um símbolo universal, um arquétipo do inconsciente coletivo, um conceito junguiano. Ela significa transformação. O sonho é um convite para que você experimente uma transformação espiritual!

Isso combinou com a minha visão de aumentar minha beleza interior para que Maggie "se apaixonasse" por mim. Como se consegue uma transformação espiritual? Eu lembrei do que meu pai disse quando eu era criança: "Medite".

Comecei a frequentar diversos grupos de meditação. Na época, o Swami Muktananda era muito famoso, e havia um grupo de devotos de Muktananda na cidade. Eles me acolheram com alegria, e eu comecei a meditar e a cantar com eles regularmente. Quase nada aconteceu, exceto que, cerca de um ano depois, eu estava ficando entediado.

Será que havia um modo de meditar que me daria resultados rápidos? Um pouco de pesquisa me indicou uma meditação com mantra, chamada *japa*, que aparentemente as pessoas da minha família ancestral praticavam muito. *Japa* é uma repetição mental simples de um mantra de uma sílaba. Depois de fazer isso por algum tempo, o mantra está internalizado. Isso significa que o mantra continua dentro de você, de algum modo, mesmo quando você está envolvido em outras tarefas. Supostamente, ele continuaria enquanto eu ensinava ou quando eu lia um artigo científico. De vez em quando, eu prestava atenção e isso era verdade. Sempre que eu verificava, o mantra estava bem ali. Depois de realizar essa prática durante sete dias, como eu disse, algo aconteceu. Foi tão especial que eu escrevi a experiência:

> "Numa manhã ensolarada de novembro, eu estava sentado tranquilamente na minha cadeira no escritório, praticando *japa*. Era o sétimo dia desde que começara e eu ainda tinha bastante energia. Depois de uma hora de *japa*, tive vontade de caminhar ao ar livre. Continuei meu mantra deliberadamente

enquanto saía do escritório, do edifício, atravessava a rua e andava pelo gramado. E então o universo se abriu para mim.

> ... *o prado, o bosque, o manancial*
> *A terra e o que nela se via,*
> *Tudo me parecia*
> *Envolto em luz celestial,*
> *Um sonho de esplendor e louçania.**
> (W. WORDSWORTH)

Eu me sentia um com o cosmos, a grama, as árvores e o céu. As sensações estavam presentes; na verdade, elas estavam intensificadas além do que eu acreditava possível. Essas sensações eram pálidas em comparação com o sentimento de amor que se seguiu, um amor que abarcava tudo em minha consciência até que perdi a compreensão do processo. Isso era Ananda, êxtase.

Houve um ou dois momentos para os quais não tenho nenhuma descrição, nem pensamentos, nem mesmo sensações. Depois, era apenas êxtase. Ainda era êxtase enquanto eu andava de volta para o escritório. Era êxtase quando conversei com nossa secretária irritada, mas ela era linda no êxtase, e eu a amava. Era êxtase quando eu dei aula para os calouros; o barulho nas filas do fundo, até mesmo o rapaz da última fila que jogou um avião de papel era êxtase. Era êxtase quando cheguei em casa, e Maggie me abraçou, e eu soube que a amava. Era êxtase quando fizemos amor depois.

Tudo era êxtase."

A sensação de tudo ser êxtase não permaneceu por muito tempo. No final do segundo dia, ela começou a enfraquecer. Quando acordei na manhã seguinte, tinha desaparecido.

---

* Versão extraída da edição brasileira do livro *William Wordsworth: poesia selecionada*, traduzida por Paulo Vizioli (São Paulo: Mandacaru, 1988). [N. de E.]

Uma comparação com a literatura indicou que aquilo que eu tinha experimentado se chamava *Sananda Samadhi*, Samadhi com êxtase, como um efeito colateral. A palavra sânscrita *Samadhi* significa uma convergência dos dois polos da experiência, sujeito e objeto. Em nossa experiência comum do ego, a divisão de sujeito e objeto é enorme e bem distinta. Na minha experiência, naquela fração de segundo, mal havia uma distinção.

Quem eu era então? O eu-ego mais estável ou aquele eu-unidade muito especial que demorou sete dias de meditação para se manifestar? Como poderia o cérebro produzir as duas experiências? Além do mais, o resultado da experiência – êxtase – se expressou para mim como uma capacidade de amar a todos, um amor totalmente inclusivo. Eu estava curioso. Alguém pode ter essa capacidade de amar não só temporária, mas permanentemente?

Mal sabia eu que tinha tirado a sorte grande; tinha experimentado o arquétipo da inteireza em sua verdadeira forma – amor totalmente inclusivo, tinha dado um salto quântico para um *insight* criativo genuíno no mesmo estilo do autor da grande linha em sânscrito *Udaracharitanam tu basudhaiba kutumbakam* – para a pessoa que despertou para o amor totalmente inclusivo, o mundo inteiro é a família.

A terceira grande e crucial experiência da minha exploração da inteireza ocorreu em 1985 e envolveu a física quântica. Esse é o assunto do próximo capítulo.

Continuando, a seguir, Valentina vai apresentar alguns conceitos e um exercício de meditação voltado para uma experiência de expansão da consciência que, de uma só vez, nos dá a felicidade ou o relaxamento e a inclusão – a capacidade de incluir o outro em sua consciência.

Percepção-consciente e relaxamento

Percepção-consciente* e relaxamento são muito importantes e, na verdade, estão interconectados. As pessoas geralmente associam a percepção-consciente com contração e tensão. Elas associam o relaxamento com se soltar por completo, relaxando no sentido de simplesmente adormecer sem perceber conscientemente. Quanto mais relaxamos, mais podemos perceber conscientemente.

A *percepção-consciente* não é pensar, nem intuição, instinto, movimento, sentimento. Ela implica perceber nossa vida conscientemente a cada momento. A própria palavra vem de ser uma testemunha, que percebe algo conscientemente, sem julgar. Você observa os antigos padrões desmoronando conforme experimenta mais claramente sua verdadeira essência, além de suas personas. Quanto mais percebemos conscientemente, mais relaxamos e menos somos presos nas emoções. Uma percepção-consciente expandida conecta você com todos os recursos, com o mundo que o rodeia.

Por outro lado, o *relaxamento* traz a felicidade da consciência expandida. Esse tipo de felicidade (aprenda a distingui-la da felicidade molecular, que deve ser chamada de prazer) começa com o relaxamento. Se não estamos relaxados, não estamos felizes. Além disso, a energia vital flui livremente em associação a uma parte relaxada do corpo. Se mantivermos por longos

---

* No original, *awareness*. Não há uma tradução exata em português. O termo é comumente traduzido como "consciência", "percepção" ou "atenção". Em muitas publicações, *awareness* é mantido em inglês, pois tem um sentido mais amplo que o de "consciência": refere-se a um "estado de alerta" que compreende, inclusive, a consciência da própria consciência. É também um conceito-chave da gestalt-terapia. Segundo Clarkson e Mackewn, *awareness* é "a habilidade de o indivíduo estar em contato com a totalidade de seu campo perceptual. É a capacidade de estar em contato com sua própria existência, dando-se conta do que acontece ao seu redor e dentro de si mesmo" (*Fritz Perls*. Londres: Sage, 1993, p. 44). Neste livro, optou-se por traduzir *awareness* pela palavra composta "percepção-consciente", no intuito de aproximá-la de seu sentido pleno, deixar bem marcadas todas as ocorrências no texto e facilitar a compreensão do leitor de língua portuguesa. [N. de E.]

períodos uma tensão no corpo físico, isso provocará um bloqueio da energia vital e, com o tempo, até mesmo uma doença. O relaxamento é um processo ativo, ele não acontece por si mesmo. Não estamos relaxados só ao não fazer nada. Precisamos aprender a relaxar ativamente. Depois de relaxar no nível vital-físico, relaxamos nos níveis mental e emocional também.

No relaxamento, você não fica entorpecido, mas, em vez disso, você se sente cada vez mais vivo. Você pode experimentar calor, formigamento, vibrações. Não entorpecimento. Testemunhar sua vivacidade interna, vitalidade e como você começa a brilhar. Não é um desligar, mas sim um ligar sem esforço. Você simplesmente se torna presente. Tudo acontece no AGORA. A respiração também pode remover tensões e energizar partes do corpo. Quando se sentir tenso, você pode relaxar mais depressa respirando algumas vezes.

Agora, vamos examinar nosso corpo físico: feche os olhos e simplesmente "dê uma passada" pelo seu corpo com sua percepção-consciente, procurando qualquer área tensa – maxilar, barriga, ombros – e simplesmente relaxe-as conscientemente; permita que o seu quadril se solte; relaxe o rosto. Leve o tempo que precisar para esse exercício. No fim, abra lentamente os olhos, respire profundamente, dê a si mesmo alguns instantes para perceber os efeitos desse exercício simples. Depois, prepare-se para levar esse estado de percepção-consciente e relaxamento para suas atividades da vida cotidiana.

capítulo 2

a física quântica da inteireza

O autor Fritjof Capra falou sobre inteireza em *O tao da física*; sua abordagem para integrar a ciência e a espiritualidade foi por meio da filosofia do holismo em oposição ao reducionismo. O reducionismo é um aspecto fundamental do materialismo científico – a ideia de que as coisas podem ser reduzidas a objetos cada vez menores até que você atinja o nível da base. Em contraste, o holismo diz o seguinte: um todo é sempre maior do que a soma de suas partes. A vantagem do pensamento holístico é a seguinte: você pode afirmar que todos os tipos de coisas emergem de um conjunto de objetos. Por exemplo, como o cérebro consegue um *self*? Você pode dizer que o *self* do cérebro emerge como o todo que é maior do que as partes: os neurônios.

Pode ser assim? Na verdade, não. Veja o caso simples da água. O reducionismo diz que a molécula de água pode ser reduzida a dois átomos de hidrogênio e um átomo de oxigênio unidos pelo vínculo molecular. Água é H_2O. Os holistas dizem não a isso e apontam que a umidade da água é a propriedade emergente da água holística. Isso é trapaça porque a umidade vem de nossa experiência da água; outras interações estão envolvidas.

O holismo nunca me atraiu e, ainda assim, eu (Amit) pensei que a afirmação de Capra de que existem paralelos entre o pensamento espiritual e parte do pensamento científico moderno é bem argumentada. O pensamento "Por que existem esses paralelos?" começou a me perseguir. Dentre todas as diferentes teorias científicas em que Capra viu paralelos com o misticismo, a física quântica me parecia ser a melhor candidata.

No filme *Quem somos nós?* eu disse uma frase muito penetrante: a física quântica é a física da possibilidade. Em 2003, quando o filme foi produzido, essa representação era aceitável para a maioria dos físicos, mas a física quântica foi descoberta por volta de 1925-1926, e no início as ondas de objetos quânticos eram chamadas de ondas de probabilidade. A ideia era indicar que as ondas nos ajudavam a calcular a probabilidade dos eventos, nada mais.

E, no entanto, a matemática quântica não funciona desse modo. Para calcular usando a física quântica você realmente tem de sempre se lembrar que um único objeto quântico é uma onda. Por exemplo, pense no famoso experimento da fenda dupla. Um conjunto de elétrons passa por uma tela com duas fendas e cai sobre uma placa fluorescente, fazendo o que chamamos de *padrão de interferência* (Figura 3a). Se passarmos ondas de água por esse arranjo de fenda dupla, obteremos o mesmo padrão. Daí a sabedoria, a ideia de que os elétrons são ondas é verificada experimentalmente.

A ondulação é uma propriedade do conjunto ou uma propriedade do objeto individual? Aqui a matemática é clara. Realmente, temos de supor que a onda de cada objeto individual se divide em duas ondas que posteriormente se adicionam, como na álgebra.

A adição dá resultados diferentes em lugares diferentes da tela porque as duas ondas percorrem distâncias diferentes até um lugar e vêm com condições diferentes chamadas de *fase*.

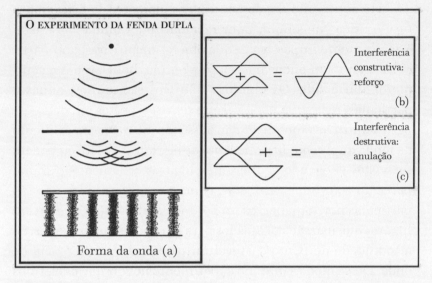

Figura 3. (a) O experimento da fenda dupla, (b) a interferência das duas ondas produzindo interferência construtiva e (c) destrutiva

Em alguns lugares, as ondas chegarão com a mesma fase (Figura 3b) e se adicionarão e se reforçarão mutuamente. A probabilidade de chegada a esses lugares será alta. Em outros lugares intermediários, as duas ondas chegarão em fases opostas e se cancelarão mutuamente (Figura 3c). Não haverá ondas nesses lugares; a probabilidade é zero. E daí surge o padrão de franjas alternativas claras e escuras.

Os experimentos suportam isso. Se passarmos objetos pelas fendas, digamos de uma fonte de elétrons, tão lentamente que apenas um elétron passe em um momento, em média, será que teremos um padrão esperado de objetos newtonianos, uma pilha atrás de cada uma das fendas? Não. Alguns dos elétrons chegam a outros lugares na placa fluorescente; quando um número suficiente deles se junta, obtemos o padrão de interferência.

Dessa maneira, os elétrons, todos objetos quânticos, são cada um, individualmente, ondas, ponto final. Eles são ondas de possibilidade. Eles se transformam em partículas manifestadas apenas quando chegam a um aparelho de mensuração, apenas quando nós os medimos. O que não conseguimos prever com a matemática quântica é aonde um elétron individual vai chegar.

Há outro mito criado por um dos pioneiros da física quântica: o físico Niels Bohr. Bohr racionalizou. Como é paradoxal – logicamente impossível – que objetos quânticos sejam partículas e também ondas no espaço e tempo, Bohr propôs a complementariedade. Os objetos quânticos são ambos, ondas e partículas, mas só se pode ver um desses aspectos em dado experimento. Devemos dizer não a isso também. No experimento da fenda dupla com um raio lento de elétrons, os elétrons podem ser vistos chegando a diferentes lugares de um modo muito parecido com o de partículas, como pontos; mas eles não são partículas newtonianas, caem por toda a placa fluorescente em lugares que não são permitidos para partículas newtonianas. Só a totalidade de pontos parece um padrão de interferência de onda. Desse modo, o mesmo experimento nos diz que os elétrons são onda e partícula.

Pergunta: O que determina aonde um elétron individual chegará na placa fluorescente? Aqui, os cientistas materialistas fazem uma ginástica lógica para evitar uma resposta. O comportamento do elétron é não causal, ninguém pode lhe atribuir uma causa. Deixe de lado ter que desistir de um dos princípios mais preciosos da ciência: a causalidade. Para produzir um efeito, tem de existir uma causa.

Outra tática é dizer: "Ninguém entende a física quântica". Quem disse isso foi o grande Feynman. Não, você não vai entender o comportamento quântico se insistir na filosofia do materialismo científico segundo a qual todas as causas são interações materiais. Nenhuma interação material de acordo com as leis da física quântica pode jamais converter uma onda de possibilidade em uma partícula manifestada, não importa como você tente nem quantos instrumentos use. Isso é chamado de teorema de Von Neumann – "a catástrofe da regressão infinita", "a relatividade dos instrumentos".

Permitir que um agente não material aja causalmente sobre ondas quânticas de um domínio de potencialidade fora do espaço e tempo e as converta em partículas no espaço e tempo é equivalente a desistir do materialismo científico. Os pioneiros da física quântica não estavam dispostos a fazer isso. E, mesmo agora, depois de três décadas da minha solução do problema, a maioria dos físicos profissionalmente ativos está equivocada, pois existe pressão social demais. Felizmente, depois de se aposentar, muitos físicos mudam de ideia e, assim, o apoio para uma nova visão de mundo quântico entre eles está ganhando impulso.

A caverna de Platão

A verdade, disse Platão, é um arquétipo. Só podemos ver uma representação mental da verdade, uma faceta, não todas as suas facetas de uma vez. Esse é o problema. Você pode ter lido sobre o paradoxo da caverna de Platão. Como mostra a Figura 4, o morador da caverna é alguém preso a uma cadeira. Ele só pode ver o que é projetado na parede à sua frente, que é um show de sombras. As sombras são representações de objetos mais verdadeiros que Platão chamou de arquétipos. O morador da caverna tem de dar meia-volta para ver o arquétipo real em vez das representações do show de sombras criado pelo projetor.

Figura 4. A alegoria da caverna de Platão

Hoje damos um nome diferente a esse antigo problema da mente humana: pensar dentro dos limites. Veja o problema a seguir, chamado de problema dos nove pontos.

Qual é o menor número de linhas retas possível que vai conectar os nove pontos de uma matriz 3 x 3 (Figura 5a) sem levantar o lápis do papel?

Parece que você precisa de cinco linhas (Figura 5b), não é? Isso é muita coisa. Você consegue ver imediatamente como fazer isso com um número menor de linhas retas?

Talvez não. Talvez, como muitas pessoas, você fique preso ao pensamento de que tem de conectar os pontos e ficar dentro do limite definido pelos pontos externos da matriz retangular. Se for assim, você definiu para si mesmo um contexto desnecessário para resolver o problema, está pensando dentro dos limites, e nem são os limites certos.

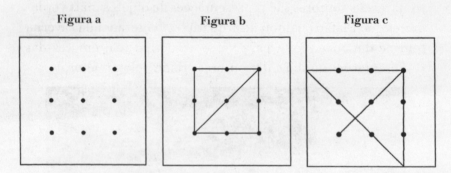

Figura 5. (a) O problema dos nove pontos. Ligue os pontos com o menor número de linhas que puder sem levantar o lápis. (b) A solução que ocorre primeiro a muitas pessoas. Elas pensam dentro dos limites de sua crença. (c) Uma solução melhor do problema dos nove pontos. Pense além dos limites.

Você tem de sair dos seus limites para encontrar um novo contexto no qual um número menor de linhas retas resolva o problema (Figura 5c). Esse é um exemplo simples de descobrir um novo contexto. Essa ideia de estender o limite além dos contextos existentes — pensando além dos limites — é crucialmente importante na criatividade. Criativos, cuidado! Os contextos implícitos para o seu problema podem não estar funcionando e você pode ter de encontrar novos. Algumas vezes, a criatividade é simples assim: só reconhecer que aquilo que não é proibido pode ser permitido.

Richard Feynman chamava a caixa usada pelos materialistas de camisa de força e, ainda assim, ele insistia que um físico precisava usar essa camisa de força para fazer ciência. Ele não conseguia ver nenhuma maneira de fazer ciência sem essa camisa de força. Feynman tinha dado muitos saltos quânticos em sua longa carreira de físico, mas esse salto quântico para fora dos limites do materialismo lhe escapou.

Provavelmente Feynman antipatizava com toda a filosofia, incluindo o misticismo e a espiritualidade que o não iniciado vê como especulação filosófica. Ao contrário do que acontece no Oriente, as religiões no Ocidente não enfatizam o aspecto da experiência do misticismo. Eu fui educado no Oriente e no Ocidente. Então, embora tenha estudado o materialismo científico, tinha abertura suficiente para interagir com místicos vivos e foi isso que, finalmente, me levou além dos limites.

Aqui está uma história para ilustrar essa ideia. Na verdade, em maio de 1985, eu conversava sobre tudo isso com o místico Joel Morwood, que anteriormente havia sido cineasta. Ele foi o produtor associado de um filme notável, *Nasce um cantor* (*The Jazz Singer*), em 1980. Eu estava reclamando: se a consciência é um fenômeno cerebral, ela é paradoxal; se a consciência é uma consciência imaterial individual, ela é paradoxal; se a consciência é a consciência (dualista) de Deus, ela é paradoxal! O que um físico quântico tem de fazer para resolver o paradoxo?

O resto é história. Tivemos um diálogo acalorado. Em certo ponto, Joel perguntou:

— A consciência é anterior ao cérebro ou o cérebro é anterior à consciência?

Eu respondi em tom presunçoso (eu sou o físico, ele é apenas um cineasta!):

— Eu sei tudo sobre isso. Você está falando sobre não localidade.

De fato, como expliquei antes, a não localidade define o domínio da potencialidade quântica em que residem as ondas de possibilidade; nesse domínio, a comunicação pode existir sem sinal e ser potencialmente instantânea. Naturalmente esse domínio está fora do espaço e do tempo e assim não faz sentido perguntar qual veio antes do outro.

Joel foi mordaz:

— Você tem vendas científicas na sua cabeça — disse ele. Depois, ele gritou: — Não há nada a não ser Deus.

Você sabe, eu já tinha ouvido essas palavras muitas vezes antes; elas vêm do sufismo, mas todos os místicos falam desse jeito. Como Jesus disse: "O reino de Deus está em toda parte". E os hindus dizem: "*Sarvam khalyudam Brahman*", tudo é consciência. Dessa vez, minha resposta interna foi inesperada, uma completa surpresa para mim mesmo. Eu fiquei pensando: suponha que a consciência é a base do ser no domínio da potencialidade, e a matéria (inclusive o cérebro) é feita de possibilidades da própria consciência. E então? Uma virada no meu pensamento? Sim, mas quem se importa? Eu resolvi o problema da medida.

Se o domínio não local da realidade que chamamos de potencialidade é a consciência — una e única, abarcando todas as possibilidades —, a consciência está escolhendo de si mesma, sem sinal e sem necessidade de troca de energia, como a não localidade já sugere. Tudo de que se precisa para iniciar um novo pensamento além dos limites, um novo paradigma, talvez até mesmo uma nova visão de mundo, é identificar o domínio não local da potencialidade com a própria consciência, do modo como os místicos pensam, especialmente no Oriente.

Era como se eu estivesse sentado na caverna de Platão, preso em uma cadeira, e só pudesse olhar para a frente e visse o show de sombras da matéria se movendo no espaço e no tempo. Eu tinha entendido com a física quântica que as sombras são lançadas pelas ondas de potencialidade. Eu não podia encaixar o pensamento de que a consciência está criando a sombra ao lançar luz nas ondas de possibilidade, uma metáfora para escolher, por causa da bagagem preconceituosa que eu carregava. E agora eu conseguia ver por que a faixa que me obrigava a olhar apenas para a frente era meu próprio preconceito do materialismo científico. No momento em que deixei o preconceito de lado, as faixas caíram, eu dei meia-volta e vi o papel da consciência como a base de todo o ser.

Qual é a causa não material que estamos procurando?

O físico David Bohm tornou-se famoso porque, para a mente ocidental popular, ele nos deu um modelo de Deus para os tempos modernos. Ele mostrou matematicamente que, se fizermos uma aproximação simples às equações quânticas originais, as novas equações derivadas são deterministas, mas não materialistas. Existe agora uma nova força não material vindo de uma ordem implicada, um "potencial quântico" que impulsiona o movimento da matéria na ordem explicada em que vivemos. O Deus de David Bohm é o agente do potencial quântico.

Mais tarde, o teórico de sistemas Ervin Laszlo argumentou: *Por que não afirmar a mesma coisa permanecendo na física quântica?* Por que insistir em matemática e determinismo? O que Laszlo propôs aqui é um campo quântico não material que cumpre a função de converter as ondas de possibilidade em partículas de realidade manifestada. Com o devido respeito, essa linha de pensamento deixa de lado algo muito importante.

Lembra do que eu disse na página 18? O domínio da potencialidade é um domínio em que os objetos têm a potencialidade de se comunicar sem sinais, uma comunicação que chamamos de *não local*. Se nenhum sinal é necessário para se comunicar, não existe separação, apenas unidade. Desse modo, o domínio da potencialidade é também o domínio da unidade potencial.

A mensuração quântica divide a unidade em dois: sujeito (o *self* do cérebro) e objeto. Todos os físicos quânticos até então tinham deixado isso passar; eles só falavam sobre objetos. Como observou o matemático G. Spencer-Brown:

Não podemos fugir do fato de que o mundo que conhecemos é construído a fim (e portanto de tal modo a ser capaz) de ver a si mesmo; mas, para fazer isso, evidentemente, ele precisa se separar pelo menos em um estado que vê e pelo menos em um outro estado que é visto.

O físico John von Neumann chegou perto do meu pensamento desse modo ao propor o efeito do observador: sem o observador, não se pode dizer que ocorreu uma mensuração. Sem dúvida. Von Neumann também intuiu corretamente sobre como a consciência criou a experiência, escolhendo entre a potencialidade multifacetada e reduzindo-a a uma faceta. Ele até intuiu que o *self* do observador é o que torna o observador não material, não totalmente restrito às leis materiais.

O que há de tão especial no cérebro que a consciência se identifica com ele e se transforma em seu *self*? O cérebro tem uma hierarquia entrelaçada (ou emaranhada), uma maneira entremeada em que a percepção e a memória se criam mutuamente, o que funciona como uma armadilha. Essa hierarquia entrelaçada, ou emaranhada, torna o cérebro um todo irredutível. É assim que o holismo se torna relevante. É claro que vivenciamos o *self* de nosso cérebro como uma hierarquia simples: o chefão da cabeça de nossos hábitos condicionados e programas nos quais escolhemos nossas ações em resposta a estímulos. Isso cria confusão. Eu tive de trabalhar tudo isso na minha busca do significado da física quântica antes de publicar meu livro *O universo autoconsciente*. Vou abordar tudo isso mais detalhadamente nos próximos capítulos.

A física quântica pode se aplicar a nós?

O físico John Wheeler disse: "Todo o mundo com todos os seus sistemas é quântico". Isso sugere o fato de que nossos conceitos em relação ao funcionamento de nosso próprio corpo terão de dar atenção à física quântica. Porém, muitos pesquisadores em biologia pensam atualmente que "os eventos subatômicos são pequenos demais para ter uma importância prática". Alguns cientistas têm objeções na mesma linha: "elétrons e pessoas não são a mesma coisa".

Os materialistas têm uma preocupação legítima aqui? A física quântica foi descoberta em conexão com nossa busca científica por uma teoria do comportamento do nível de base submicroscópico da matéria. A matéria é reducionista, a matéria volumosa pode ser reduzida a partículas elementares; e vice-versa, a matéria volumosa pode ser construída a partir de partículas elementares. Então, não há dúvidas de que, em última instância, a física quântica rege toda a matéria, micro e macro. Porém, para propósitos práticos, precisamos reconhecer que, para a matéria volumosa, a dinâmica de Newton ainda se mantém aproximadamente. Também isso é parte da dinâmica quântica aplicada à matéria. E isso significa que a matéria volumosa é em grande parte independente da consciência, da criatividade e de tudo isso.

Isso nos faz pensar que, de alguma maneira, a física quântica se aplica à matéria volumosa viva, embora seu efeito seja insignificante para matéria volumosa não viva? Como eu disse logo no começo, a matéria viva é diferente, ela tem vitalidade. Um corpo vivo é um duo dinâmico de um componente físico e de um componente vital. *É o componente vital que é quântico; o físico é quântico por associação.*

Agora vamos voltar ao conceito de duo vital-físico, corpos vivos, em correlação com objetos quânticos. Eles são um. Quando experimentamos um órgão físico, também experimentamos o movimento de seu órgão vital correlacionado (Figura 6). A experiência desse movimento é chamada de *sentimento*, certo? A vitalidade, vamos chamá-la de energia vital, é um sentimento.

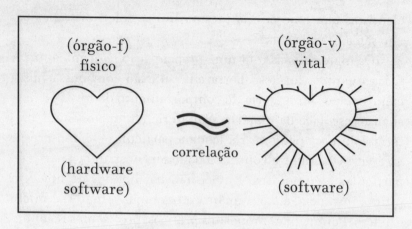

Figura 6. Todo órgão físico (órgão-f) se correlaciona com um órgão-v, sua contraparte vital

Estamos dizendo que os movimentos vitais são quânticos; portanto, os movimentos dos corpos vivos físicos, os órgãos, também são quânticos em virtude da correlação. Como sabemos empiricamente que os movimentos vitais são movimentos quânticos?

Existe uma assinatura. Olhe para um objeto físico, digamos uma cadeira, e imagine que um amigo seu também está olhando para a cadeira. Embora o movimento da cadeira seja em última instância quântico, e o centro de massa da cadeira se mova por 10^{-17} centímetros (não se preocupe, isso foi medido por laser), esses pequenos movimentos são invisíveis a olho nu. Assim, você e seu amigo veem a cadeira no mesmo lugar e, como isso é uma informação compartilhável, vocês concluem que a cadeira tem de estar fora de vocês dois. Desse modo, você vê o mundo material no nível macro como externo a você.

Em contraste, como você experimenta os sentimentos? Como privados e internos, certo? Isso ocorre porque os sentimentos são quânticos. Entre seus sentimentos e os sentimentos de seu amigo, o movimento do órgão vital mudou tanto na possibilidade que vocês dois não conseguem realizar o mesmo sentimento manifestado. Em outras palavras, você geralmente não pode partilhar o mesmo sentimento com um amigo. Os sentimentos são privados e assim são entendidos como internos.

O poeta místico Kabir escreveu:

Pensadores, ouçam, me digam: o que vocês sabem daquilo que não está dentro da alma [consciência]?
Peguem um jarro cheio de água e o coloquem na água –
agora ele tem água no interior e água no exterior.
Não devemos lhe dar um nome
para que as pessoas tolas não comecem a falar de novo sobre o corpo e a alma.

O que Kabir está tentando dizer? Que tudo é consciência, tanto psique quanto *soma*. A diferença da água no exterior e da água no interior surge do limite de vidro do jarro. A diferença da psique e do soma surge das diferentes maneiras como os experimentamos: experimentamos o mundo físico do *soma* como externo a nós, mas experimentamos um mundo interno de percepção-consciente que chamamos de *psique*.

Alguns de vocês, especialmente os homens, podem estar um pouco céticos sobre a experiência do sentimento, mas não fiquem. Vocês, de modo geral, experimentam os sentimentos misturados com o pensamento; é a essa mistura que damos o nome de *emoção*. As emoções nos trazem a paixão, o suco da vida. É o componente de sentimento na emoção que traz o suco.

Surpreendentemente, as tradições de sabedoria antiga intuíam tudo isso, de alguma maneira. Nas tradições de sabedoria, eles sempre teorizam que a Unidade, que é chamada de "o domínio causal da realidade", desce ao nível material, que é chamado de "nível denso", por meio de um nível intermediário, chamado de "nível sutil" (Figura 7). O sutil consiste não só do vital, mas também do mental com que pensamos (significado) e do supramental com que intuímos (contextos arquetípicos de pensamento elevado e sentimento como amor, beleza ou inteireza).

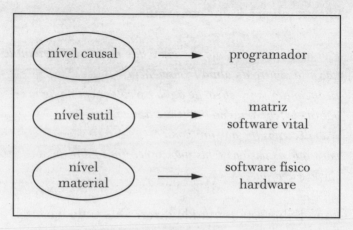

Figura 7. A consciência (o corpo causal) conecta-se com o denso (corpo material em que as representações são feitas) por meio do sutil (potencialidades quânticas da mente, corpo vital, arquétipos)

O significado do pensamento é importante para nosso bem-estar. Quando você está desorientado e diz: "Qual é o significado da minha vida?", e não tem resposta, você fica desesperado e se torna suscetível a doenças. E as intuições são convites para explorar os arquétipos como amor; eles dão propósito a nossa vida. Isso também é essencial para o bem-estar.

Faz sentido. Como os sentimentos, experimentamos pensamentos e intuições internamente também, não é? Eles também são quânticos.

Inteireza

Agora você vê por que o arquétipo do *self* recebe toda a atenção das pessoas que buscam conhecer a realidade-consciência sem divisão sujeito-objeto. O *self* da experiência imediata, o *self* que chamo de *self quântico*, adquire individualidade por meio do condicionamento, da história pessoal e das personalidades. A fim de conhecer o *self* quântico, como no adágio *conheça a si mesmo*, temos de penetrar toda essa cobertura, e o que encontramos quando fazemos isso? O *self* quântico é vazio de individualidade, é um indicador para aquela Unidade, a base do ser.

Esta é a experiência da realização do *self*: não existe *self* individual, é tudo Unidade.

E a tarefa agora é óbvia: como o *self* quântico é um não *self*, você só tem duas escolhas. Voltar ao ego para viver, ou jogar tudo para o alto, identificar-se com a própria Unidade e viver ali, embora seja inconsciente. É aqui que as coisas ficam difíceis de compreender. E os filósofos, no decorrer dos tempos, têm tentado explicar as coisas sem incoerência lógica, com graus variados de sucesso, mas nunca um sucesso completo. Na visão de mundo quântica, é possível "experimentar" a unidade do inconsciente por meio da escolha retardada quando a consciência total da percepção-consciente é recuperada ocasionalmente, para ser alimentada e assim por diante.

Como eu disse antes, a física quântica nos capacita a entender coisas em um modo livre de paradoxo. E então? Você ainda acaba vivendo no inconsciente. Por mais extático que isso possa ser, não há ninguém para desfrutar o êxtase até que você esteja desperto e volte para o ego.

A pergunta é: "Existe outro modo de experimentar a inteireza sem ter de estar inconsciente?". Existe.

Empiricamente, os pesquisadores descobriram que são necessários quatro estágios para precipitar o salto quântico de criatividade e criar um produto: preparação, relaxamento, salto quântico de *insight* repentino e manifestação. Nesse estágio final de converter o *insight* em um produto manifestado, os pesquisadores descobriram que existe um fluxo consistindo em uma cooperação ininterrupta de inspiração e transpiração. A visão de mundo quântica explica. A inspiração vem do *self* quântico; a transpiração, do ego.

Entendeu? Se pudermos harmonizar a criatividade em nossa vida, diariamente, poderemos viver no fluxo, em parte do *self* quântico. O ego está ali, mas serve ao *self* quântico e experimenta alegria. Nós ficamos com nosso bolo e também o comemos. Como a vida pode ser doce.

Nossa criatividade mais elevada está na exploração dos arquétipos; entre todos os arquétipos, a inteireza é o mais inclusivo, e leva a eternidade para se manifestar plenamente. Espero que você agora veja por que uma mudança de paradigma é necessária para a exploração espiritual, mudar a ênfase para o arquétipo da inteireza em vez de para o arquétipo do *ser*.

Há muito tempo, os budistas mahayana lançaram a ideia do *bodhisattva* com algo como isso em mente. A humanidade não estava pronta, e a ideia não pegou. Agora, acho que a humanidade está pronta.

Mais recentemente, Sri Aurobindo também tentou mudar o paradigma da exploração espiritual. No Bhagavad Gita, são dados quatro caminhos de exploração do *self*: karma yoga com ênfase em serviço, raja yoga com ênfase na meditação, bhakti yoga com ênfase no amor do *self* quântico e jnana yoga com ênfase na sabedoria por meio do *insight* criativo do *self*. Aurobindo propôs a yoga integral — uma integração de todas essas quatro yogas com outro tipo de yoga que envolve sentimento (tradicionalmente chamado de tantra). Isso está no espírito da exploração da inteireza e da ação inclusiva.

Espero que você observe que minhas três experiências cobriram parte do mesmo terreno da yoga integral de Aurobindo. A primeira experiência, "Por que eu vivo desse jeito?", e a ideia de integrar pensamento, vida e modo de ganhar a vida se referem à karma yoga, serviço ao mundo. A segunda experiência usou raja yoga, meditação e bhakti yoga, pois o mantra que usei era um mantra devocional. A terceira experiência, quando a Consciência da sabedoria é a base de todo o ser e a ciência pode ser feita sobre essa base, era claramente jnana yoga.

Eu tive sorte. Tudo isso se deu sem muita compreensão do que estava acontecendo. Levei 40 anos para entender, e é essa compreensão que estamos partilhando com você neste livro.

Criatividade

"Criatividade é a descoberta ou invenção de algo novo de significado e valor", disse a pesquisadora de criatividade Teresa Amabile.

Observe que existem duas palavras que normalmente usamos para denotar inovação criativa: descoberta e invenção. Por que duas? Qual é a diferença? Invenção se refere à criatividade em um contexto arquetípico já existente. Descoberta, por outro lado, se refere à criatividade em um novo contexto arquetípico. Eu chamo a primeira de *criatividade situacional*; a outra, de *fundamental*. A primeira pode ser realizada com a orientação de um professor ou guru; a outra não, você está praticamente sozinho, embora um professor possa ser um colaborador ou uma inspiração.

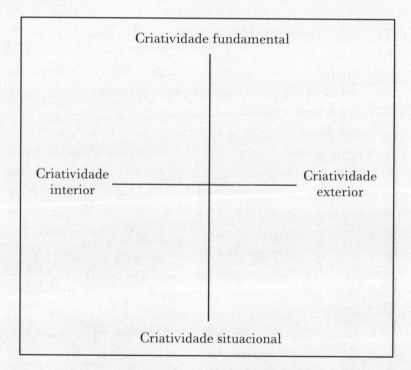

Figura 8. A criatividade tem quatro polos

Ainda mais importante é reconhecer que o processo que as tradições espirituais usam para exploração é igual ao processo criativo; ele só não foi reconhecido como tal, criando muita confusão. Eu chamo a criatividade usada para transformação espiritual de *criatividade interior*; a criatividade para realizações externas é a criatividade exterior.

Desse modo, a criatividade tem quatro polos (Figura 8). Todos os quatro polos são importantes; todos têm de ser usados na exploração da inteireza. Por que sofremos com incontroláveis emoções negativas? Os sociobiólogos estão certos: esses males estão integrados dentro de nós como circuitos cerebrais. A criatividade situacional interior é importante para construir circuitos cerebrais emocionais para equilibrar a negatividade.

Atualmente os jovens sofrem com uma overdose de processamento de informações e muitos deles estão tentando voltar do processamento de informações para o processamento de significado para reinventar o significado em sua vida. Aqui, novamente, tudo de que eles precisam é criatividade situacional interior.

Como observamos antes, as profissões em que a humanidade se envolve são todas baseadas em arquétipos; toda a nossa civilização é uma exploração progressiva e personificação dos arquétipos. Sob a influência do materialismo científico, as profissões se transformaram em empregos para ganhar dinheiro e usar o dinheiro para encontrar entretenimento; pois o que mais é a vida além de "comer, beber e ficar feliz" nessa filosofia? Para transformar sua profissão em uma exploração do arquétipo novamente, você tem de engajar a criatividade situacional, exterior primeiro, mas depois cada vez mais interior, levando à corporificação, à manifestação do *insight* criativo na sua vida. É conveniente que você tenha um mestre ou o guru tradicional nesse estágio.

Finalmente, para experimentar criativamente um arquétipo em sua forma verdadeira, você tem de engajar a criatividade fundamental; não existe substituto para isso. E também não existe um caminho pronto; então, um mestre ou um guru não é de muita ajuda.

Isso também se aplica ao arquétipo do *self*, para a iluminação espiritual tradicional.

O mito do guru, é claro, continua. Em uma história em quadrinhos de Frank e Ernest, os dois personagens são vistos subindo uma colina em cujo topo se senta um guru. Frank diz:

"Precisamos ir até lá porque não tem um GPS para nos guiar em uma viagem pelo caminho da iluminação". Desculpe, Frank. Ele também não pode ajudar você. Nesse ponto, o místico Jiddu Krishnamurti tem razão: "Verdade é uma terra sem caminhos".

capítulo 3

a condição humana e como sair dela

Existe uma história nos Upanishads da Índia que diz muito sobre nossa necessidade de transformação. O simples aspecto hierárquico centrado no mim do ego-persona do ser humano é chamado de *manava* nessa história. Esse é o aspecto que nos deixa miseráveis.

O aspecto *danava* em nós está ligado às emoções negativas, especialmente à de dominação. É esse aspecto que nos torna cruéis, violentos e dominantes na busca de prazer.

Para os hindus, a nossa parte dependente do prazer é *deva. Deva* é a contraparte positiva de danava.

Um dia, todos os três viram um ser estranho sentado no alto de uma colina, um ser que emanava considerável bem-estar e poder. Naturalmente "o que posso ganhar com isso" interessa a cada um dos aspectos do ser humano.

Primeiro foi a vez de manava. "Qual conselho você me dá para que eu possa ter tanto bem-estar quanto você?" O ser disse: "Da". Isso é uma intuição, sujeita à interpretação da mente. O manava a entendeu a seu próprio modo. *Da* representa a palavra sânscrita *datta*, que significa *dar*. O ser humano é restringido por estar centrado no mim. Ele junta riquezas, mas não consegue compartilhá-las. Dar expande a consciência. Dar abre o coração e equilibra a exploração centrada no mim do arquétipo da abundância, deixando-o um pouco centrado no outro também, e é assim que nosso senso de abundância é atingido e o bem-estar surge. Isso é transformação.

A seguir, o danava se aproxima e faz uma pergunta semelhante: "Qual conselho você me dá para que eu possa ter tanto poder quanto você?". O ser responde: "Da". O danava também entende a intuição a seu próprio modo. "Da" para ele representa a palavra sânscrita *dayadhhama*, que significa *ter piedade*. Cultivar emoções positivas, como a compaixão, para equilibrar todo o negativo. Isso vai exigir criatividade, exploração do arquétipo do amor e bondade, e equilibrar a exploração do poder para também ajudar os outros. Isso é transformação, também, e assim a prática o levará nessa direção.

O último a se aproximar do ser é o deva. Mesma pergunta, mesma resposta: "Da". O deva entende. Para ele, "Da" representa a palavra sânscrita *damyata*, que significa *contenção*. Conter-se diante do prazer excessivo. Assim, haverá espaço para a exploração criativa dos arquétipos. Desse modo, você vai se envolver em formas mais sutis de felicidade que exigem transformação.

Boas receitas, com certeza. Elas são científicas? Minha pesquisa e a exploração da física quântica e da consciência durante quatro décadas me dizem que sim. Primeiro, vamos recontextualizar a história para o nosso tempo.

O aspecto centrado no prazer, o aspecto emocional negativo, a acumulação sem fazer nada centrada no mim, o aspecto voltado para a segurança ainda domina o ser humano no século 21, com algo a mais. O mínimo denominador comum mudou agora para um aspecto de máquina que substituiu inteiramente o processamento de significado pelo processamento da informação. Vamos chamá-lo com a palavra sânscrita *yantrava*, a essência da máquina. O que impulsiona o yantrava para o processamento de informações é a aversão ao tédio.

Agora, existe aquele Ser poderoso lá no alto da montanha. Desta vez, o yantrava vai primeiro. "Acho que perdi minha humanidade. Sinto falta de significado e propósito. O que posso fazer?" O Ser é mais gentil agora e explica melhor: "Olhe para dentro; aceite o tédio que você vai sentir inicialmente. O tédio passa, e aí você vai descobrir o esplendor de suas experiências internas".

Quando o manava pergunta ao Ser o que pode fazer para conseguir o objetivo em sua busca de abundância, o Ser explica de novo: "Abra-se mais e expanda a sua consciência até os outros".

E então é a vez de o danava perguntar: "Como eu posso superar meus circuitos cerebrais emocionais negativos?". E o Ser responde: "Vitória sobre os circuitos cerebrais emocionais negativos se dá apenas com a construção de circuitos cerebrais emocionais positivos". Use seu talento para criatividade situacional. Explore o poder, mas junto com amor e bondade.

Finalmente, o deva. Ele pergunta: "O prazer está se tornando entediante. Além disso, estou lutando contra a tendência da dependência. Como posso voltar ao caminho certo na minha busca de felicidade?".

O Ser diz: "Explore o arquétipo da inteireza. A busca de prazer põe ênfase demais no 'mim'. Isso tende a deixar você com hierarquia simples. Corporificar a inteireza exige a prática da hierarquia entrelaçada ou emaranhada. Dê atenção ao outro. Respeite o outro. Isso vai mudar a natureza do seu prazer. Vale a pena".

Combine todas as respostas, preste atenção na primeira letra de cada uma delas e você vai encontrar AMOR.* O amor inclusivo – inteireza – é a resposta moderna ao dilema humano. O que existe na visão de mundo quântica que torna possível nos envolvermos nessas quatro etapas do acrônimo do AMOR?

As respostas são: internalidade, não localidade, descontinuidade e hierarquia entrelaçada. E sim, ao nos engajarmos nelas, nós integramos a condição humana. Desse modo, a história original no Upanishad também é recuperada.

---

* No original, em inglês, a primeira palavra de cada uma das respostas do Ser são *look* (olhe), *open* (abra), *victory* (vitória) e *explore* (explore), cujas letras iniciais formam a palavra *love* (amor). [N. de E.]

Internalidade é a assinatura de uma experiência quântica. O mundo externo de nossa experiência, pela necessidade de manifestação, é aproximadamente newtoniano e determinista, separado do mundo causal de escolha. Temos de olhar nossas experiências internas, o mundo sutil, para achar nosso caminho de volta do aspecto de máquina física para o aspecto criativo causal de nós mesmos.

A não localidade é comunicação instantânea sem sinal. Atenção! Comunicação instantânea significa comunicar-se com o *self*, a unidade. A visão de mundo quântica diz que nós, seres humanos, temos a potencialidade de sermos um com todos os demais usando essa comunicação não local. Cultivar naturalmente a não localidade vai ajudar você a passar de ser centrado no mim para o *self* quântico universal.

No cérebro, o fato de você estar centrado no mim se expressa como atividades nas áreas cerebrais que os neurocientistas identificam como pertencendo ao autoagente. As memórias reforçadas do ego-persona que alimentaram seu "mim" estão armazenadas nessas áreas. No corpo, o fato de você estar centrado no *self* se expressa como vitalidade ligada ao chakra umbilical, ou do plexo solar – o bem-estar seu e apenas seu. Narcisismo. Ou, para as mulheres, no chakra cardíaco. Carência excessiva, precisando de outra pessoa a quem se ligar.

Práticas como dar, dar incondicionalmente, obviamente afastam você dos pensamentos do mim-personas. Isso também eleva a energia do seu chakra umbilical para o chakra cardíaco. Dar é apenas uma prática; outra prática que você pode fazer é a de não se levar tão a sério – humildade. Outra é o perdão. Todas essas práticas também ajudam a pessoa a ganhar autorrespeito em vez de autoindulgência.

Na visão de mundo quântica, o movimento pode ser contínuo, o que é familiar para você, certo? Carros em movimento, formigas em movimento, tudo se move continuamente na sua experiência. O físico Niels Bohr descobriu, em 1913, que os elétrons pulam de uma órbita atômica para outra, eles pulam descontinuamente, sem passar pelo espaço intermediário. Esse salto quântico é permitido na visão de mundo quântica. É por meio desses saltos quânticos de pensamentos e sentimentos que você aprende a fazer circuitos cerebrais emocionais para equilibrar a negatividade.

O danava em nós tem de se engajar no que chamamos de *criatividade situacional*. Isso é criatividade em um contexto arquetípico fixo dado por outra pessoa: um professor, um bom livro, um workshop, entre outros. Tem a ver com encontrar novo significado e novo sentimento associado com o arquétipo, nesse contexto arquetípico, um novo significado e um novo sentimento que você manifeste em sua vida.

Digamos que você esteja explorando a compaixão no contexto dado por Jesus: amar seu próximo. Seu próximo, seu vizinho, é um velho solitário, e você o convida para jantar. Coisas antigas reaparecem: O que eu vou ganhar com isso? Será que ele vai retribuir o jantar? E se ele for chato, mas espere ser convidado de novo? É esse antigo padrão de pensamento, seu velho caráter que você está tentando substituir por um caráter mais compassivo. Continue. Trabalhe em abrir seu coração e busque novos significados para o que aparecer.

O processo criativo é *do-be-do-be-do* (fazer-ser-fazer-ser-fazer). Fazer é o que eu descrevi no parágrafo anterior. Mas ser é difícil para o danava em nós – a hiperatividade nos afasta de ser. A tendência é *do-do-do* (fazer-fazer-fazer). Para abrir espaço para "be" ("ser"), você se envolve com a meditação de concentração, focando um objeto. Isso diminui o seu ritmo (Figura 9), e no meio dos pensamentos agora existem espaços.

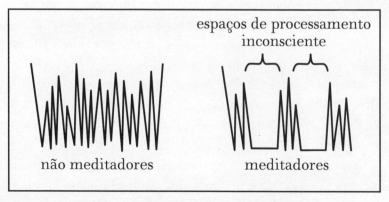

Figura 9. A meditação desacelera você de (a) pensar rápido para (b) pensar lento

Eu sempre tenho um lembrete no metrô de Londres: toda vez que o trem para em uma estação, o alto-falante avisa "Preste atenção no vão". É isso que você faz. Você presta atenção ao espaço entre os pensamentos. Quanto mais você presta atenção ao espaço, mais o espaço se estende. Aonde você vai quando existe um espaço no pensamento? Para o inconsciente, é claro. Dar a si mesmo o tão necessário processamento inconsciente. O inconsciente é muito melhor em selecionar o que é novo dentre todas as potencialidades que você criou por meio do processamento consciente, especialmente quando elas têm uma chance de se expandir usando seu tempo de ser.

Agora, a hierarquia entrelaçada. Quando você se relaciona com um "outro" tendo a busca de prazer em mente, você objetifica o outro. Você é o chefão do relacionamento; a função do outro é agradar você. Para criar uma hierarquia entrelaçada, que é um relacionamento circular, você precisa descobrir a alteridade do outro e respeitar essa alteridade.

Conter o prazer é uma grande ajuda. Existe também outro problema. O modo criativo do deva em nós é criatividade fundamental. E o processo criativo é o mesmo *do-be-do-be-do*. Na fase de ser, nós relaxamos no estado desperto para dar uma chance ao processamento inconsciente. Durante o relaxamento, a tendência do cérebro — e os estudos de ressonância magnética funcional (fMRI) comprovam isso — é de voltar para o comando do que eles chamam de *autoagente* e do que chamamos de *ego-caráter-persona*. Os antigos hábitos do ego retornam, por exemplo, um envolvimento com o intelectualismo ou o processamento de informações para evitar o tédio. É essa tendência que o deva tem de evitar.

Os neurocientistas descobriram que o cérebro é muito previsível. Você tem uma tarefa, e ele ficará em modo de atenção; você relaxa, e ele retorna a se ocupar com o ego-caráter-persona, o autoagente.

A solução quântica é a *hierarquia entrelaçada*. Nós voltamos para o *self* quântico com hierarquia entrelaçada. Como? Ao observar nosso tédio, nosso intelecto e a mente que busca o prazer, mas passivamente, sem interferir. Essa observação, que os budistas chamam de *atenção plena*, nos afasta do autoagente e nos aproxima do *self* quântico.

Olhar para dentro nos ajuda a recuperar nossa humanidade, a capacidade de ter experiências. Estabelecemos a não localidade para o manava em nossa vida principalmente por meio da prática da meditação com os outros; precisamos da comunidade para isso. Aprendemos a dar saltos quânticos descontínuos por meio da criatividade situacional. E exploramos a hierarquia entrelaçada por meio dos relacionamentos com os outros e, finalmente, por meio do relacionamento de fluxo entre os dois polos de nosso próprio *self*.

Nós somos potencialmente um. A grande questão é: Podemos experimentar essa unidade em nosso próprio ser, podemos experimentar a não localidade de nosso *self* quântico? Como podemos tentar?

Centramento no coração, não localidade e abertura para o *self* quântico

A meditação é muito mais do que se sentar com os olhos fechados e deixar a mente vagar. Na verdade, a meditação é um portal para o núcleo mais interno de nosso ser, um caminho para "experimentar" e modular todos os aspectos de nosso mundo interior. Esse é um exercício simples com que eu (Valentina) costumo começar meus cursos.

Vamos nos preparar para um exercício e buscar sinceramente a orientação e a sabedoria interior do seu coração. Encontre um lugar tranquilo ou se prepare com antecedência para essa experiência com uma bela e harmoniosa música que abra o coração. Feche os olhos, sente-se em uma cadeira ou em uma postura meditativa, com as costas retas; relaxe o mais profundamente possível, respire devagar. Durante alguns momentos, apenas observe sua respiração, o fluxo de ar, entrando e saindo. Dê a si mesmo todo o tempo que precisar para cada um dos estados a seguir. Comece colocando as mãos sobre o peito e lentamente leve toda a sua atenção, de uma maneira relaxada, para esse nível. Depois de dois a três minutos, você já pode perceber uma sensação gradual de calor ou vibrações na região do peito.

Visualize agora uma esfera feita de luz clara, brilhante e branca que gradualmente se irradia do seu coração, do meio da região do seu peito, e permita que todo o seu ser relaxe e se expanda em todas as direções. Abra-se para experimentar um estado de amor incondicional e compaixão que está transbordando por todo o seu ser. Perceba conscientemente que essa esfera luminosa estava ali desde a eternidade, em seu coração, como a essência divina da sua alma (as representações dos arquétipos supramentais que você faz com seus sentimentos e pensamentos criativos).

Relaxe cada vez mais enquanto ouve a voz silenciosa do seu coração, identificando-se profundamente com sua expansão elevada. Perceba conscientemente como, a partir desse nível, sua aura começa a se purificar e elevar seu nível de vitalidade, ajudando você a se transformar, florescer e até mesmo aprender suas lições de vida.

Faça isso pelo tempo que se sentir confortável. No final, respire algumas vezes e volte gradualmente a suas atividades diárias. Você pode fazer essa breve meditação sempre que quiser se reconectar com seu *self* da unidade.

capítulo 4

as necessidades propositais da consciência

Estamos agora na era mental da evolução. Com a evolução biológica do cérebro neocortical, a mente pode ser mapeada, e desde então estamos evoluindo na exploração da mente, na exploração do significado. O que isso envolve?

A exploração do significado requer tanto criatividade situacional quanto fundamental. A criatividade fundamental nos dá novos contextos arquetípicos para a exploração do significado; a criatividade situacional é nosso veículo para explorar mais esses contextos descobertos de acordo com as necessidades pessoais e da sociedade. Essa, então, é a primeira necessidade evolucionária da era mental.

A evolução requer que a exploração do significado se espalhe para tantos membros da espécie humana quanto possível, se não todos, a fim de que um avanço da evolução aconteça. Isso significa que não só temos de nos assegurar de nossa criatividade pessoal na exploração de significado, mas também temos de ter certeza do acesso de todos ao processamento do significado e à criatividade mental. Isso dá uma nova dimensão à ética, não é?

O filósofo Ken Wilber indicou outra coisa importante. Em todos os estágios do desenvolvimento humano, diz Wilber, o estágio anterior precisa estar integrado. O que acontece com o desenvolvimento também ocorre com a evolução. A atual era mental de evolução da mente racional precisa integrar a evolução da era anterior da mente vital. Isso se traduz na integração do processamento do sentimento e do processamento do significado. Isso exige criatividade interior.

A espécie humana acabou de passar, em apenas alguns milhares de anos, por um processo prodigioso de evolução cultural e psicossocial. Essa evolução tem sido limitada por certa herança epigenética, os circuitos cerebrais emocionais negativos que afetam os mecanismos cerebrais gerais para produzir um comportamento contraevolucionário.

Por outro lado, Teilhard de Chardin, um místico e cientista, previu a possibilidade de que toda consciência humana se conecte e se una por meio do significado mental em um todo, que ele chamou de "noosfera". Contudo, não podemos nos correlacionar na unidade não local envolvendo processamento de informações nem envolvendo nossa negatividade. Só podemos nos correlacionar quando nos engajamos com um novo significado e sentimentos positivos.

Podemos ver por que o equilíbrio e a integração das emoções são necessários. Sem abrir mão das emoções negativas em favor da positividade em relação aos outros, como podemos ajudar os outros a progredir na direção da realização no processamento do significado?

Muitas pessoas reflexivas hoje reconhecem que existe uma crise em nossa sociedade. Crise é perigo para a maioria das pessoas, e a mídia se concentra nesse aspecto. Os mais esclarecidos sabem que a crise também é uma oportunidade para fazer grandes mudanças. Chegou a hora de fazer uma mudança evolucionária da mente racional para a mente intuitiva. Isso vai exigir o uso da criatividade fundamental interna e também a exploração e a corporificação dos arquétipos, especialmente a inteireza.

Os resultados da pesquisa da Universidade Maharishi mostram que o crime pode ser reduzido se as pessoas meditarem em massa em uma cidade. Esses resultados podem ser controversos, mas são indicativos do poder das tentativas não locais para mudar na direção da positividade. Claramente, existe a possibilidade de curar toda a humanidade e de regenerar e reencantar, por meio da meditação e da prece, a atmosfera da Terra. É necessário que cada vez mais pessoas se mobilizem e comecem a meditação e a transformação em uníssono na direção desse propósito. Nós já estamos fazendo isso em nosso movimento do ativismo quântico. Isso está sendo feito também por outros grupos, como o grupo iniciado pelo HeartMath Institute, chamado *Global Coherence Initiative*. Essa iniciativa tem a meta de mobilizar pessoas em todo o mundo, concentrando-se em vários problemas específicos das regiões, como a crise no Taiti ou as dificuldades causadas por um tsunami e assim por diante.

Em resumo, as crenças materialistas atuais da nossa sociedade impediram a evolução. A seguir vou examinar essas quatro necessidades evolucionárias uma a uma para entender quais são os problemas a fim de termos uma ideia de quais podem ser as soluções: 1) Movimento da informação para o significado; 2) Inteligência emocional; 3) Moderação no prazer e 4) Ética evolucionária

Um comentário final resumido: existem apenas duas escolhas para cada um de nós no que se refere ao movimento da consciência. Podemos nos alinhar com ele ou não. E a regra é simples. Se você está desperto para o significado e o propósito, então pode alinhar seu movimento com o movimento da consciência que é um tipo de ressonância, e você deve fazer isso se quiser ser feliz. É inteligente fazer isso.

Da informação ao significado

Alguns políticos amam a era da informação; eles acham que é um enorme progresso. Eles acreditam que processar informações em uma escala tão grande como somos capazes hoje (e isso está ficando ainda melhor, certo?) é o máximo em nossa realização e, portanto, a era da informação é a era de ouro da nossa civilização. Essa é uma visão muito míope do potencial humano.

O que é informação? Se você não tem nenhuma informação sobre as respostas a um problema, então todas as respostas possíveis são igualmente prováveis. Com a informação, as probabilidades de respostas específicas aumentam, assim como sua chance de conseguir respostas apropriadas. A informação certamente é útil. Muitas vezes, a informação sozinha não equivale a resolver o problema em questão.

A informação também não lhe dá satisfação nem o torna feliz. Claro, pode ser empolgante usar o e-mail – ele é rápido e mais simples – para se comunicar extensamente ao redor do mundo. Isso pode ajudar a manter nossa mente preocupada sob controle. Surfar na internet, às vezes, também é um remédio efetivo para lutar contra o tédio. Sua preocupação realmente terminou porque você conseguiu informações? Seu tédio acabou para sempre com a exploração extensa de mais informações? Seus problemas estão resolvidos? Dificilmente. A mente preocupada fica ansiosa com o próximo item da lista de preocupações. Pare de surfar na internet, e o sofrimento chamado *tédio* volta de novo com toda a força. A mente ocupada tem de ser mantida ocupada ou então ela ficará insatisfeita e infeliz. Antes você estava entediado; agora você tem o transtorno de déficit de atenção.

As elites de nossa sociedade, os *pundits* na mídia, geram sua versão de significado o tempo todo. Nós, o povo, porém, por meio da internet e das redes sociais, usamos o significado deles como informação e somos influenciados pela mera opinião das outras pessoas, pelo significado das outras pessoas. Dessa maneira, as elites manipulam a opinião pública.

A desinformação se tornou um problema tão grande que o autor da tira de quadrinhos *Dilbert* está fazendo uma série de cartuns sobre isso. Vou dar um exemplo. Um dos rapazes no escritório diz para o chefe: "Eu não sei o bastante sobre a mudança climática para parecer inteligente quando as pessoas falam sobre isso". O chefe responde: "Tente fazer sua própria pesquisa. Foi assim que eu soube que os furacões são provocados pelos pássaros". E quando o rapaz diz: "Escreva isso para mim", ele adiciona outra desinformação: "E você sabia que os ursos-polares detestam a neve?".

Você tem de notar que esses *pundits* também não estão resolvendo os problemas que o preocupam e o deixam alarmado. Você não pode relegar a responsabilidade de processar o significado para os outros; se fizer isso, a sociedade sofrerá e você também.

Os materialistas vão dizer que o uso inteligente de surfar na informação não visa evitar tédio, mas juntar dinheiro que pode trazer satisfação e, até mesmo, felicidade. Examine a vida das pessoas que juntaram dinheiro, aqueles gerentes financeiros muito inovadores de Wall Street. A satisfação vem quando você engajou sua mente em algo significativo. E a felicidade é desfrutar um momento relaxado, fazendo nada. Esses gerentes financeiros estão engajados em empreendimentos significativos? Quase nunca. Eles só estão juntando dinheiro, que é um meio, não um fim. Os gerentes financeiros conseguem relaxar? Não, eles não são capazes de aproveitar a vida, de ficarem felizes. Em vez disso, eles tentam encontrar alívio para sua vida estressante no prazer, que é não só um substituto ruim para a felicidade, mas também prejudica a felicidade, às vezes a felicidade de outra pessoa, no longo prazo. Obrigado, mas não obrigado aos circuitos de dependência do cérebro. De fato, a taxa de *burnout* entre esses gerentes financeiros é elevada.

Não é que o processamento de informações seja ruim, ou o prazer seja ruim, mas são realizações bem limitadas. Como o dinheiro, o processamento de informações também é um meio, não um fim em si mesmo. É por isso que ele fica tedioso depois de algum tempo. Com certeza, você pode intuir que tem de existir mais em ser humano do que acumular muitos e muitos meios. É como conseguir o acesso a muitos lagos em montanhas, mas nunca ter a mentalidade de aproveitar a água.

Você se lembra do filme *Uma linda mulher*? Um homem está perdido no jogo da informação e de ganhar dinheiro. E quem o salva dessa masmorra autoimposta? Uma prostituta. Mas não uma prostituta comum. Ela é uma prostituta que vende o corpo por dinheiro, para ganhar a vida, mas não vende a mente; uma prostituta que sabe a importância do processamento de significado e ensina essa importância a seu querido por amor. (E, é claro, a linda mulher também está presa em uma profissão sem significado da qual ela também é resgatada no final.)

Não se trata apenas de evitar sofrimento ou tédio mental ou de sentir falta de satisfação e felicidade. Olhe ao seu redor. Existem problemas ambientais, um efeito colateral de nossa busca por dinheiro sem dar atenção ao significado. Estamos ficando sem energia barata! Violência, terrorismo, aquecimento global, superpopulação, crise nos serviços de saúde, colapsos econômicos, existem muitos problemas e, com certeza, você reconhece que não são inteiramente manejáveis nem mesmo com o melhor processamento de informações.

Vejamos o caso do terrorismo. Depois do 11 de setembro, a sociedade ficou preocupada em analisar o fracasso de nosso esquema de inteligência, completamente baseado em processamento de informações. Se tivéssemos dado um pouco de atenção ao significado, nada disso teria acontecido. O terrorismo sempre existiu e, muitas vezes, não é algo ruim quando usado contra a tirania porque o objetivo é aumentar o acesso ao processamento de significado para mais pessoas. Lembre-se apenas de que aqueles que lutaram pela liberdade dos Estados Unidos durante a revolução começaram como terroristas do ponto de vista da monarquia britânica. Bom ou ruim, o que salvava o mundo antigamente era que o terrorismo era contido, era uma atividade em pequena escala, falando relativamente. O terrorismo moderno, pelo contrário, está em uma grande escala que pode afetar muitas vidas (muitas vezes inocentes) de uma só vez. O terrorismo moderno é resultado direto da produção de armas modernas, capazes de destruição em massa, e da disseminação dessas armas sem pensar nas consequências – que é uma redução do acesso das pessoas ao processamento de significado. A venda de armas pelos Estados Unidos e outros países desenvolvidos prossegue de modo irrefreável, mesmo depois de o terrorismo ter se tornado um problema mundial. Nós criamos o terrorismo moderno ao negligenciar o significado e dar preferência ao dinheiro.

É previsível que a estrutura social, política e econômica do mundo esteja quase desabando. Quase todos os aspectos de nosso modo de vida ocidental são inadequados para realizar nosso propósito evolutivo, que é manifestar novos significados e realizar uma nova corporificação dos arquétipos. Obviamente, isso não pode continuar para sempre. A crise econômica, social, política, de serviços de saúde, de educação e até mesmo espiritual cresce dia a dia. A humanidade está começando a acordar e perceber que, mais do que nunca, é necessária uma ação global para sair desse estado de caos. Muitas pessoas estão procurando o modo de ação mais adequado. De modo geral, a situação global é tão grave que qualquer pessoa que ouça "um chamado" não precisa esperar pela iluminação pessoal, mas agir imediatamente, com entusiasmo e perseverança, de um modo benéfico, de acordo com suas qualidades e acesso interior às potencialidades para mudar, mesmo que elas não sejam perfeitas.

Existe mais um problema com desenvolvimento excessivo no front de informações. Mais cedo ou mais tarde, as pessoas com ambição ditatorial verão uma oportunidade para controlar o acesso das pessoas à informação; por outro lado, elas conseguirão acesso às informações pessoais dos indivíduos e poderão controlá-los. Esse é o cenário que o escritor George Orwell previu em *1984*. Isso pode acontecer em um país democrático? Em certa medida, isso já está acontecendo.

Se o processamento de informações não pode nos dar respostas tangíveis às questões de saúde física e mental, de poluição ambiental, de escassez de energia, de violência e deterioração da sociedade, será que existe outra maneira de agir que nos dê respostas tangíveis? Será que a solução tangível para esses problemas é dar atenção ao processamento de significado de modo a fazer a transição da informação para o significado?

Sim, esse é o primeiro passo. E, felizmente, já existem pessoas que estão mudando o paradigma em alguns segmentos de nossa sociedade, que veem isso e já começaram a enfatizar o significado. Desse modo, começamos a ver o desenvolvimento criativo de alternativas em nossas ciências, na medicina e saúde, e em nossos negócios. Essa ênfase tem de se espalhar para todos os nossos outros empreendimentos: economia, política, religião e, o mais importante, educação. A ênfase no significado também precisa ser abraçada por todas as pessoas, caso contrário o *status quo* vai continuar.

As elites não têm interesse em fazer mudanças reais na nossa sociedade. Elas têm seus dogmas, e faz pouca diferença se são progressistas ou conservadores. Os dois grupos querem o poder. Eles têm bases diferentes e, para sua própria base, parecem estar na direção certa. Se você reparar, a maior parte do que eles fazem é só falar. Nós, o povo, temos de prestar atenção: por que os problemas continuam?

Ainda mais importante, as pessoas que desejam a mudança de paradigma têm de parar de falar nos paradigmas no futuro e reconhecer que um paradigma científico em desenvolvimento de todas as nossas experiências já está aqui na forma da ciência quântica e da visão de mundo quântica. Décadas atrás, a menção de qualquer coisa não física levantaria o espectro do dualismo, mas a visão de mundo quântica resolveu o problema do dualismo com a descoberta experimental da ideia da não localidade. A visão de mundo quântica legitimou o sentimento vital e o significado mental; ambos são fenômenos científicos e mensuráveis. A visão de mundo quântica, ao nos dar uma nova visão da evolução que inclui o propósito, legitimou os arquétipos e sua exploração. A visão de mundo quântica até nos deu a ferramenta – criatividade – para fazer mudanças, até mesmo as mudanças radicais. Para quem deseja a mudança de paradigma, a decisão é prestar atenção ao que o Dalai-Lama diz: "Nenhum modelo de realidade pode ser construído sem a física quântica".

A você, leitor, caberia a decisão de usar o novo paradigma para fazer as mudanças necessárias, despertar para uma inteligência mais elevada do que a inteligência da máquina, uma inteligência mais elevada que você merece. Ou perder tudo, perder para o *status quo*, perder para a polarização da visão de mundo entre ciência e religião, perder para o elitismo que está destruindo a democracia, o capitalismo e a educação progressista.

Inteligência mental

O que é inteligência? É a capacidade de responder *apropriadamente* a dada situação. As pessoas que desenvolveram o teste de Q.I. (quociente de inteligência) nos dizem que todas as nossas capacidades são de natureza mental e de informação; elas são capacidades lógico-racionais e algorítmicas e, como tal, também são mensuráveis. O quociente de inteligência que os testes de Q.I. medem se relaciona com nossa inteligência mental e de informação. O Q.I. é tudo que existe em relação à inteligência mental?

Procurando as diferenças entre a capacidade geral psicomental do homem comum e a de um gênio, descobriu-se que geralmente as pessoas não usam mais do que cerca de 5% do cérebro. Todos já estivemos em uma situação em que há um atraso entre o que queremos fazer, os objetivos que estabelecemos e os fatos que compõem nossa realidade. Muitas vezes não conseguimos manter as decisões positivas que tomamos e fracassamos cronicamente até que, no fim das contas, perdemos a autoconfiança. Então, nós nos sentimos fracos, com um intenso sentimento de culpa. E, depois, o mais frequente é que o amanhã se apresente para nós como hoje, como ontem, com os mesmos fracassos, e que os anos passem sem nenhuma transformação profunda em nosso ser. Existem, na verdade, formas de praticar e fortalecer o autocontrole, do mesmo modo que fazemos com os músculos, como vamos descrever a seguir. A força de vontade está fortemente ligada ao estado mental.

Um exercício para ampliar o autocontrole: o método da onda

Existem métodos que nos ajudam a fortalecer nossa fonte de vontade quando praticados com regularidade. Aqui está um deles.

Pense intensamente em ondas no oceano que avançam progressivamente para a praia, tornando-se cada vez maiores conforme se unem, e que quebram na praia. Podemos comparar essa onda com alguma comida que desejamos, como batata frita. Depois de alguns exercícios, você verá que seu desejo vai diminuir naturalmente.

Viva plenamente o Agora e não adie nada para amanhã. O que não fizermos hoje não faremos nunca. Tenha em mente que o autocontrole e a força de vontade não estão ativos em muitos de nós e, portanto, precisam ser treinados diariamente.

Integrar a informação (significado antigo) e o novo significado

A resolução de problemas em um teste de Q.I. é algorítmica e, portanto, as pessoas que promovem o racionalismo estão bem felizes com o Q.I. e a inteligência racional-lógico-mental como a única medida da inteligência das pessoas. Você pode ver que o Q.I. mede realmente pouco mais do que a inteligência da máquina e se concentra principalmente na capacidade que temos para usar a mente como uma máquina. Para ter um bom Q.I., precisamos processar significado apenas nos contextos gravados em nossa memória, contextos dados pelas elites e pelos manipuladores da sociedade. Quanto maior o armazenamento de memória que nos dá acesso a um vasto repertório de contextos aprendidos – informações –, maior será o nosso Q.I. Quanto maior nosso poder de raciocínio ou capacidade de processamento algorítmico, maior será nosso Q.I.

É como os grandes mestres de xadrez que memorizam os movimentos bem-sucedidos em muitos contextos prévios de posições no tabuleiro, milhares deles. Enquanto nós, mortais comuns, lutamos para descobrir o efeito futuro de um movimento específico, o grande mestre faz seu movimento simplesmente de memória, usando apenas um pouco de raciocínio para se adaptar à situação presente.

A vida real não é um jogo de xadrez jogado com peças fixas em um tabuleiro fixo e com regras fixas. Nem é uma série de testes de Q.I. Os contextos para nosso processamento de significado mudam constante e imprevisivelmente. Podem não ser grandes mudanças de contexto, mas mesmo assim apenas o processamento de memória e o raciocínio situacional nunca serão o suficiente para encontrar a resposta apropriada em significado. Você diz: Deixe que os *pundits* façam isso, deixe que nossos líderes façam isso. Foi assim que Donald Trump, um mentiroso patológico com ambições ditatoriais, foi eleito presidente dos Estados Unidos em 2016.

Não é difícil encontrar outros significados para situações em vez dos significados estabelecidos. Os mestres zen, todos professores espirituais de transformação, são especialistas em ensinar isso. Suponha que um mestre zen lhe pergunte, segurando um marcador: "O que é isto?". E você responda: "É um marcador". Agora, o mestre zen diz: "Vou bater em você trinta vezes". Uma resposta estranha, mas os mestres zen são famosos por serem estranhos. E sabe de uma coisa? Se você nunca esteve com um mestre zen, é improvável que sequer perceba o que o mestre zen está tentando lhe dizer! Talvez ele simplesmente seja sádico.

Quando eu (Amit) era um iniciante na tradição zen e me deparei com esse comportamento específico de um mestre zen, não o compreendi. Eu só o atribuí a uma esquisitice – todos sabem que os mestres zen são esquisitos, não é? Só dez anos depois, quando estava lendo o artigo de John Searle sobre mente e significado, foi que entendi que o mestre zen estava tentando chamar nossa atenção para o fato de que um marcador não é só um marcador usado para escrever, embora esse seja seu uso mais frequente. Um marcador também pode ser usado para bater em alguém (embora não com muita força). Um marcador até pode ser usado como um barômetro: se medir o tempo da queda de um marcador de determinada altura, você poderá saber qual é a pressão atmosférica naquela altura da atmosfera.

Portanto, a inteligência mental é mais do que a inteligência do Q.I. porque a mente é mais do que uma máquina, mais do que as respostas de que lembramos a estímulos prévios.

Quem nunca ouviu o termo "sabedoria das ruas"? Ou então "a escola da vida"? Essas expressões se referem à inteligência mental que responde habilidosamente, e muitas vezes com originalidade, em oposição à inteligência formal do Q.I., que sempre segue a sabedoria estabelecida. As pessoas que têm a sabedoria das ruas ou que aprenderam na escola da vida não dependem da memória da aprendizagem formal que é baseada em contextos artificiais simplificados. Elas olham para contextos da vida real do modo como são — sempre um novo contexto que exige uma nova resposta. Em outras palavras, criatividade.

Lembre-se disto: o processamento mental de informações sempre acontece em contextos determinados de pensamento. Se o problema que você está enfrentando exigir um contexto totalmente novo, você ficará em um impasse, e nenhuma quantidade de pensamento com informações ou navegação na internet ajudará.

Um ser humano inteligente tem o que se chama de "reservatório cognitivo", um tipo de "estepe de possibilidades cerebrais". Para enriquecer esse reservatório cognitivo, para enriquecer nossas capacidades e despertar as capacidades latentes, é necessário se envolver em atividades intelectuais, como leitura ou estudo, naqueles domínios que nos apaixonam, além de praticar métodos de concentração para melhorar a memória.

Nosso cérebro é a mais importante interface física da consciência, um instrumento por meio do qual são controlados muitos dos processos que acontecem em nosso corpo. Ele contém cerca de um bilhão de neurônios. O cérebro, junto com os órgãos do chakra cardíaco, é o órgão mais importante no corpo e influencia muito a qualidade de nossa vida. O cérebro tem neuroplasticidade. Ao fortalecer o desempenho cerebral por meio do processamento de novo significado, desenvolvemos um cérebro-mente tonificado, lúcido e estruturado, uma boa memória e um repertório de habilidades aprendidas, além de capacidade de concentração. Do mesmo modo que um atleta não trabalha um tipo de músculo apenas para se sentir em ótima forma, mas todo o corpo, não basta comer de modo saudável nem respirar ar puro, temos de treinar também o foco mental e a respiração, além de técnicas meditativas, como as oferecidas pela yoga.

Einstein não era um entusiasta de informações. Um professor certa vez lhe perguntou em uma situação de teste: "Qual é a velocidade do som?". Einstein respondeu: "Não encho meu cérebro com detalhes como esse". Acho que ninguém nunca mediu o Q.I. dele, mas talvez não fosse muito elevado, julgando com base na natureza seletiva de suas proezas educacionais na infância: bom em física, música e matemática, mas não em outras coisas. A dra. Diamond, na verdade, examinou uma parte do cérebro de Einstein. Como esperado, ela descobriu um grande número de células gliais no lobo parietal esquerdo, um tipo de formação neurológica descrita como "uma zona de associação para outras zonas de associação do cérebro". As células gliais atuam como uma ligação que mantém juntas as células nervosas e ajuda na transmissão de sinais eletroquímicos entre os neurônios, em outras palavras, na transmissão sináptica envolvida no processamento de novo significado.

Qual lição tiramos de tudo isso? Integrar novo significado em nosso ser significa ser elevado da inteligência mental da máquina para a inteligência mental real, isto é, a capacidade de dar um salto quântico ocasional de significado.

Esse é só o primeiro passo. A criatividade dirigida a um produto na área externa do mundo é criatividade exterior; importante, mas não o suficiente. A evolução exige mais. Existe mais um passo. Falando de forma geral, é o passo de dar atenção à nossa vida interior, de dirigir nossa exploração de tal maneira a estabelecer o significado no centro de nosso ser.

Nós damos atenção à interface do externo e do interno. Damos atenção a eventos de sincronicidade — eventos externos que reverberam com significado interno — que assumem mais importância e se tornam sinais de para onde a vida deve nos levar.

Quando nos envolvemos na criatividade enquanto damos atenção ao jogo da sincronicidade em nossa vida, o desenrolar do significado se torna mais óbvio e claramente ampliado.

Começamos a dar atenção aos sonhos, o desenrolar contínuo de nossa vida no domínio do significado. Todos sabem que aquilo que é intenso em nosso modo de viver afeta nossa vida onírica. Do mesmo modo, permitimos que a intensidade em nossa vida onírica afete nossa vida desperta.

Mais cedo ou mais tarde, surge uma pergunta: Será que podemos dirigir nossa criatividade para mudar o diretor de nosso processamento interno? Em vez de o ego mental dirigir nossa vida interior, podemos deixar que o poder superior de Deus, ou do *self* quântico, dirija nosso teatro interno? Não apenas durante os episódios de alguns projetos de criatividade exterior, mas em uma base mais regular. Assim começa a jornada de criatividade interior, com saltos quânticos para mudar nossa vida interna.

Logo percebemos uma dificuldade. Nossas emoções criam problemas ao mudar nossa vida interior para tornar o significado seu ponto central. Assim, começamos a dar atenção a nossos sentimentos, a nossa vida emocional.

E isso é bom; é uma parte essencial de nossa necessidade evolutiva. Não se esqueça. A evolução exige que a criatividade interior não só se transforme em algo constante para mim, mas para toda a humanidade. A fim de conseguir isso, eu preciso abrir meu coração a todos em minha esfera de interação local e ajudar cada um a ir em direção à criatividade, se puder. Isso exige deixar de lado a competição em favor da cooperação, desistindo de sentimentos negativos em favor dos positivos em relação aos outros. Em outras palavras, lidar com o *danava* em todos nós. Mas como se faz isso?

Nos últimos séculos as pessoas das culturas brancas, anglo-saxãs e protestantes, têm sido as mais bem-sucedidas segundo os parâmetros pelos quais medimos o sucesso que é ditado pelas mesmas pessoas dominantes. As palavras mais importantes são competição e dominação. É difícil para pessoas com essa mentalidade mudar para uma sociedade com base na cooperação. Se ficarmos olhando e esperando que elas mudem, desperdiçaremos nosso tempo. Esse movimento tem de começar de fora das culturas

WASP*, talvez nos países em desenvolvimento chamados de *o segundo mundo*, os países que fazem parte do BRICS — Brasil, Índia, China e África do Sul —, embora eu tenha dúvida sobre a China, que é totalitária demais no momento. Em vez da China, talvez a Europa Oriental e a Europa do Sul — países como Portugal, Itália, Romênia, República Tcheca — sejam nossa maior esperança.

E não acho que estejamos propondo a exclusão das culturas WASP, pois explorar a inteireza é inclusão. Vamos continuar tentando e atraindo o pequeno número de pessoas interessadas nessas culturas. Talvez, depois de termos introduzido a transformação em outros lugares e demonstrado que ela funciona, as culturas WASP recuperem o terreno perdido. Quando isso acontecer, elas serão ainda melhores nisso do que o resto do mundo.

Métodos para treinamento cerebral e para aumentar as conexões neurais

Muitos dos meus (Valentina) alunos e pacientes estão tão presos em sua rotina cotidiana e comportamentos estereotipados que nem mesmo notam os desafios e as oportunidades que os rodeiam. Começando com o treinamento cerebral, recomendo que eles o façam por certo período; oito métodos, cada um deles dinamizando determinada área do cérebro. Você também pode tentar a prática sistematicamente por uma semana, digamos, e anotar todos os dias o que observar. Depois, pode continuar por períodos maiores.

1) Vamos usar nossos membros de uma maneira diferente da que estamos acostumados. Por exemplo, A) escove o cabelo ou os dentes, misture alimentos ou faça qualquer outra atividade simples com a mão que não está acostumado a usar. B) Feche os olhos e "sinta" o caminho que precisa fazer para atravessar uma sala.

---

* Acrônimo para "White, Anglo-saxon and Protestant", ou seja, "Branco, Anglo-saxão e Protestante". [N. de E.]

c) Perceba conscientemente os sons e cheiros que o rodeiam. D) Use o pé (em vez da mão) para abrir uma porta ou para levantar um objeto do chão. E) Leia uma página de um livro de ponta-cabeça.

2) Quando você tiver tendência a criticar alguém, fale com essa pessoa e, ao contrário, faça um elogio! Ao deixar de lado alguns preconceitos que possa ter em relação a alguém, você começará a reconhecer que ele simplesmente tem pontos de vista diferentes dos seus.

3) Dê uma olhada rápida, mas atenta, na parte de dentro da geladeira. Depois, feche a porta e cite os alimentos que viu. Faça o mesmo com uma sala, um quadro ou a vista de uma janela.

4) Durante cinco minutos por dia, projete-se como outra pessoa e contemple algumas ações ou eventos a partir da perspectiva dela. Deixe de lado as ideias preconcebidas sobre essa pessoa. Aja como se fosse um ator interpretando um papel e representando-o, intuindo os pensamentos, estados, emoções e sentimentos.

5) Respire por dez minutos todos os dias o mais conscientemente possível, dirigindo a energia da respiração para o coração.

6) Em cada hora inteira, tente se lembrar do que fez nos últimos sessenta minutos. Se o fizer apenas por alguns segundos, esse exercício o ajudará a se tornar mais atento. No fim do dia, faça uma síntese rápida dos eventos do dia. Se você notar lembranças vazias, elas se referem aos eventos em que você estava mais ou menos não consciente do que fazia. Um exercício avançado é relembrar o dia do final para o início.

7) A fim de desenvolver flexibilidade e adaptabilidade, faça algo diferente todos os dias. Por exemplo, compre mantimentos em outra loja a que está acostumado. Escolha um novo caminho para voltar para casa, em

vez do habitual. Faça um bolo sem ter motivo. Envolva-se em um novo esporte. Conheça um novo vizinho. Executar as mesmas ações todos os dias leva a uma estase no cérebro. Estimulação diversificada é uma das chaves do desenvolvimento cerebral.

8) Mantenha as costas tão retas quanto possível na maior parte do tempo. Você pode imaginar, por exemplo, enquanto anda, que tem uma pilha de livros sobre a cabeça e precisa mantê-los em equilíbrio. O efeito será bem rápido. Uma atitude corporal como essa cria a atitude interna de autocontrole e de controle sobre as situações.

Integrar significado e sentimento, emoções negativas e positivas

Existe inteligência além da inteligência do Q.I. e da inteligência mental que integra as informações e o novo significado. No Ocidente, algumas pessoas reconheceram há tempos a tendência cultural a suprimir emoções. Nós, homens especialmente, somos ensinados a suprimir as emoções porque, quando elas nublam nossa psique, a mente e a lógica mental não podem funcionar muito bem, nem mesmo o melhor Q.I. é de muita ajuda. Apenas suprimindo as emoções é que podemos recuperar o controle e usar nosso alto Q.I. em sua plena extensão para ser bem-sucedido na vida, ou assim nos dizem. O problema com essa abordagem é que, se nos tornarmos supressores de emoções, suprimiremos todas as emoções. Não suprimiremos apenas as emoções negativas, como a raiva, que são prejudiciais para a ação apropriada que exige razão, mas também tendemos a suprimir emoções positivas (como o amor) que desejamos, que intuímos que adicionam qualidade de vida e a própria habilidade de intuir. Mas que tipo de inteligência é essa que reduz a qualidade de vida em vez de aumentá-la?

Se você gosta de ficção científica, pode ver o tema contínuo da famosa série *Star Trek* aqui: razão *versus* emoção. A razão é eficiente, a razão permite que você funcione melhor sob pressão, mas a razão de viver não fica comprometida sem emoção? A razão não se torna "seca" e voltada para o mundo quando não há paixão nela?

Recentemente, tem se falado muito sobre inteligência emocional – a inteligência que capacita você a responder apropriadamente às emoções. A inteligência emocional é algo engraçado. Suponha que haja raiva em seu ambiente e que você fique preso nela. Ainda assim você não a está suprimindo. Se também expressar sua raiva como todo mundo no ambiente, a situação não ficaria ainda pior?

Então, se você nem expressar nem suprimir, o que acontece? Você fez isso? Se fez, logo vai descobrir: é preciso muito esforço e uma prática disciplinada. As pessoas de compromisso muito limitado para exercer esforço e disciplina sucumbiriam ou à supressão (no Ocidente e no Norte) ou à expressão (no Oriente e no Sul).

A ideia de práticas disciplinadas para alcançar a inteligência emocional chegou à literatura da psicologia. Vamos ver as práticas recomendadas em um livro popular do psicólogo Daniel Goleman, *Inteligência emocional*:

1) percepção-consciente da própria natureza emocional;
2) gerenciamento da emoção;
3) controle das emoções a serviço da motivação orientada por objetivos;
4) empatia (a capacidade de compartilhar emoções das outras pessoas sem perder a própria objetividade);
5) capacidade de lidar com relacionamentos emocionalmente íntimos.

O treinamento da atenção plena, ou *mindfulness*, torna você consciente de seus hábitos emocionais, quer expresse, quer suprima, de como você interage emocionalmente com os outros etc. A prática da atenção plena também o capacita a reagir à emoção sem suprimir nem expressar, mas simplesmente meditar nela, pelo menos em uma extensão limitada. O gerenciamento da emoção trata de priorizar quando expressar e quando suprimir, e quando fazer o possível para não escolher nenhuma dessas ações, ou seja, meditar. Controlar as emoções (ou seja, suprimi-las) quando seu trabalho o exige é o compromisso civilizado que todos os profissionais são obrigados a aceitar. A prática é suprimir o mais conscientemente possível.

O treinamento da empatia é algo que todos os psicoterapeutas tentam fazer, mas, como todos sabem muito bem, essa é uma prática complicada. E quer saber de uma coisa? A prática ajuda, mas nunca se chega à perfeição. Esse é o motivo pelo qual os terapeutas sofrem com *burnout*.

O que o treinamento de empatia envolve é a capacidade de se colocar no lugar da outra pessoa, aquela que está sofrendo com um acesso emocional. Os psicólogos acham que têm uma ideia muito boa de como a mente funciona. Especialmente se aprender a captar as dicas não verbais – programação neurolinguística das pessoas –, você pode formar uma boa teoria da mente do outro e fingir empatia. Mas isso é de verdade?

Eu (Amit) tenho pesquisado esse assunto há muito tempo, desde que tive uma discussão com a psicóloga da yoga Uma Krishnamurthy sobre esse assunto em uma conferência em Bangalore, Índia. Eu tinha levado um grupo dos Estados Unidos para a conferência, e Uma e eu éramos palestrantes. Nós dois participamos de uma pequena reunião em que algumas pessoas do nosso grupo compartilharam seus sentimentos, e a situação fugiu um pouco ao controle. Em outras palavras, eu não me saí muito bem como líder de grupo para manter as emoções sob controle. Então, Uma me ensinou a diferença conceitual entre simpatia e empatia. Eu tinha me tornado simpático aos membros do grupo, disse ela. Como eles, eu também tinha mergulhado nas emoções negativas. Em vez disso, percebi, tinha de aprender a me relacionar com empatia – a capacidade de sentir as emoções do outro sem perder a própria objetividade.

Uma longa prática em desenvolver empatia me ensinou uma coisa. Apenas a prática não pode fazer você se transformar em um ser empático. Em uma situação difícil, a simpatia sempre aparece, e você carrega o sofrimento da pessoa a quem está tentando ajudar. Para que serve isso? Antes havia uma pessoa sofrendo, agora existem duas. Nessas situações, é preciso que você fique com o problema até que tenha dado um salto quântico para a objetividade. Observe que o salto quântico também não o transforma permanentemente em um ser empático. Ele só permite que você veja através de uma situação específica.

Agora sabemos que a reação de simpatia acontece por causa dos neurônios-espelhos do nosso cérebro, que imitam o comportamento dos outros. Essa é a comunicação local. A empatia, por outro lado, exige um salto quântico para se conectar ao outro não localmente.

O mestre Ryokan, um homem sábio na comunidade, não pregava, nem julgava, nem repreendia as pessoas. Quando o filho de seu irmão se tornou delinquente, o pai, naturalmente, procurou ajuda com seu irmão sábio. Ryokan veio, mas, ao contrário da expectativa do irmão, não disse nenhuma palavra de censura. Contudo, ele ficou para passar a noite. De manhã, quando estava pronto para partir, seu sobrinho beligerante foi ajudá-lo a amarrar os sapatos e sentiu uma gota quente de água cair sobre seus ombros. Ele olhou para cima e viu os olhos de Ryokan cheios de lágrimas. Ryokan voltou para casa, mas o rapaz mudou sua maneira de agir. Isso é empatia e é assim que funciona.

O último item da lista, compartilhar um relacionamento emocional íntimo, é a prática derradeira que o leva além da inteligência emocional comum. Esse assunto é um aspecto importante da prática de transformação, então vou dedicar parte de um capítulo a ele. Veja adiante.

Se você tentou lidar com emoções em um relacionamento íntimo, então sabe de uma coisa. Você não pode resolver um conflito emocional em um nível íntimo sem dar atenção ao contexto. Nenhum conhecimento prévio serve. Em outras palavras, você vai precisar dar atenção às intuições, dar saltos quânticos de criatividade em uma base regular, para manter um relacionamento emocional íntimo.

As pessoas que olham para as emoções de uma forma baseada no cérebro, isto é, que supõem que as emoções são apenas um fenômeno cerebral, também supõem (erroneamente) que o cérebro pode ser treinado para aprender todos os cinco aspectos da inteligência emocional citados. O cérebro tem cinco vezes mais tendência para a negatividade do que para a positividade. Desse modo, a reconexão dos circuitos cerebrais não seria muito efetiva se usássemos apenas o cérebro para invocar a positividade. Felizmente, em uma ciência com base na consciência, as emoções são apenas secundariamente baseadas no cérebro (os circuitos cerebrais); inicialmente, elas são efeitos psicológicos dos sentimentos que surgem nas conexões do corpo vital dos órgãos físicos nos chakras. Esses efeitos psicológicos dos sentimentos têm duas fontes. Primeiro, a mente dá significado aos sentimentos e, no processo, os "mentaliza", produzindo "software" emocional indesejado. Segundo, os sentimentos têm efeitos fisiológicos correlacionados que, ao afetarem a origem da representação, o cérebro, também afetam a mente, que é representada no cérebro. A fisiologia afeta a psicologia.

A mentalização dos sentimentos, infelizmente, é complicada e, muitas vezes, nós interpretamos errado os sentimentos. Nesses casos, a solução é convidar o supramental para ver o problema corretamente, e daí novamente a necessidade de saltos quânticos.

A inteligência emocional praticada com a inclusão de saltos quânticos ocasionais é necessária para satisfazer a necessidade evolutiva de integrar significado e sentimento. Quando envolvemos o supramental para explorar arquétipos como amor ou bondade, os chakras superiores se abrem mais – o chakra umbilical e os acima –, e os novos sentimentos positivos entram em ação. Dar significados apropriados a eles, conforme guiados pela exploração arquetípica, ajuda a criar circuitos cerebrais emocionais positivos e isso nos oferece uma estratégia muito mais efetiva para atingir a inteligência emocional.

Educação emocional

"As emoções são uma parte íntima de nossa vida e são os blocos com que construímos a atividade de nossa Alma", como enfatiza o professor de meditação Swami Advaitananda. A presença silenciosa e misteriosa das emoções em nossa existência diária faz com que elas sejam ignoradas e, às vezes, até mesmo ter negado o direito de que façam parte de nossa vida cotidiana, mesmo que os pensamentos recebam tanta atenção e, no entanto, tenham a mesma natureza imaterial. Eu (Valentina) aprendi com ele a respeito de valores como franqueza, pureza, paciência e perseverança. Um tempo depois, Amit me mostrou mais sobre o valor curativo e integrativo da gentileza, tolerância e aceitação.

Nossas emoções marcam uma grande diferença entre uma mente robótica e uma mente intuitiva e espontânea (segundo o nível de entendimento sobre a maneira como as emoções funcionam). Na maioria dos sistemas educacionais hoje, a ênfase é colocada na lógica e na memória, os dois componentes do "*self* robótico", os constituintes principais do piloto automático. Esse tipo de educação enfraquece a atividade da alma e nos separa da realidade de nossas emoções. Mesmo em situações em que os estudantes são incentivados a descobrir e treinar a parte intuitiva da mente, a parte emocional é pouco ou nada envolvida.

Uma observação importante que podemos fazer com facilidade é que a maioria das decisões que tomamos é ditada por nossas emoções naquele momento, e não por nossa lógica nem pelas experiências previamente acumuladas. Isso mostra mais uma vez a enorme importância da educação emocional e do controle emocional, pois isso influenciará muito as nossas decisões futuras e, portanto, nosso futuro em geral. Nossa memória funciona melhor quando os sentimentos estão envolvidos. Isso é muito útil para mim (Valentina) nas minhas sessões, notando como a mente só faz associações entre ideias que estejam correlacionadas com sentimentos correspondentes. Os estudos recentes demonstraram que a qualidade de nossas emoções influencia a capacidade de memorizar. Um ato que foi apoiado por fortes emoções terá uma forte marca em nossa memória e será mais facilmente acessível do que um ato que não desencadeia nenhuma emoção em nós.

A neurociência está assim confirmando agora o que as tradições espirituais têm afirmado há milhares de anos: "O que você ama é o que você, mais cedo ou mais tarde, se tornará". Nessa afirmação nós reconhecemos o poder formativo de um dos mais fortes geradores de emoção que temos na vida: AMOR. Nós não nos tornamos aquilo que consideramos correto, não nos tornamos o que consideramos certo ou errado. Nós não nos tornamos o que pensamos, mas o que pensamos com AMOR, o que buscamos emocionalmente por meio do amor.

No processo de aprendizagem frequentemente usamos esse mecanismo associativo entre sentimento e pensamento, mas fazemos isso mais ou menos inconscientemente. Por meio do intenso "treinamento" do poder associativo de nossa consciência pelo qual passamos hoje, obtemos um processo quase instantâneo de associação – de conexão entre uma ação e a emoção que predomina em nosso meio interno quando realizamos essa ação. Dessa forma, as memórias que são criadas dependem não da qualidade da informação que obtemos, mas da emoção que ocorre quando recebemos a informação.

Como o professor de meditação apontou de maneira genial, "para fazer uma analogia completa sobre o relacionamento entre a mente que processa informações e as emoções (sentimento e significado), podemos dizer que a mente que processa informações é a bibliotecária que está cuidando de um grande acervo. As emoções são o conteúdo de todos os livros que estão naquela biblioteca. A bibliotecária não é a autora das obras, mas é responsável por mantê-las em boa ordem, tornando seu conteúdo acessível em nossa vida diária. O cultivo intenso da atividade da bibliotecária faz a biblioteca desenvolver o modo como os livros são arrumados nas prateleiras e os diferentes sistemas de acesso às informações".

No entanto, não devemos esquecer que ter bons esquemas de informação só torna melhor o arranjo dos livros, mas não vai mudar o conteúdo deles. Muitas vezes, ignoramos esse aspecto e treinamos apenas a bibliotecária. É por isso que experimentamos riqueza nos esquemas mentais de informação, mas pobreza nas experiências que "populam" nossos esquemas mentais. A biblioteca é bem organizada, mas contém apenas alguns livros. Além disso, nós lemos repetidamente as mesmas obras e, toda vez que queremos algo a mais, só tentamos rearrumá-las nas prateleiras de outra maneira.

Hoje, uma vez que o ambiente suprime as manifestações emocionais, quase todos os adolescentes crescem emocionalmente retardados, com graves consequências no processo de aprendizagem. Muitas crianças são diagnosticadas apressadamente (e com a superficialidade usual do sistema de saúde que eu – Valentina – encontrei em quase todos os países) com TDAH (transtorno do déficit de atenção com hiperatividade), TEPT (transtorno de estresse pós-traumático) e depois são imediatamente colocadas sob uma medicação que vai destruir ainda mais seu cérebro e sua capacidade de associação. Além do mais, as crianças pequenas associam caoticamente as ideias que aprendem na escola com as emoções que experimentam em família ou com os colegas ou com as aventuras que têm na tentativa constante de descobrir o mundo. Dessa mistura de emoções, metade suprimida e metade descontrolada, elas criam o conteúdo de sua futura "biblioteca". Então, independentemente de quanto se tornem espertas, não conseguem ultrapassar certo nível de desenvolvimento consciente porque têm uma biblioteca pobre de experiências de vida. O que ignoramos é o fato de que desse modo a maioria do conhecimento que os estudantes aprendem na escola é estruturada ao redor de emoções caóticas que não fazem as coisas se moverem melhor; pelo contrário, impedem que muita informação esteja eficientemente acessível na existência cotidiana deles.

Portanto, existe uma necessidade clara de começar a desenvolver um sistema coerente de educação emocional. Até mesmo a própria ideia de educação emocional será enriquecida com um novo significado dessa perspectiva. Isso é importante não só por causa de nossas futuras gerações, mas também para a própria civilização humana e representa um dos pré-requisitos da entrada crucial para o próximo estágio de sua evolução.

Moderação do prazer

No Capítulo 3, falamos sobre nosso problema de *deva* – prazer sem controle –, o qual não só leva à dependência, mas também arruína relacionamentos porque você está usando o outro para seu próprio interesse egoísta.

O materialismo científico leva a uma sociedade permissiva com consequências desastrosas. As religiões, mesmo as tradições de sabedoria, foram para o outro lado. Elas insistiram em que as pessoas desistam inteiramente do prazer. A solução está no meio: moderação.

Você provavelmente conhece esta história da vida de Buda. Em um ponto importante de sua jornada espiritual, Buda estava preocupado com sua própria situação. Enormes restrições ao prazer não tinham produzido retorno; em vez disso, ele estava irritado, tanto no corpo quanto na mente. Então, viu um instrumento musical de cordas e um salto quântico aconteceu na sua mente. Se você deixar a tensão das cordas frouxa demais, não haverá nenhuma nota musical; mas, se deixar a tensão forte demais, as cordas arrebentam. Então, o *insight* de salto quântico dele foi: o caminho do meio, moderação.

Isso é parte da solução. Aprender a respeito dos circuitos de prazer do cérebro nos diz que os circuitos de prazer têm muito a ver com recompensa. Para que alguém limite o próprio prazer, precisa receber uma recompensa, algum outro item de prazer. A dinâmica geral não muda.

A ciência quântica, por meio de sua ênfase na dinâmica da energia vital, tem uma solução um pouco diferente. Desfrute o prazer, mas de outro modo. O prazer está no cérebro, mas é claro que os órgãos de seu corpo também estão envolvidos. O que acontece se você não só desfrutar o prazer, mas também der atenção aos órgãos do corpo que estão envolvidos?

Por exemplo, se você estiver comendo uma boa comida, seu cérebro produzirá moléculas de prazer com gosto. Nham, nham, nham. Quanto mais depressa você comer, mais intenso será o prazer. Muitas vezes, isso leva a comer em excesso e, depois, provoca desconforto. O prazer termina com um pouco de dor. Não é tão bom. Se você der atenção à área de seu umbigo, onde ficam seus órgãos digestivos, isso vai ficar mais lento. Coma devagar. No final da refeição, você vai notar duas coisas: 1) você consegue parar de comer logo que fica satisfeito; você não vai mais comer demais; e 2) conforme você continua a desacelerar depois que a refeição acabar, vai descobrir felicidade, um tipo de relaxamento. De onde isso vem? Da expansão da consciência. Essa é uma recompensa transformadora. Isso é moderação praticada da forma quântica. Gradualmente, você aprende a substituir parte do aspecto de prazer de sua conta pela felicidade na forma da expansão da consciência.

Pense em outra fonte de intenso prazer nos seres humanos: sexo (em casos felizes, fazer amor). As pessoas falam sobre a alegria do sexo; está tudo no cérebro. Depressa, depressa, depressa; muitas moléculas de oxitocina e dopamina. Em geral, é aproximadamente um caso de sete minutos que termina com um orgasmo para o homem. A mulher terá sorte se chegar ao orgasmo também. E, depois do orgasmo com ejaculação, o homem vira para o lado e dorme. A mulher fica acordada com alguma falta de satisfação – para dizer o mínimo.

Mude essa dinâmica para fazer amor lentamente, enfatizando o amor que, junto com movimentos lentos, podem lhe dar a chance de transformar o intenso impulso sexual em energia do coração. E você também está dando atenção à sua respiração. O prazer pode ter uma intensidade reduzida, mas será adequado. O que isso vai reduzir é a sua tendência de virar do lado e dormir. E se você responder ao desejo de se aconchegar em sua parceira, descobrirá com surpresa uma inconfundível felicidade surgindo em você. Por quê? Sua consciência está se expandindo, tornando-se inclusiva, incluindo sua parceira, para um sentimento que todos chamamos de amor.

Nós já mencionamos os chakras antes. Existem *selves* no corpo no nível do umbigo e do coração. Existem dois chakras mais baixos no corpo, abaixo do nível do umbigo: um na base da coluna (ânus) chamado *chakra básico* (em sânscrito, *muladhara*), e outro nos órgãos sexuais, chamado *chakra sexual, ou sacral* (em sânscrito, *swadhisthana*). Existem potencialidades de movimento vital nesses chakras, mas elas não podem colapsar na ausência de um *self*. Se dermos atenção ao corpo e até mesmo orientarmos esses movimentos vitais à vontade, para cima, essas energias têm uma chance de colapsar, movendo-se para os chakras superiores com *self*. Nota: *colapsar* é o termo que estamos sugerindo para os processos de transmutação e sublimação que são mencionados no tantra.

Existem duas escolhas: 1) a energia é colapsada no chakra umbilical. Isso é o que acontece em nosso modo rápido de busca do prazer quando damos pouca atenção ao corpo. O chakra umbilical em si mesmo é egoísta; colapsar a energia ali nos torna narcisistas. 2) A energia é colapsada no chakra cardíaco. O chakra cardíaco é o chakra do amor, nosso portal para o altruísmo e para a expansão da consciência. Isso é o que promovemos quando nos adaptamos a um estilo de vida lento.

A nova ética evolucionária

Tradicionalmente, no Oriente, a ética social é em grande medida ignorada; a ética é praticada rigorosamente apenas como uma preparação para a jornada espiritual. No Ocidente, a vantagem material da ética social foi reconhecida há tempos, mas também o excesso de materialismo, agora cientificamente racionalizado, erodiu consideravelmente sua prática. Quase todos nós sofremos de sentimentos severamente ambíguos no que diz respeito à ética porque, de acordo com a ciência materialista, o escopo da ética é muito limitado.

Os biólogos neodarwinistas inventaram uma forma de ética científica com base na biologia sob a forma de um princípio metafísico chamado *determinismo genético*. A ideia é de que nosso comportamento é inteiramente determinado pelos nossos genes; somos máquinas genéticas. Nossa mente, consciência e nosso comportamento macro, têm um propósito último: perpetuar nossos genes, garantir a sobrevivência dos nossos genes. A consequência dessa perspectiva é que devemos ter algum interesse além do egoísmo, algumas tendências naturais de comportamento altruísta sem interesse pessoal.

Por exemplo, se eu tenho alguns genes em comum com você, estou ajudando minha própria propagação e sobrevivência genética ao cuidar de você. Então, eu me comporto altruisticamente em relação a você dependendo de quanta comunalidade genética temos em comum.

Essa seria uma bela teoria porque, se estivesse correta, esse tipo de bioética seria obrigatório. Nossos genes garantiriam que isso acontecesse. Infelizmente, os dados empíricos sobre o altruísmo simplesmente não combinam com essa teoria. Quando pessoas altruístas veem alguém em uma calamidade, elas oferecem ajuda independentemente de haver ou não alguma conexão genética, por exemplo, até para um estrangeiro.

Existe também a questão de como lidar com a dicotomia bem-mal embutida em nosso inconsciente coletivo. Nos dias antigos, o mal era reconhecido como uma entidade – Demônio – oposta a Deus. Ficar ao lado dele era uma indicação clara de que depois de morrer você iria para a morada do demônio, chamada *inferno*. O medo do inferno ou o desejo do paraíso era um incentivo para seguir a ética. Mas quem você conhece atualmente que leva tão a sério paraíso e inferno a ponto de sacrificar o egoísmo, especialmente quando existe ambiguidade?

A ética e os valores são importantes ainda hoje para pessoas suficientes... suficientes para fazer uma diferença nas eleições de metade do mandato de 2018 nos Estados Unidos. A razão pela qual tantos de nós, mesmo hoje, temos uma consciência de pensar eticamente em face de tanto comportamento não ético crescente em nossas sociedades está enraizada no inconsciente coletivo. O problema é que os circuitos cerebrais emocionais negativos estão integrados; então, nós respondemos naturalmente com emoções negativas aos estímulos correspondentes, sem esforço. Não acontece o mesmo com as emoções positivas; poucos de nós as temos – um karma positivo de vidas passadas. Apenas se as tivermos, poderemos responder ao chamado do "bem" no inconsciente coletivo.

As religiões, é claro, têm apoiado universalmente a ética sob diversas formas ("Faça o bem, seja bom"; faça aos outros o que você quer que os outros façam a você; se eu não for por mim mesmo, quem sou eu? Se eu for apenas por mim mesmo, quem sou eu?). Para religiões dualistas e simplistas, a razão é clara: medo de Deus. Essa razão não é mais suficiente; observe como o suporte evangélico é inabalável para Trump nos Estados Unidos.

Em termos científicos quânticos, podemos dar uma razão melhor para a ética e a distinção entre bem e mal. O bem é aquilo que o leva na direção da inteireza, e o mal é aquilo que o afasta da inteireza. Isso pode se mostrar ambíguo demais, especificamente para aquelas situações em que você mais precisa de clareza. Além disso, essa ética de nível básico pode não ser suficientemente proativa.

Precisamos de uma nova ética pela qual viver, nada mais, nada menos. Será que a ciência quântica nos dá um incentivo mais direcionado para uma ação ética? Ela pode e nos dá.

A física quântica é a física das possibilidades e indica que nós, o observador/participante, escolhemos dentre as possibilidades o evento manifestado de nossa experiência. Quando Fred Alan Wolf cunhou a frase "Nós escolhemos nossa própria realidade" com base nessa dica, esse ditado se espalhou como fogo entre os participantes da nova era. O mesmo aconteceu quando um filme e um livro recentes, *O segredo*, sugeriram que nós manifestamos as coisas que pretendemos, escolhendo e esperando. A ideia se tornou muito popular entre os participantes da nova era e se transformou em alvo de piadas para muitas tirinhas de quadrinhos porque, obviamente, a ideia é simplista demais.

Nós já mencionamos uma sutileza da escolha entre as possibilidades quânticas. A consciência da qual escolhemos não vem do ego, mas de um estado cósmico não ordinário de consciência que os tradicionalistas chamam de Deus. Apenas quando "minha" intenção do ego ressoa com o movimento da consciência cósmica é que a minha intenção se torna manifestada. Qual é o critério para o movimento evolucionário da consciência ou daquilo a que, em uma época anterior, as pessoas se referiam como "vontade de Deus"? Em outras palavras, em que base nós escolhemos quando estamos nessa consciência cósmica/Deus? A resposta surge quando você considera a evolução.

Existe um movimento evolucionário da consciência que vai na direção de manifestar os arquétipos supramentais corporificados em nós. A "vontade de Deus" está sempre nos impulsionando para essa meta. Quando temos um encontro criativo com Deus e surge um *insight* criativo, temos a escolha ética máxima: devo usar esse *insight* para meios egoístas ou para o bem maior, para a meta evolucionária do movimento da consciência? Quanto mais claros formos em relação à nossa ética, mais apropriada será nossa ação que se segue ao *insight* criativo. Vamos chamar isso de *ética evolucionária*.

Suponha que baseemos firmemente nossas ações na ética evolucionária, na própria noção científica da evolução da consciência e na demanda do movimento evolucionário da consciência sobre nós de que o processamento de significado, antigo e novo, deve ser um privilégio de todos. Dessa maneira, o princípio ativo da ética evolucionária passa a ser este: nossas ações são éticas quando elas maximizam o potencial evolutivo de cada ser humano. Imagine uma sociedade em que essa ética está em ação, o que isso fará a nossa política, à prática do direito e do jornalismo, à prática dos negócios, à prática da saúde e da cura e ao modo como educamos nossos filhos.

Isso é parte integral da espiritualidade quântica, por que enfatizamos a busca do arquétipo da inteireza em vez do arquétipo do *self*. Porque, como já argumentamos, buscar o arquétipo do *self* equivale a desistir da ética evolucionária.

Também já falamos da inteligência mental e emocional. A ética evolucionária exige que a busca da inteligência mental e emocional seja assumida e realizada pelo grosso de toda a espécie humana. É isso que a evolução futura requer. Como eu não só alcanço a verdadeira inteligência mental suplementada pela inteligência emocional para mim mesmo, mas também ajudo todos os meus companheiros humanos a atingir a mesma meta? A nova ciência tem algumas respostas, cuja discussão está além do escopo desta obra.

Se você fica incomodado porque algumas pessoas conseguem escapar com violações éticas (os banqueiros de investimento, por exemplo, que ajudaram a causar o colapso econômico de 2007 e ainda ficaram com enormes ganhos, ou os aproveitadores de Trump), não se preocupe. Elas podem escapar agora, mas o Capitão Karma acaba pegando todo mundo, mais cedo ou mais tarde. Você tem de aprender a ser ético, ou então ficará preso para sempre no ciclo de nascimento-morte-renascimento e *karmuppance* repetido.

capítulo 5

preparar o terreno para a jornada de transformação

Agora já existem muitas evidências empíricas acumuladas em favor da sobrevivência depois da morte e da reencarnação e, além disso, existe uma boa teoria detalhada que explica todos os dados. Leia o meu livro *A física da alma*. A teoria e os dados sobre reencarnação sugerem o fator essencial em determinar nosso lugar no espectro da criatividade.

As considerações teóricas baseadas na nova ciência quântica nos dão mais clareza. Anteriormente, classificamos os atos criativos em duas classes: os atos de descoberta que chamamos de "criatividade fundamental" e os atos de invenção que chamamos de "criatividade situacional". Seguindo a terminologia da psicologia da yoga, vamos denotar a propensão para a criatividade fundamental com a palavra sânscrita *sattva*, e para a criatividade situacional usaremos a palavra sânscrita *rajas*. Também existe a propensão para nenhuma criatividade, a tendência a exibir apenas o condicionamento nas próprias ações. Para essa propensão, nós usaremos a palavra sânscrita *tamas*.

A teoria da reencarnação sugere que o que trazemos principalmente das reencarnações passadas são as tendências mentais, incluindo essas três propensões de *sattva, rajas* e *tamas*. Agora, preste atenção, o condicionamento sempre está presente; é um preço que pagamos por crescer e encher nosso cérebro com memórias. Então, *tamas* domina quando começamos nossa jornada de reencarnação, e só gradualmente, com muitas encarnações, é que dá lugar às tendências criativas de *rajas* e *sattva*.

Claramente, nosso lugar no espectro da criatividade depende crucialmente de trazermos conosco, quando encarnamos de novo, muito *sattva* – a capacidade de descobrir, pois a descoberta é considerada o ato mais elevado da criatividade. Quanto mais *sattva* trazemos, maior nossa tendência de mergulhar na criatividade fundamental. Da mesma forma, a herança da reencarnação de *rajas* determina quanto podemos ser bem-sucedidos no tipo de criatividade de construção de impérios, a criatividade situacional. E quanto *sattva* ou *rajas* podemos trazer para usar nesta vida depende de nossa história de reencarnação.

O propósito de nossa jornada de reencarnação é descobrir os arquétipos e corporificá-los, um trabalho que leva muitas vidas. Isso nos dá a motivação pessoal para a criatividade: são os arquétipos que nos motivam a descobri-los criativamente.

No filme *Feitiço do tempo*, o herói é motivado pelo arquétipo do amor de uma vida para outra até que ele aprenda a essência altruísta do amor. Todos estamos fazendo esse tipo de coisa, buscando um ou outro arquétipo. Como o nosso herói, permanecemos inconscientes do que estamos fazendo quando começamos nossa jornada de reencarnação para percebermos o jogo apenas à medida que amadurecemos.

Arquétipos: lembrar o seu *dharma*

Existe um tema comum em todas as ideias que mencionamos até agora; espero que você tenha notado. Curar, dar, natureza, relacionamentos, qual é a linha em comum em todos eles? Os arquétipos. Curar tem a ver com o arquétipo da inteireza; dar tem a ver com o arquétipo da bondade; a natureza tem a ver com o arquétipo da beleza, o relacionamento tem a ver com o arquétipo do amor.

Dar também tem a ver com o arquétipo da abundância. Você dá o que você tem em abundância. O dinheiro raramente lhe dá aquele sentimento de abundância; nunca há o suficiente. Se você é pobre nos arquétipos do amor, da bondade e da justiça, você não consegue dar livremente.

Os seres humanos têm lutado com o arquétipo do poder desde quando temos informações. A tendência do ego é juntar poder porque você é o único chefão que reconhece; os outros são importantes se, de algum modo, forem sua extensão. Você precisa de poder para manter os outros sob controle. Desse modo, você está usando poder para dar mais poder a si mesmo. Ele pode satisfazer sua necessidade de domínio, mas será que satisfaz mesmo? Você está pronto para explorar o poder para dar poder aos outros?

O derradeiro flagelo da sociedade materialista é que entendemos equivocadamente o arquétipo do *self*. No Ocidente, isso é reconhecido na tradição da alquimia. Temos ouro em nosso verdadeiro *self*, nosso verdadeiro eu; mas, em vez disso, escolhemos o cobre, o eu/mim do ego com a exclusão do *self* quântico. Todos os arquétipos são nosso portal para a transformação alquímica; porém, o arquétipo da inteireza e do *self* estão no alto da lista.

"O homem não pode viver sem apego a algum objeto que o transcenda e sobreviva a ele", disse o sociólogo francês Émile Durkheim. Os arquétipos são esses objetos. Eles são tão queridos por nós que, sempre que morremos e reencarnamos, escolhemos um arquétipo para explorar na próxima vida. Selecionamos uma porção de nosso karma acumulado adequada para esse arquétipo, o nosso *dharma*.

Se seguirmos nosso *dharma*, ficaremos satisfeitos e felizes. Se você não estiver satisfeito com a sua profissão, está na hora de reexaminar seu arquétipo de busca. Talvez não haja uma correspondência.

Como você pode encontrar o seu arquétipo? Eles vêm até nós por meio de experiências de cristalização como o arquétipo da inteireza veio para mim em 1973. Muitas pessoas criativas têm experiências similares.

Eles também nos vêm em sonhos. Os sonhos são cheios de simbologia. Se você aprender a olhar além da simbologia, eles levarão você até o seu arquétipo. Ou você pode analisar seus sonhos com um professor.

Outras maneiras de encontrar seu arquétipo é por meio da astrologia e do sistema do eneagrama recentemente redescoberto. Existem nove eneagramas que correspondem aos nove arquétipos principais já mencionados. Os eneagramas refletem sua personalidade, que pode estar sabotando e impedindo você de conhecer seu arquétipo e também o afastando de sua jornada espiritual. Perceber conscientemente a sua personalidade ajuda a descobrir seu eneagrama e a revelar o segredo de seu arquétipo.

Da mesma forma, os traços de caráter que você trouxe e ativou nesta vida também são uma indicação do *dharma* que você escolheu. Se voltar à sua infância por meio de um exercício de memória, poderá encontrar os traços de caráter que existiam na época e que são as indicações do que você trouxe como talentos, mas a vida acabou o enganando.

Integrar pensamento e vida: faça o que você fala

Os *insights* criativos na arena externa exigem muito trabalho duro para se manifestar como um produto. É fato que muitas pessoas desfrutam o processo criativo, têm *insights*, mas não conseguem reunir o esforço necessário para terminar o produto. Só por causa de todas as delícias (as cenouras da psicologia comportamental) que podem surgir, essa preguiça em se manifestar nunca atinge proporções epidêmicas.

Na criatividade interior, porém, o estágio da manifestação é ainda mais difícil do que na criatividade exterior. As recompensas comportamentais, as delícias, não são públicas, mas privadas. Por causa desse duplo azar, muito mais pessoas interrompem seu processo criativo no nível do *insight*; elas nunca tentam muito viver seu *insight*.

Ainda pior é que a cultura materialista prevalente, de uma maneira sutil, invade a mentalidade do criativo interior. O criativo interior cai no que Chogyam Trungpa Rinpoche costumava chamar de materialismo espiritual e começa a ensinar o que sabe dos saltos quânticos, mas não manifestou no ser. Ele fica preso nas expectativas das mesmas recompensas que impulsionam a criatividade externa: nome, fama, poder, dinheiro, sexo, realizações externas etc. (Que coisa! O próprio Trungpa não era inteiramente imune a essa mentalidade.)

Alguns pensadores transpessoais (por exemplo, leia os livros de Wilber) complicam ainda mais a situação introduzindo certo glamour e mística em relação aos estados "superconscientes" alcançados com os saltos quânticos, classificando-os com sofisticação filosófica. Esse tipo de classificação não tem base científica e, ainda mais, o resultado final não muda. Não há transformação permanente a partir de salto quântico sem que se passe pelo estágio de manifestação, por mais exaltada que seja a classificação que você lhe dê.

Essa ênfase exagerada na mera experiência do superconsciente não resultará na espiritualidade quântica. Precisamos romper essa tendência de ser preguiçosos no ponto mais crucial de nosso desenvolvimento pessoal e manifestar em nosso ser todos os *insights* supramentais que temos.

Felizmente, graças à psicologia positiva, uma classificação científica agora está disponível sob a forma da escala de felicidade (Figura 2). Podemos fazer uma escala de inteligência (Figura 10). E, é claro, mais felicidade e mais inteligência são as recompensas de nossa jornada. Quando percebemos isso, a motivação aparece. Eu sei.

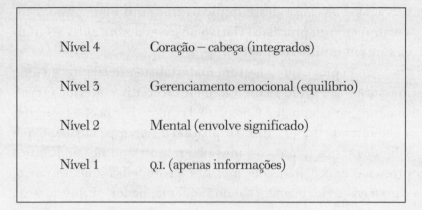

Figura 10. A escala da inteligência

O movimento da espiritualidade da nova era acabou ficando tão cansado da falta de sinceridade no comportamento do guru típico da nova era que eles criaram a frase "Faça o que você fala". A menos que vejamos seus *insights* refletidos em seu comportamento, não vamos ouvir.

Isso é bom. No caso da espiritualidade quântica, esse "Faça o que você fala" é essencial, com a consequência óbvia: "Não se torne um guru se não fizer o que você fala".

Meu amigo, o professor espiritual Konstantin Pavlidis, estendeu divertidamente a prática criativa do *do-be-do-be-do* (fazer-ser-fazer-ser-fazer) em uma quadrinha fácil de decorar:

Não pare no do-be-do-be-do
Seja um walkie-talkie também.

Mais uma coisa. Por mais incursões ao supramental que você faça, a representação mental-vital que faz disso (sua alma) e que vive sempre dependerá do contexto e, assim, sua "transformação", o comportamento aprendido com base nessas representações mentais-vitais ou circuitos cerebrais nunca corresponderá às demandas de todas as situações. Em outras palavras, sempre haverá ocasiões em que o seu comportamento não será apropriado, refletindo que a sua transformação ainda não está perfeita. Para chegar à perfeição, você precisa viver intuitivamente, com uma hierarquia entrelaçada. Esse é o requisito da próxima etapa da evolução da mente intuitiva – o nível da alma.

Lembre-se de que é muito provável que você tenha passado pelo estágio de formação da alma em algumas vidas passadas. Por que não se identificar com seu caráter, com o que você aprendeu e transferiu de uma vida passada para outra sob a forma de memória não local ao invés da memória local?

Afrouxar a estrutura do ego: humildade

"Uma pessoa feliz não é necessariamente um ser humano que está sempre rodeado por circunstâncias agradáveis, mas sim um ser humano que tem uma atitude principalmente benéfica e otimista em relação à vida", disse Hugh Downs.

Já mencionamos a estrutura do ego: o ego, nosso eu/mim, é o ego/caráter/persona. O caráter são as tendências aprendidas e a persona consiste nas máscaras que usamos para agir no mundo externo, o chefão de nosso software programado.

Quando nos identificamos completamente com nosso ego condicionado em qualquer nível de nossa realização externa, tendemos a inflar; começamos a pensar que somos "melhores" do que os outros. Estamos levando a sério demais nosso tão cultivado "eu", o chefão de nossa hierarquia simples. Como quebrar essa hierarquia simples desse "eu" realizado? Para sabotar o "eu" inflado, nós incluímos o humor no jogo, aprendemos a rir de nós mesmos, brincar com nossas ideias e nos divertir. É por isso que Einstein disse: "A criatividade é a inteligência se divertindo". A diversão quebra a hierarquia simples do ego/caráter/pessoa.

Aprender o humor que zomba de nós mesmos também nos ajuda a lidar com os fracassos que, como se diz corretamente, são os "pilares do sucesso". É por isso que Gregory Bateson disse: "*O humor é meio caminho para a criatividade*".

O humor, especialmente o humor voltado para nós mesmos, é também meio caminho para a inteireza em nossa jornada arquetípica da criatividade interior. É por isso que nas culturas chinesa e japonesa vemos Budas sorridentes por todo lado.

O ser humano é a única espécie na Terra que tem a capacidade de rir. Todos sabemos que o humor e o riso liberam o estresse.

Quando rimos com todo o coração, nossas emoções negativas e os estados contraídos desaparecem temporariamente, e isso tem até o poder de curar várias doenças ou desequilíbrios. As pessoas muitas vezes esquecem de rir ou até mesmo de sorrir; mas, verdadeiramente, o humor é uma expressão de sua felicidade e liberdade internas, ajudando as pessoas a descobrir a felicidade e a liberdade da própria vida. O riso também tem a vantagem de ser contagioso e vem naturalmente quando as pessoas são elas mesmas.

Para enfatizar de novo, um dos maiores problemas que acontecem na jornada espiritual da inteireza é que, conforme passamos pelos vários níveis de integração de nossos atos, mesmo na criatividade interior, tendemos a desenvolver um senso de realização. A parte boa disso é que ele nos dá autorrespeito e um ego forte para continuar a jornada. Infelizmente, junto com a realização, nosso ego tende a inflar mais uma vez. Isso não é bom. Para trazer a humildade de volta, eu sempre lembro a mim mesmo: "Você ainda tem o hábito de pôr o dedo no nariz quando está sozinho. Não se leve tão a sério". Algo parecido também vai funcionar com você.

É claro que existem momentos difíceis na vida. A humildade vem junto com o espírito de sacrifício. Ficar nos comparando com os outros e com o que eles têm vai gerar permanentemente o desejo de ter mais. Existem tantas pessoas que têm muito menos do que nós. Um sábio disse: "Chorei por não ter botas, até que vi um homem sem pernas".

Conforme sua identidade muda desse modo, você vai notar que é gentil com os outros que ainda não fizeram essa mudança e também aceita mais as fraquezas deles. Um praticante espiritual quântico tolerante é um praticante quântico maduro.

Afrouxar a estrutura do ego: desenvolver autenticidade

Expressar autenticidade significa que suas personas estão em sincronia com o seu caráter. Desse modo, suas personas dominantes estão sempre expressando seu caráter. Conforme seu caráter muda, o mesmo acontece com suas personas dominantes, no decorrer do tempo. Permita que isso aconteça, pois é importante. Isso torna possível que seu ego se envolva no jogo criativo com o *self* quântico na muito importante experiência de fluxo, que é uma parte integrante do processo criativo, especialmente no estágio de manifestação.

Pessoalmente, o que acho mais desafiador nisso é manter a verdade quando conto minha história pessoal ao ensinar. Sei que é importante compartilhar minha história para adicionar credibilidade ao que estou dizendo. Eu tenho de ficar atento contra a tendência de sempre mentir só um pouquinho para tornar a minha história um pouco mais interessante. A verdade pode ser mais estranha do que a ficção, mas não é mais interessante, pelo menos não necessariamente. Mesmo assim, eu (e você também) sei que é melhor aderir à verdade para que o *self* quântico não seja afastado por nossa enrolação.

Sincronicidade: esperar o inesperado

A escritora Gertrude Stein uma vez disse algo mais ou menos assim: o que muda de uma época para outra não é quem somos, mas o que encontramos na estrada, as contingências da sorte. Sincronicidade é o nome que Carl Jung deu às contingências significativas da sorte ou coincidências devidas a uma causa comum que ele provisoriamente chamou de "alma do mundo". Na visão de mundo quântica essa causa comum dos eventos de sincronicidade é a Consciência Una.

A criatividade envolve, em seu estágio de manifestação, o movimento do fluxo entre o *self* quântico universal e o ego pessoal do criativo. O movimento da consciência não local no *self* quântico que se manifesta em um ato criativo pode envolver mais de uma pessoa, e os eventos podem conspirar para dar a aparência de pura sorte — isso é sincronicidade.

Na década de 1980, quando lutava com a transformação e a criatividade, um guru da nova era chamado John Lilly me disse: espere o inesperado. Meu conselho para você é o mesmo: deixe de lado a previsibilidade e o controle quando você vir significado em uma coincidência e responda à sincronicidade. Ela vai lhe mostrar o caminho.

Sentimentos no corpo: os chakras

Mencionamos antes que, quando experimentamos emoção, não há apenas um pensamento mental, mas também um sentimento que o acompanha. O que sentimos? Nós sentimos o movimento da energia vital acompanhando a emoção. Mas em que lugares no corpo sentimos nossas emoções? Ou, dizendo de modo mais preciso, em que lugares no corpo sentimos o componente de sentimento de nossas emoções?

Se você é um conhecedor do sentimento dirá, é claro, que depende da emoção e também de quem você é. Se a pessoa é um intelectual, é provável que ela só sinta a energia vital na cabeça – chakra frontal, ou do terceiro olho (Figura 11). Quando estamos sendo intelectuais é para esse lugar que a energia vital vai.

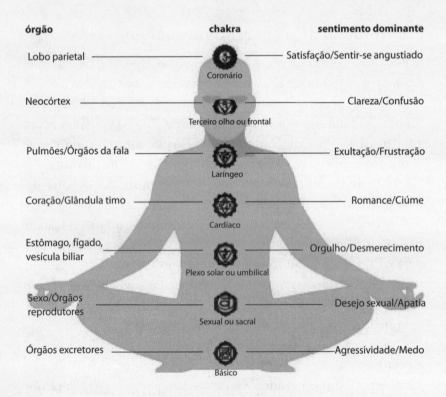

Figura 11. Os chakras

Se você não for predominantemente um intelectual, então vai reconhecer outros lugares no corpo em que sente sua energia. É claro que o mais familiar desses lugares é o chakra cardíaco, o lugar em que você sente a energia romântica. Você pode lembrar a primeira vez em que percebeu que estava apaixonado? Feche seus olhos e imagine agora aquele momento; logo você sentirá o aumento de energia em seu chakra cardíaco (você vai senti-lo como uma pulsação, um formigamento, calor ou apenas expansão). Esse é o motivo pelo qual as pessoas leem livros de romance ou assistem a filmes sentimentais "que aquecem o coração". Eles (na maioria mulheres) gostam do aumento de energia no chakra cardíaco (que é sentido como calor nessas ocasiões).

Em contraste, quando os homens, na maioria, assistem a sexo e violência na TV, sem dúvida seus circuitos cerebrais emocionais negativos são envolvidos, mas a energia vital também vai para os chakras inferiores. Se você for sensível, vai sentir isso como uma sensação de estabilidade. Essa pode ser uma razão para a popularidade do sexo e da violência na mídia hoje.

Quando nos sentimos bem conosco mesmos, sentimos um aumento de energia em nosso chakra umbilical; se nos sentimos inseguros, sentimos a energia saindo desse chakra – um frio na barriga! Nós nos sentimos estáveis quando a energia vai para o chakra básico, mas, quando a energia é drenada de lá, sentimos medo. O chakra sexual, ou sacral, é o local para onde a energia vai quando nos sentimos amorosos.

Depois de fazer amor ou depois de uma boa refeição, a energia pode subir para o chakra cardíaco. Sem dúvida, as mulheres sabiam disso antigamente, pois sempre pediam dinheiro ou coisas para a casa ao marido depois do sexo ou depois da refeição. Você já ouviu dizer que "O caminho para o coração de um homem é pelo estômago"?

Quando estamos nervosos antes de falar em público, nossa garganta parece ficar seca; isso acontece porque a energia vital saiu do chakra laríngeo. Por outro lado, se você está se comunicando bem, sinta o chakra laríngeo. Você vai gostar das vibrações; todos nós gostamos.

Quando nos concentramos em algo intelectual, nossas sobrancelhas se concentram, e você pode sentir calor no ponto entre as sobrancelhas, o local do chakra frontal. Bem atrás dele fica o córtex pré-frontal em que nossos pensamentos intelectuais são processados. Os sentimentos são confusão e clareza, mas eles têm a ver totalmente com a lógica da mente de processamento de significado.

Nossa linguagem corporal pode nos contar parte da história. O que estamos fazendo quando tentamos entender algo? Estamos tentando remover nossa confusão. E onde sentimos a concentração? Você vai notar que os músculos entre as sobrancelhas estão tensos. Só quando a clareza aparece é que os músculos relaxam.

Em resumo, os chakras são os lugares em nosso corpo físico em que sentimos a energia vital localizada quando estamos experimentando um sentimento.

A ciência dos chakras

Se examinar a Figura 11, você vai notar que cada um dos chakras está situado perto de um ou mais órgãos importantes do nosso corpo. Isso foi notado há milênios. E essa é a pista para um entendimento científico dos chakras.

Lembra da discussão anterior sobre os órgãos-v? Os campos litúrgicos do corpo vital fornecem uma espécie de matriz para os programas epigenéticos do software que controla as funções dos órgãos. Dessa maneira, os órgãos físicos realizam as funções corporais vitais como a manutenção do corpo ou a reprodução.

Os chakras são aqueles locais em seu corpo físico em que a consciência manifesta simultaneamente o vital e o físico no processo em que os programas de software são executados, as funções dos órgãos acontecem, os campos litúrgicos correlacionados se movem e você sente esse movimento sob a forma de energia vital.

Assim, aqui está uma revisão: uma descrição chakra a chakra da função vital, dos órgãos físicos correspondentes e dos sentimentos associados. Mas, lembre-se: as energias vitais podem se manifestar apenas no umbigo, no coração e no terceiro olho porque é onde nós temos *selves*. As energias nos outros chakras ou permanecem inconscientes ou são colapsadas em conjunção com um dos chakras com um *self* conforme esses *selves* despertam em nós. Também observe a linguagem: quando dizemos que a energia vai para um chakra, queremos dizer que a energia colapsa nesse chakra. Quando dizemos que a energia sai, queremos dizer que esse chakra não está recebendo atenção, não está sendo colapsado.

Chakra básico: A função corporal vital é a eliminação, um componente crucial da manutenção do corpo, chamado *catabolismo*. Os órgãos que expressam essa função são rins, bexiga, intestino grosso, reto, ânus e, muito importante, a glândula suprarrenal. Os sentimentos são sentimentos (egoístas) de estabilidade e de agressão orientadas para a sobrevivência quando a energia entra e de medo quando a energia sai. Por meio da evolução, o controle desse chakra é assumido pela amígdala cerebral que produz a resposta de medo (fugir) ou coragem e agressão (lutar).

Chakra sexual, ou sacral: A função do corpo vital é a reprodução. Os órgãos reprodutivos – útero, ovários, próstata e testículos etc. – e o software físico associado a eles são a representação física da função reprodutiva. Os sentimentos são aqueles da sexualidade e de amor quando a energia entra; quando a energia sai, o sentimento é de desejo (não satisfeito). Mais uma vez, o controle está na amígdala do centro do cérebro.

Chakra umbilical, ou do plexo solar: A função do corpo vital é a manutenção (*anabolismo*) e as representações dos órgãos são o estômago e o intestino delgado, fígado, vesícula biliar e pâncreas. O sentimento associado com o aumento da energia nesse chakra é o orgulho. Quando a energia sai, os sentimentos são raiva, desmerecimento, ressentimento etc. Esses sentimentos negativos são controlados pela amígdala cerebral.

Chakra cardíaco: A função do corpo vital é a autodistinção (a distinção entre eu e não eu). A principal representação de órgão é a glândula timo e o sistema imunológico, cuja função é distinguir entre "eu" e "não eu". Aqui sentimos romance quando a energia entra. Quando a energia sai, sentimos perda, pesar, sofrimento e também ciúmes.

Vamos explicar. Por que o romance é sentido no chakra cardíaco quando encontramos o parceiro apropriado? Porque nesse momento o "eu" é estendido para incluir o parceiro. A glândula timo situa-se nesse chakra que faz parte do sistema imunológico e cuja função é distinguir entre eu e não eu. Quando essa distinção desaparece porque o sistema imunológico é suspenso, existe o amor romântico: "Você é meu".

O amor romântico ainda é muito orientado para mim; ele ou ela é importante porque ele ou ela é meu. Isso é esperado. Os sentimentos de que estamos falando aqui são o movimento condicionado da energia vital, condicionada por milhões de anos de evolução. Quando a autodistinção se estende a todos, quando todos fazem parte da minha "família", dizemos que o chakra cardíaco está "aberto" para todos e sentimos o amor universal, incondicional do qual os místicos falam como ágape ou compaixão.

A abertura de um chakra sinaliza a ativação de novas funções biológicas mais elevadas do órgão envolvido, de um modo similar àquele em que uma lagarta se transforma em borboleta. O DNA não muda, mas novos genes são ativados a fim de fazer novas proteínas.

Chakra laríngeo: A função vital é a autoexpressão. As representações dos órgãos são pulmão, garganta e órgãos da fala, órgãos da audição e glândula tireoide. Os sentimentos associados são: a exultação da liberdade (de fala) quando a energia entra e a frustração quando o oposto acontece. (Você reconhece por que a liberdade de expressão é considerada tão importante em nossa cultura, embora a liberdade real seja a liberdade de escolha.)

Chakra frontal, ou do terceiro olho: A função vital inicial é o pensamento racional para o qual o órgão é o córtex pré-frontal direito, que se situa atrás da testa. Os sentimentos associados são clareza de entendimento (quando a energia entra) e confusão (com a diminuição da energia).

Com mais abertura, esse é o chakra que direciona a energia intuitiva associada aos arquétipos que são atraídos para você. É por isso que esse chakra é chamado de terceiro olho ou o olho da intuição. Os sentimentos associados da exploração arquetípica são satisfação (quando a energia aumenta) e desespero (quando a energia diminui).

Chakra coronário: A função vital é o conhecimento do corpo e o órgão físico é o lobo parietal.

O fato de existir uma glândula endócrina associada a cada um dos chakras é de significância crucial. As glândulas endócrinas comunicam-se com o cérebro pelos chakras inferiores. Desse modo, por meio dessa conexão "psiconeuroimunológica", bem como por meio do sistema nervoso autônomo, o cérebro controla as energias vitais nos chakras inferiores.

Na Índia, existem duas abordagens antigas ao estudo dos movimentos da energia vital ou *prana*, em sânscrito. A ênfase da abordagem do Ayurveda é a cura, enquanto a ênfase do tantra em que as ideias ayurvédicas de *chakras* e *nadis* (similares ao conceito de meridianos chinês) se entrelaçam é o despertar espiritual. Assim, os escritos sobre os *chakras* tornaram-se muito confusos entre esses dois objetivos. Por exemplo, as pessoas falam despreocupadamente sobre "abertura" do chakra por meio de técnicas simples de massagem. De certo modo, isso não está errado. Pode haver doença em um dos órgãos de um chakra se o movimento condicionado do *prana* correlacionado se tornou estagnado. A massagem certamente pode limpar a estagnação, e isso pode ser chamado de "abertura", embora seja realmente uma reabertura. Ou então simplesmente alguma limpeza. Mas não é a abertura de que o tantra fala.

Como já mencionamos, existem *selves* nos chakras umbilical e cardíaco, além do frontal. Os movimentos condicionados do *prana* nesses chakras definem o ego-caráter vital que temos. Esse caráter é oculto por uma persona, muito orientada para si;

é uma máscara que oculta nosso verdadeiro *self* — o *self* quântico. O tantra tem a ver com a transformação criativa do movimento condicionado do *prana* e também das personalidades associadas a ele.

Prática e fé

Quando começa uma prática, você acredita que ela vai lhe fazer bem. Depois, por meio da prática, você desenvolve um novo circuito cerebral de comportamento alternativo. Como você pode ter certeza de que vai pensar em usar a prática bem quando estiver em agitação emocional? É claro que é nesse momento que você mais precisa invocar o novo comportamento aprendido.

Esta é a mesma questão de novo: Como um comportamento aprendido se transforma em um elemento de seu caráter? Um domínio crescente do hábito que aprendemos nos dá cada vez mais confiança para podermos relaxar e agir com o *self* quântico. O conhecimento que vem do *self* quântico tem o valor da verdade que nos dá certeza. Desse modo, um mero hábito se transforma em uma parte do meu caráter.

Isso pode acontecer com a construção de circuitos cerebrais emocionais positivos. Tê-los não é o bastante; temos de complementar o hábito com prática, prática e mais prática, dar o salto quântico, então existe fé. Isso é difícil de fazer com o tipo de elementos de caráter de que estamos falando aqui; dar ou perdoar não são coisas que você pode repetir como você pode fazer ao estudar piano. Podemos dar o salto quântico, com certeza, por meio da criatividade situacional interior — assunto do próximo capítulo. Então, nunca deixamos de invocar um circuito cerebral emocional positivo para compensar os efeitos de um negativo inconsciente.

Chaves para uma prática de yoga bem-sucedida

Esta é a maneira que eu (Valentina) aprendi com meus professores de yoga e pratiquei por mais de vinte anos.

Falando de um jeito prático, todos os nossos estados interiores se manifestam especificamente por meio de nossas atitudes corporais. Quando alguém está perturbado, isso aparece na atitude corporal. Da mesma forma, quando alguém está feliz, o corpo dessa pessoa está relaxado e a atitude reflete esse estado. Essa observação é útil para podemos "ler" o estado interior de alguém por meio de sua atitude corporal.

Com o tempo, como uma consequência dessa observação fundamental, os grandes iogues sábios desenvolveram uma metodologia baseada em assumir atitudes corporais a fim de desencadear no universo interior do praticante processos específicos de estados interiores correlacionados. Isso traz a possibilidade de ser capaz de ter à vontade e com precisão essas associações emocionais a que aspiramos. E isso vai acontecer independentemente de nossa predominância energética momentânea, se assumirmos a atitude corporal correta.

Considerando como as associações são desencadeadas e controladas (elas são similares aos processos de ressonância embora sejam, na verdade, guiadas pela não localidade no vínculo físico-vital), não é surpresa que, no caso das atitudes corporais, nosso estado interior possa ser gerado ou influenciado pela posição do corpo e pela atenção que concentramos nessa posição.

Um *asana* (*postura* em sânscrito) é uma posição do corpo ou uma atitude que sintoniza nosso sistema em correlação com energias macrocósmicas muito precisas. Em outras palavras, um *asana* é uma configuração energética "ressonante" que criamos ao colocar o corpo – e implicitamente posicionar a estrutura energética – em uma posição específica. Desse modo, o *asana* torna-se uma expressão de nossa aspiração de fundir por correlação não local na atmosfera energética, especificamente com a qualidade das energias em que o *asana* está em *ressonância*.

Quando se pratica o *asana*, a postura corporal é mantida com firmeza, mas sem tensão. A atenção está inteiramente concentrada em perceber os fenômenos da correlação com as energias universais específicas. Da mesma forma, com a mente concentrada em apenas um objeto da percepção, o *asana* mantém o corpo estável e a atenção é firmemente concentrada sobre um único estado vital de associação. Uma das grandes vantagens da prática dos *asanas* da hatha yoga deriva dessa facilidade de domar a mente emocional em uma posição quando ela está alinhada com a posição do corpo.

Devido a um mal-entendido desses aspectos fundamentais, atualmente muitas pessoas confundem a prática de *asana* com mero exercício físico, algo praticado em uma aula na academia se o professor tiver alguma inclinação oriental, ou com uma ginástica que tem alguns efeitos psicossomáticos. No entanto, existem algumas diferenças fundamentais entre *asana* e exercícios físicos ou mesmo ginástica psicossomática. A fim de tornar esse aspecto ainda mais claro, a seguir estão algumas dessas diferenças.

Um *asana* implica sempre uma chave operacional que dá eficiência ao método. Essa chave consiste nas indicações relativas ao modo de concentrar a atenção durante o exercício sobre o centro energético ressonante (chakra) e também no fluxo das energias pelo corpo vital energético. Os exercícios esportivos implicam apenas concentrar a atenção no corpo físico e especialmente em sua dinâmica, de forma, talvez, que o exercício seja muito bem realizado.

1) O propósito de um exercício esportivo é energizar de modo especial nossa estrutura física e, desse modo, induzir indiretamente um estado de bem-estar vital. O propósito de um *asana* é alinhar nossa estrutura física com nossas estruturas sutis, em uma aspiração sublime de nos tornarmos conscientes, tanto quanto possível, do supremo estado de unidade Divina. O estado interior que aparece enquanto fazemos o *asana* está precisamente de acordo com as ressonâncias que são facilitadas por esse *asana*.

2) Os exercícios físicos não implicam foco da mente além dos poucos aspectos de desempenho nos quais precisamos

nos concentrar a fim de ter um desempenho correto. Depois que o exercício físico é repetido várias vezes, pode-se entrar em um estado de piloto automático. Mesmo no piloto automático, o exercício de ginástica fornecerá seus efeitos sobre o corpo físico, sem exigir muito foco mental. No caso de um *asana*, mesmo que repitamos esse exercício milhares de vezes, precisamos nos concentrar no vital todas as vezes a fim de entrar em um estado de ressonância com o centro macrocósmico energético que corresponde a esse *asana*.

3) De modo geral, um *asana* é uma posição estática, na qual o corpo permanece parado e relaxado, e a atenção fica firmemente concentrada apenas sobre os processos específicos de ressonância que acontecem no corpo físico e além dele (com raras exceções, que são casos especiais). Os exercícios esportivos geralmente são dinâmicos, com movimentos fortes e com a atenção concentrada apenas sobre o corpo físico a fim de garantir um desempenho correto do exercício.

Para entender melhor a diferença, aqui está uma analogia com o rádio. Se pegarmos um rádio e treinarmos levantando-o repetidamente até o teto e de volta até o chão, isso significa praticar esporte. Se colocarmos o rádio na melhor posição na sala para receber o sinal da estação de rádio que queremos ouvir e, depois, ligarmos o rádio e prestarmos atenção ao que o dispositivo transmite por meio da ressonância, podemos dizer, falando analogicamente, que praticamos um *asana*.

Com base no que expomos, a seguir estão algumas condições fundamentais para que um asana tenha o efeito esperado.

A atitude corporal deve ser tão relaxada quanto possível. Como se sabe, na yoga, quanto mais relaxado estiver o corpo, mais ele permite que as energias fluam e sejam distribuídas harmoniosamente por toda a estrutura. Além disso, o fenômeno da ressonância ocorre segundo seu ritmo, e tudo o que podemos fazer é estar conscientes disso e, desse modo, mantê-lo por um período mais longo. Esse segredo é refletido no famoso tratado *Yoga Sutras*, do grande sábio Patanjali, por meio da seguinte explicação: "Os *asanas* são dominados por meio do desaparecimento do esforço físico e por meio da fusão com o Infinito".

Ao realizar a postura corporal, a atenção está focalizada com firmeza e sem esforço nos processos inefáveis da ressonância complexa que é alcançada entre o ser do praticante e o universo vital. Mais precisamente, a conexão permite que novas facetas das potencialidades das energias vitais universais se manifestem dentro do ser do praticante, fazendo com que seu ser cresça da individualidade em direção à universalidade. Essa percepção-consciente integrativa e cósmica age de tal maneira que um estado de euforia extática (a alegria do momento ahá! criativo) se estabeleça em todo o ser do praticante, que não pode ser associado a nenhuma causa corporal superficial. Para ilustrar essa condição, aqui está uma citação do famoso mestre espiritual iogue Vyasa: "O *asana* se torna perfeito por meio da comunhão íntima entre o ser do praticante e o universo. Então, o esforço para realizá-lo desaparece, e a dupla de opostos se equilibra, gerando um estado de êxtase".

Durante a prática de um *asana*, um estado de transfiguração do *self* transforma o ser vital do praticante. Devido a esse estado exemplar de transfiguração do *self*, todo o ser do iogue se transforma em uma manifestação do "arquétipo" universal representado por esse *asana*, uma manifestação que constantemente tende para a perfeição dentro de si mesma. A mente emocional e o corpo do iogue tendem a se alinhar a fim de criar um todo unitário não local com as energias representadas por esse *asana*.

Depois de realizar um *asana*, é importante continuar concentrado no processo específico de "ressonância" por um ou dois minutos (esse é o mínimo recomendado e não necessariamente o tempo ideal). Desse modo, a nova atitude induzida pela postura corporal – *asana* – é assimilada e se torna disponível fora do desempenho do *asana*, na vida diária, em como nos sentamos, ficamos de pé e andamos. Gradativamente, com a prática regular, as novas atitudes e estados se transformam em uma parte integral de nossa natureza interior.

Os iogues dizem que, quando essas condições são preenchidas, a Consciência transcende o mundo dos sentidos e se torna livre, espontaneamente capaz de se expressar de modo pleno, além dos limites impostos pelo físico-vital e, dessa maneira, revela a verdadeira natureza derradeira do iogue. Esse é o propósito real de um *asana*.

Eu (Valentina) notei que realizar *asanas* nesse espírito torna a prática sem esforço, a postura pode ser mantida por longos períodos e os benefícios aumentam proporcionalmente, em especial quanto ao estado geral de saúde e harmonia. A comunhão de identificação que acontece nos ajuda a manter o *asana* sem ficarmos cansados.

capítulo 6

construção da alma

As práticas do último capítulo são todas efetivas para construir circuitos cerebrais emocionais positivos, bons o suficiente para ajudar a equilibrar nossa negatividade em situações gerais de gerenciamento de emoções. Nós ainda ficamos incomodados e temos a reação "lutar ou fugir" em alguma medida, mas pelo menos o efeito posterior – continuar perturbado – será reduzido.

A reação "lutar ou fugir" se manifesta devido à memória instintiva inconsciente na amígdala que, então, precipita a ação motora. A ação motora é boa se a reação "lutar ou fugir" for apropriada, quando existe uma ameaça física real. Infelizmente, com a entrada da mente em jogo com a evolução dos animais para os seres humanos, ocorrem muitas situações em que as reações "lutar ou fugir" são simplesmente inadequadas. A fim de impedir o cérebro de iniciar a ação motora, precisamos fazer com que o gatilho do circuito emocional positivo se torne automático; em outras palavras, transforme-o em um hábito aprendido, em uma parte do seu caráter. A criatividade situacional é um modo certo de conseguir isso. A construção da alma começa aqui.

Aprender a lidar com situações gerais não é bom o suficiente para lidar com conflitos emocionais negativos em relacionamentos íntimos. Nesse caso você precisa ser específico;

é muito mais parecido com a resolução de problemas, exceto que para chegar à solução você tem de usar criatividade – criatividade situacional.

Embora formalmente a criatividade comece com o estágio de preparação segundo os pesquisadores da criatividade, três palavras com a letra "I" têm um grande papel antes mesmo disso: Inspiração, Intenção e Intuição. Inspiração é o que experimentamos quando com razão (ou mesmo sem) o *self* quântico nos toca e nos sentimos expandidos – um início de curiosidade. E criamos uma Intenção para essas visitas com mais frequência. É então que nos tornamos conscientes de nossa capacidade intuitiva e da lei da atração: os arquétipos são atraídos para nós. E agora o trabalho começa sob a forma dos quatro estágios da criatividade. Como palavras "I", eles são: Imaginação (ou preparação), Incubação, *Insight* e Implementação (ou manifestação).

Imaginação focalizada e preparação: a preparação primeiro consiste em reunir o conhecimento existente e ampliá-lo por meio da imaginação. Nós lemos vorazmente: os bons livros, materiais atuais sobre o arquétipo, qualquer livro em que possamos pôr as mãos e imaginamos, imaginamos, imaginamos. A ideia é gerar pensamentos novos e divergentes, ideias que agirão como alimento para o segundo estágio da incubação, que é o processamento inconsciente.

Com o mesmo objetivo, assistimos a palestras de pessoas que falam de transformação, vamos a workshops, conversamos com pessoas com mentalidade similar. Sempre para gerar novos grãos para o moinho inconsciente da nossa mente.

Nós observamos nossas preocupações mentais; se nossa mente está preocupada com material antigo, precisamos limpar nosso inconsciente. Estou colocando uma nova persona para me sentir bem comigo mesmo? Obviamente, isso não vai funcionar. Então, limpamos nossa persona, eliminamos a falta de autenticidade à medida que conseguimos em nosso estado atual.

Nós meditamos. Existe uma meditação que nos ajuda a focalizar, a nos concentrar em um problema – a meditação de concentração, a meditação com um mantra como Om, por exemplo.

Muitas pessoas acreditam que a meditação é uma técnica complicada que deve ser feita por horas sem fim, mas não precisa ser assim. Se você é iniciante em meditação, comece com calma – dez a quinze minutos por dia com uma técnica simples é o suficiente no início. Aqui está uma amostra:

Sente-se de maneira confortável, use roupas que o deixem à vontade. Feche os olhos e relaxe o corpo. Você pode começar prestando atenção em seu maxilar; como quase todo mundo, você provavelmente segura tensão nessa área, então preste atenção em relaxá-la. Relaxe o abdômen, os ombros, os músculos ao redor dos olhos e permita que os ombros caiam. Respire profundamente uma ou duas vezes. Tensione os músculos de todo o seu corpo e os relaxe. Agora, leve sua atenção para o mantra seguinte; você pode coordenar o mantra com a respiração: Om (pronuncia-se AUM, com silêncio no final) enquanto inspira e Om enquanto expira. Concentre-se em estar presente. Se você perceber que os pensamentos o distraíram, traga firme e imediatamente sua atenção de volta ao mantra.

Essa meditação é chamada "meditação de concentração" por razões óbvias; ela se concentra sobre um objeto. Você pode usar não só o mantra como seu objeto de concentração, mas também a respiração ou a chama de uma vela. Use uma vela pequena e medite na chama da vela até que ela se extinga.

A diferença entre um estado "plano" normal e um estado muito vívido e desperto são a intensidade e a duração de nossa concentração sobre esse estado. Se quisermos ter um estado de felicidade muito intenso, tudo que temos de fazer é evocar um estado de felicidade da memória e nos concentrar continuamente nele por tempo suficiente. O estado que surge será mais ou menos intenso em proporção ao tempo de nossa concentração ininterrupta. A meditação de concentração pode nos ensinar coisas como essa.

Eu (Valentina) aprendi o fato de que a mente precisa de disciplina enquanto o coração precisa de liberdade a fim de explorar o novo. Usualmente, estamos na situação oposta: nossa mente corre livremente de um lado para o outro, sem controle, mas nosso coração está trancado, fechado para qualquer contato com a nova realidade. Para mudar esse estado, temos de treinar a mente e colocá-la sob controle por meio da prática da concentração e aprender a deixar o coração se expressar livremente, sem a interferência da mente. A melhor maneira de fortalecer o coração é pela exploração do amor.

É dito nas tradições espirituais que a meditação aparece espontaneamente no espelho de uma mente que reflete um coração cheio de amor. É relativamente fácil alcançar o sucesso na prática da concentração quando amamos o que estamos fazendo. Se os exercícios forem feitos de uma maneira chata e entediada, sem "colocar o coração" neles, o sucesso não virá fácil. Dessa maneira, a prática diária da concentração mental é uma ajuda muito importante. Mesmo se você só praticar um pouco por dia, a prática constante é um aspecto muito importante do treinamento mental, primeiro porque a natureza da mente é mudar, e essa constância na prática ajuda a recuperar o controle sobre a mente.

Uma técnica progressiva simples de concentração mental para aprender a meditar

Este é um exercício simples que eu (Valentina) recomendo muitas vezes. É muito fácil de executar, especialmente quando sua intenção é clara.

Sente-se em uma posição confortável (uma pose de yoga ou em uma cadeira), mantendo as costas e os ombros retos, com a cabeça de modo que a coluna espinhal esteja ereta. Escolha um objeto simples que se tornará o "suporte" para sua concentração mental. Coloque o objeto à sua frente para poder observá-lo com facilidade. Feche os olhos e se prepare para seguir estes passos:

- Relaxe rápida e profundamente, aos poucos.
- Observe sua respiração e aprofunde o relaxamento até que a respiração se torne calma e tranquila.

- Volte a atenção para dentro, afastando os sentidos de qualquer estímulo exterior que possa distraí-lo. Comece isolando a mente de qualquer pensamento que possa aparecer. Observe "de fora" todos os pensamentos que apareçam e veja como o pensamento observado por tempo suficiente se dissolve no pano de fundo mental.

- Focalize a mente no objeto escolhido.

- Esvazie a mente de todos os pensamentos e, depois, traga o objeto escolhido para o campo de atenção, sem permitir que a mente pule para outro objeto ou pensamento. Se isso acontecer, traga-a de volta com calma e paciência.

- Mantenha a atenção no objeto escolhido para a concentração. Não se force. Seja calmo, tranquilo e concentrado. Traga a mente de volta ao objeto da concentração quando ela perder o foco.

- Concentre-se atentamente no objeto da concentração: aborde-o com surpresa e curiosidade como uma criança, como se não soubesse nada a respeito dele. Essa abordagem não deve ser racional nem intelectual, mas, em vez disso, você deve chegar à essência por meio do sentimento e da intuição.

- Explore o objeto em um estado de silêncio criativo, sem nenhum objetivo, só esperando as impressões. Depois, só você e o objeto vão existir.

- Permita-se estar agora em um estado de expectativa eufórica contínua, acompanhado por um alto grau de percepção. Seu ser está absorto no e pelo objeto. Não tente definir, formar opiniões nem entender, só esteja permeável ao objeto, olhando para ele como se fosse a primeira vez. Isso abrirá você para o próprio objeto e criará o estado de receptividade mental em que a intuição (ou o superconsciente) é capaz de funcionar. Seguindo esse processo, você logo vai notar que os objetos circundantes têm muitos significados e mensagens que você geralmente perde. Tudo se torna pura maravilha, um mistério fascinante que você vai revelar gradual e completamente. Então irá descobrir que tudo é sustentado por uma energia invisível e que você pode sentir e controlar isso com o tempo.

Quando eu (Amit) comecei a praticar meditação, eu era como um pássaro que explorava ao redor de um navio no alto-mar; voava e voava, esquecendo da minha âncora, o meu mantra. Isso mudou gradualmente. Cada vez mais, a mente se lembrava e retornava ao mantra. A experiência não era linear e nem sempre melhorava. Alguns dias, minha meditação era boa, e eu me sentia feliz. Outros dias, eu tinha dificuldade em me concentrar no mantra e me sentia frustrado. Parecia que eu nem estava meditando.

A história zen a seguir descreve a lição de tudo isso.

Um estudante foi até seu mestre de meditação e disse:
— Minha meditação está horrível! Eu fico tão distraído, ou as minhas pernas doem, ou eu fico adormecendo constantemente. É simplesmente horrível!
— Isso vai passar — disse o mestre, de um jeito bem direto.
Uma semana depois, o estudante procurou o mestre novamente.
— Minha meditação está maravilhosa! Eu me sinto tão alerta, tão cheio de paz e tão vivo! É simplesmente maravilhoso!
— Isso vai passar — disse o mestre, de um jeito bem direto.

Na verdade, embora minha experiência cotidiana seja diferente do que foi descrito, com o tempo descobri que existia mais espaço entre meus pensamentos, e minha mente estava desacelerando.

Já mencionamos imaginação e pensamento divergente. Nesse aspecto da preparação, você imagina muitas respostas possíveis para seu problema de encontrar novos significados de seu arquétipo por meio de extrapolações a partir de suas leituras, de seu envolvimento com o trabalho já feito por outras pessoas e até mesmo ao colocar algumas dessas ideias nas práticas exploratórias. Você pode usar a imaginação talvez para pensar até algumas respostas possíveis semioriginais e colocá-las em prática. Você pode ir até um guru para que ele lhe sugira ideias e práticas; muitas pessoas fazem isso. Pode usar as práticas sugeridas em bons livros: os *yamas* e *niyamas* de Patanjali, os *shilas* do budismo, as práticas sugeridas em *Um curso em milagres*. Você pode usar as ideias de Jesus, como *ame seu próximo; se ele quiser uma camisa, dê-lhe duas*. Você só pode chegar até certo ponto com esse "método científico" de *experimentar e ver*. A vida é curta, e cada prática o mantém ocupado por um bom tempo. Todo esse pensamento divergente em sua vida consciente e em suas práticas baseadas nele é pouco em comparação com o que o inconsciente pode fazer por você. O pensamento divergente é importante só porque ele fornece alimento para o processamento inconsciente.

Processamento inconsciente

Seus pensamentos, assim que você não está mais pensando neles, se transformam em ondas de possibilidade. Cada pensamento divergente é uma semente para uma onda de possibilidade quântica de significado em expansão no inconsciente. Essas ondas de possibilidade se expandem e se tornam reservatórios de possibilidades cada vez maiores (Figura 12).

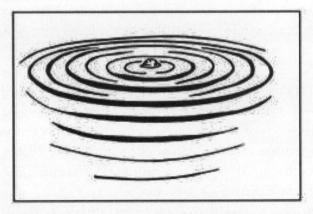

Figura 12. Ondas de possibilidade quânticas se expandem, tornando-se reservatórios de possibilidades cada vez maiores para a consciência escolher

As ondas se misturam e se fundem; as possibilidades interagem com outras possibilidades, produzindo novas possibilidades. Desse modo, o processamento inconsciente produz rapidamente um enorme reservatório de possibilidades, muitos novos significados para a consciência escolher. A probabilidade de sucesso em encontrar a resposta certa obviamente é muito maior com esse pensamento quântico de dois estágios do que seria com o pensamento newtoniano simplesmente com um estágio consciente.

Práticas de atenção plena, ou *mindfulness*, do ser

O processamento inconsciente pode ser praticado! Se nós meditarmos apenas em percepção-consciente, ou se dermos atenção plena ao que está acontecendo no céu de nossa mente, nós relaxaremos; nós cairemos no ser. Eu (Valentina) descobri que as práticas a seguir são muito úteis, simples e eficientes para todas as pessoas.

1. **Respirar um minuto, segurando a respiração (kumbhaka em sânscrito)**

    Esse exercício pode ser feito em qualquer lugar, em qualquer momento, em pé ou sentado. Tudo o que você tem de fazer é se concentrar na sua respiração por apenas um minuto. Comece inspirando e expirando lentamente, segurando a respiração enquanto conta até seis depois de inspirar. Depois, expire lentamente, deixando que o ar flua sem esforço para fora, de volta à atmosfera.

    Naturalmente sua mente vai tentar vaguear entre os vales dos pensamentos, mas simplesmente os observe, deixe que eles sejam como são e retorne a observar a respiração. Literalmente observe a respiração com os sentidos conforme ela entra em seu corpo e o preenche com vida e, depois, observe o trabalho do ar subindo e saindo do seu corpo conforme a energia se dissipa no universo.

    Se você for alguém que acha que nunca conseguiria meditar, quer saber de uma coisa? Você já está na metade do caminho!

Se você gostou de um minuto desse exercício que acalma a mente, por que não experimentar dois?

2. Observação com atenção plena, ou *mindfulness*

Este exercício é simples, mas incrivelmente poderoso. Ele é planejado para nos conectar com a beleza do ambiente natural, que passa facilmente despercebida quando estamos correndo apressados.

Escolha um objeto natural em seu ambiente imediato e se concentre em observá-lo por um ou dois minutos. Pode ser uma flor ou um inseto, as nuvens ou a lua.

Não faça nada a não ser observar o objeto que está olhando. Mas realmente o observe. Olhe para ele como se o estivesse vendo pela primeira vez.

Explore visualmente cada aspecto desse objeto glorioso do mundo natural. Permita-se ser consumido por sua presença e suas possibilidades. Permita que seu espírito se conecte com seu papel e propósito no mundo. Permita-se só observar e "ser".

3. Experimente plenamente uma rotina regular

A intenção deste exercício é cultivar o contentamento no momento, em vez de se ver preso naquele sentimento familiar de querer que algo termine para que você possa continuar a fazer outra coisa. Isso pode até mesmo fazê-lo desfrutar aquelas tarefas diárias tediosas!

Atente para uma rotina regular que você perceba estar "fazendo só por fazer", sem realmente notar suas ações. Por exemplo, ao limpar a casa, dê atenção a todos os detalhes da atividade.

Em vez de uma tarefa rotineira, crie uma experiência completamente nova ao observar todos os aspectos de suas ações. Sinta e se transforme no movimento de varrer o chão, observe os músculos que você usa ao lavar os pratos, observe a formação de sujeira sobre as janelas e veja se você pode criar uma maneira mais eficiente de removê-la.

Não se esforce em pensar sobre a linha de chegada, esteja consciente de todos os passos e desfrute seu progresso. Leve a atividade além da rotina fundindo-se com ela, física e mentalmente.

A chave é *do-be-do-be-do*

Do-be-do-be-do é a alternância entre fazer e ser, preparação e incubação. Por que alternar entre fazer e ser? Ser traz relaxamento; o processamento consciente é interrompido e o inconsciente assume a ação. O relaxamento excessivo retira o foco de seu processamento inconsciente do seu problema. Como um fogo noturno na lareira em um dia de inverno, ele precisa ser atiçado de vez em quando para continuar a queimar. "Ser" tem de ser interrompido por mais fazer de vez em quando para trazer o foco de volta.

Simular o *do-be-do-be-do* alternando a meditação de concentração e a meditação de atenção plena é útil e ambas já foram apresentadas.

Insight repentino: salto quântico

Quando a consciência escolhe uma nova resposta, você tem uma surpresa que deixa claro que a escolha é descontínua; você deu um salto quântico. Na criatividade situacional, você está trabalhando no contexto arquetípico já estabelecido por pesquisadores anteriores, o paradigma que você está usando.

Os arquétipos vêm com valor verdadeiro. Existe certeza quando os encontramos diretamente como na experiência do *insight* na criatividade fundamental. Na criatividade situacional – olhar o novo significado em dado contexto arquetípico –, você tem uma surpresa, um novo significado e a convicção de que a escolha está correta. Infelizmente, como um criativo situacional, você é um pouco hiperativo, *do-do-do* (fazer-fazer-fazer). Está em seu padrão ser impaciente e forçar seu inconsciente a fazer uma manifestação, mesmo que a gestalt de possibilidades necessária para resolver o problema ainda não esteja presente. Desse modo, com toda probabilidade, a escolha que veio a você, especialmente no início, pode ser errada; e o que você pensou ser uma surpresa "ahá!" e convicção foi simulado por exuberância ignorante.

Na criatividade exterior, o que as pessoas fazem é usar o método científico nesse estágio: experimentar e ver. E a maioria dos cientistas trabalha de acordo com um paradigma já existente e, na verdade, eles usam o método científico – testes experimentais – rotineiramente, e essa é a razão pela qual têm sido tão pouco receptivos a reconhecer a importância do processamento inconsciente ou a importância do *quantum* na criatividade.

Placebos, médicos, gurus e psicoterapeutas

O que um criativo situacional interior faz para confirmar se um novo significado que chegou por meio do processo criativo é o correto para colocar em prática, criar um circuito cerebral e corporificá-lo? Experimentar uma mudança de comportamento e ver? Não é muito prático, é? Vai demorar muito tempo para experimentar cada nova ideia de mudança que veio para você como saltos quânticos "falsos". O novo pensamento realmente não o surpreendeu, mas você racionalizou. É por isso que as tradições espirituais enfatizam um *guru*. Elas dizem que um *guru* vai lhe dizer se seu *insight* do novo significado é o certo para você.

Como o guru lhe diz isso? Ele pode lhe dizer isso porque você está seguindo a abordagem específica do guru para alcançar o arquétipo. Nas tradições de sabedoria, os gurus supostamente são pessoas que foram transformadas, que vivem a intuição e, assim, também podem perceber você pelo poder puro da intuição.

Onde se pode encontrar esses gurus no mundo de hoje? (É raro, mas algumas pessoas encontram.) Bom, você pode usar sua própria intuição; essa é uma opção. É melhor usar a orientação de um psicoterapeuta transpessoal ou de um guru para todo o processo. Existe uma razão. Ela se chama *placebo*.

Placebo é muito mal-entendido. É dito que a cura produzida por pílulas de açúcar por meio da crença mental (fé seria uma palavra mais apropriada aqui) ocorre porque o médico lhe deu as pílulas de açúcar, mas você não sabia. Você acreditou que recebeu o remédio "verdadeiro"; você tem fé no médico. Isso é muito efetivo para um alívio temporário em doenças crônicas.

É só a crença mental que lhe deu fé? Não. A verdade é que uma doença crônica é criada por erros que você cria por meio de equívocos em seu estilo de vida que evocam softwares vital e mental que não são bons para os órgãos do corpo físico. E você, em sua consciência mais elevada, tem a capacidade de se curar. O mesmo estilo de vida errôneo também acaba com sua confiança em seu poder de cura. Então, você depende de um médico para curá-lo.

Quando um médico lhe dá pílulas de açúcar sem lhe dizer, e você acha que está recebendo um remédio, sua crença no médico e no remédio (uma fé, realmente!) restaura seu poder de cura. O resto é criatividade situacional, embora você possa não estar participando conscientemente dela.

Se você for a um psicoterapeuta transpessoal em quem confie, isso pode funcionar da mesma maneira que o efeito placebo. É assim que o sistema de guru costumava funcionar na Índia, no Japão e em outros lugares (as culturas xamânicas) tão bem no passado. Os gurus eram psicoterapeutas habilidosos e, com certeza, transpessoais. Eles tinham uma consciência expandida inclusiva.

Será que existem psicoterapeutas transpessoais como esses hoje? Alguns talvez, mas não muitos. Precisamos treinar muitos deles. Essa é uma das nossas principais funções nas universidades educacionais transformadoras que estamos fundando.

Resumindo o processo criativo para a criatividade situacional para o trabalho interior:

1) Preparação, pensamento divergente sobre um arquétipo conforme contextualizado por um mestre sábio (guru) ou tradição ou um psicoterapeuta com treinamento transformativo.
2) Processamento inconsciente usando pensamento divergente de novo significado de seu contexto arquetípico específico como sementes que brotam.
3) *Do-be-do-be-do.*

4) *Insight* repentino com surpresa "ahá!" e convicção.
5) Trabalhar com um guru ou um psicoterapeuta para orientação. Você pode ter julgado erroneamente o seu "ahá!". Experimente os *insights* que o guru ou psicoterapeuta recomenda e veja se funcionam. Provavelmente, você vai precisar de mais de uma tentativa.
6) Se um *insight* funcionar para mudar o comportamento na direção adequada, ótimo. Se não funcionar, volte ao princípio.

Criatividade em ação: como desenvolver circuitos cerebrais emocionais positivos

As emoções são sentimentos mais significado – pensamentos – que a mente atribui aos sentimentos. As emoções também produzem efeitos fisiológicos como expressões faciais que surgem em um estado emotivo específico. Nós não podemos controlar nossos sentimentos nem a fisiologia com facilidade, então os místicos de todas as épocas têm falado a respeito de controlar os pensamentos associados com os sentimentos. As tradições espirituais referem-se a isso como *desenvolver* uma virtude. Junto com a meditação, desenvolver as virtudes é o trabalho da prática espiritual tradicional.

Vamos falar a respeito de desenvolver a gentileza amorosa, ou o que simplesmente chamamos de bondade. Por exemplo, você está experimentando o sentimento de raiva em resposta a provocações de um homem intimidador. Você tem pensamentos raivosos: "Vou mostrar para ele" e tudo isso! Os místicos dizem: esfrie. Esfrie sua raiva, substituindo a indignação por amor.

Jesus disse: "Ame seu inimigo". Ao ver seu inimigo, a raiva e os sentimentos violentos surgem com os pensamentos de ódio associados em resultado dos circuitos cerebrais emocionais negativos. Os místicos dizem que se, em vez de pensar em ódio, você pensar em amor, os sentimentos negativos também vão desaparecer.

Experimente! Se você conseguir fazer isso, vai ficar surpreso com a mudança da energia da interação. Preste atenção:

pensar em amor energiza seu chakra cardíaco. Esse é um exemplo de psiconeuroimunologia – o pensamento mental afetando o sistema imunológico e suspendendo-o, fazendo surgir o sentimento de amor no chakra cardíaco.

Atenção! Existem problemas com essa abordagem. Em primeiro lugar, não é fácil ter pensamentos amorosos quando um inimigo está confrontando você. A luta ou fuga impotente ou o congelamento fazem parte do comportamento instintivo. Você está paralisadamente restringido a pensar em ódio. Em segundo lugar, mesmo que tenha conseguido um pouco de controle ao fortalecer a área cerebral envolvida, seu córtex cingulado anterior (CCA), por meio de práticas de meditação, antes de agir você gostaria de ter uma garantia de que seu pensamento amoroso é retribuído pelo inimigo. Se o inimigo continuar violento apesar de sua não violência, isso não vai piorar ainda mais a situação porque o inimigo interpreta seu comportamento como fraqueza?

Os místicos nos lembram de que devemos desistir dessa negociação e tentar praticar o amor "incondicional" (levando em conta os limites, é claro, especialmente no início). Então, como praticar o amor incondicional? Temos de fazer isso passo a passo, usando o processo criativo da criatividade situacional.

Jesus também sabia. O primeiro conselho dele é "Ame o seu próximo". Como você ama o seu próximo? Jesus explica. Se ele quiser uma camisa, dê-lhe duas camisas. Se ele quiser que você ande com ele por um quilômetro, ande por dois quilômetros. Desse modo. Faça isso dando atenção especial a seu chakra cardíaco. Sinta as energias ali conforme você fizer sua prática; não aja de maneira mecânica. Faça isso com as outras variações em que você puder pensar. Cada ato dessa compaixão incondicional produz memória, memória no corpo e memória no cérebro. Essas memórias são o que eu chamo de *circuitos cerebrais emocionais positivos*.

Como você pode fazer outras variações da prática no mesmo espírito das sugestões de Jesus? É aqui que o processo criativo é útil. Primeiro, envolva-se em algum pensamento divergente:

variações que você pode imaginar, como convidar a pessoa para jantar etc. E, então, espere. Seu pensamento vai agir como pedrinhas em um lago e cada um vai criar muitas possibilidades de prática entre as quais seu inconsciente pode escolher. *Do-be--do-be-do*. O inconsciente pode escolher uma gestalt; ele também pode escolher uma combinação, uma superposição de possibilidades. E, depois, escolha o *insight*, uma nova prática.

É assim que a criatividade situacional funciona. Isso é essencialmente como amor, gentileza e meditação funcionam também. A meditação prolongada de atenção plena aumenta o espaço entre os pensamentos; nesses espaços existe o processamento inconsciente. A prática da meditação torna-se como o *do-be-do-be-do*. Depois, *insight* e implementação.

Cada nova prática inventada criativamente por você vai fortalecer seu circuito cerebral emocional positivo.

O que acontece quando você tem circuitos cerebrais emocionais positivos para equilibrar os negativos? Quando suas emoções negativas surgem, com sua capacidade de atenção plena, você medita, não expressa nem suprime. Só permanece atento. Esse breve tempo, o espaço que você agora permitiu entre o surgimento da emoção raivosa e a ação motora, vai possibilitar que o circuito cerebral emocional positivo venha em seu socorro. Você se recupera rapidamente. Depois, pode usar a razão.

Isso é exatamente o que os psicólogos positivos descobriram. Nunca podemos nos livrar das emoções negativas. Diz uma história que até mesmo Ramana Maharshi, um grande sábio da Índia, costumava ficar emocionalmente perturbado com alguns de seus discípulos. Ter circuitos cerebrais emocionais positivos ajuda você a se recuperar rapidamente.

Isso é transformação, o início da construção da alma. Você foi iniciado na inteligência emocional. Está no nível 3 no espectro da felicidade. Eu (Amit) costumava ter um temperamento difícil. Se estava perturbado, ficava perturbado por um longo período. Essa foi uma grande dificuldade no início de meu relacionamento com a minha esposa depois de nos casarmos na década de 1970. Com a ajuda dela e com as demandas de minha jornada de transformação, conforme comecei a construir circuitos cerebrais emocionais positivos depois de mais ou menos os passos anteriores (embora eu não soubesse muito sobre o processo criativo na época), sob a orientação de minha esposa, observei como a inteligência emocional funciona; eu ainda perco o controle, mas minhas oscilações de humor não demoram muito, geralmente não mais do que alguns minutos. Isso é inteligência emocional, uma inteligência que torna mais fácil manter relacionamentos íntimos.

Do mesmo modo, eu (Valentina) algumas vezes costumava permanecer perturbada por longos períodos e também era muito impaciente. Também passei por uma luta prolongada em meus esforços para me transformar e modificar esse comportamento e, finalmente, recebi em primeira mão a aprendizagem de tudo o que, mais tarde, me tornou capaz de ajudar outras pessoas a passar por seu crescimento, felicidade e problemas de saúde. Nós podemos de fato transformar a dominância dos circuitos cerebrais negativos em uma dominância dos positivos, uma vez que tenhamos escolhido viver, por exemplo, em gratidão, seguindo nossos significados descobertos e arquétipos. Sincronicidade, amor, perdão, gratidão e compaixão surgem e transformam a vida em um jogo verdadeiramente divino.

capítulo 7

o caminho profissional: karma yoga no estilo quântico

O profissional ativista quântico procura um modo de encontrar congruência entre pensar, viver e como ganhar a vida com sua profissão, supondo que a profissão corresponde a seu *dharma*. É claro que essa é a essência do ativismo quântico se o profissional usa os princípios quânticos para fazer as mudanças necessárias.

Segundo o Bhagavad Gita, a receita é karma yoga – a yoga de aplicar a ideia da transformação espiritual bem no meio da vida real. *Karma* significa *ação* e *yoga* significa *integração* nesse contexto. Karma yoga é planejada para integrar suas ações com o resto de sua vida – pensar e viver, exatamente o que um ativista quântico está tentando fazer. As estratégias dos dois são percebidas como muito diferentes por muitos tradicionalistas. Por quê?

Talvez os tradicionalistas entendam equivocadamente o Bhagavad Gita. Para eles, a meta de toda prática espiritual é a realização do *self*, perceber que você é não *self*. Para eles, a karma yoga é uma yoga de serviço altruísta. Karma yoga interpretada desse modo é uma prática importante de muitas tradições espirituais, mesmo fora do hinduísmo, especialmente para o cristianismo e o soto zen. Por quê? Porque o objetivo de todas essas tradições é 1) a realização do *self* – mudar sua identidade do ego para o *self* quântico – e 2) a compreensão profunda de Deus – viver na unidade. Karma yoga não precisa ser assim. Um lutador precisa de um ego forte, não de não ego. A ideia da karma yoga, no estilo quântico ou no estilo do Bhagavad Gita, não é "matar" o ego, mas usar o ego no serviço criativo em ação com o *self* quântico.

O protagonista do Bhagavad Gita, Arjuna, está envolvido em uma guerra em que ele tem de lutar contra guerreiros que podem ser até maiores do que ele. O único modo como ele pode prevalecer sobre eles é por meio da ação criativa, da ação que se origina de akarma – inação. O que é a inação exceto não fazer nada, de tal modo que o processamento inconsciente possa acontecer, levando à criatividade?

Você não se engaja em sua profissão para satisfazer seu ego-persona; você não pergunta "O que eu vou ganhar com isso?" antes de agir. A estratégia é enfraquecer o controle hierárquico simples do ego-persona.

Para um ativista quântico, suas ações pretendem transformar você mesmo e o mundo, servindo a si mesmo e à sociedade tendo a evolução em mente. O rabino Hillel expressou bem isso:

Se eu não for por mim mesmo, quem sou eu?

Se eu for somente por mim mesmo, o que sou eu?

Na espiritualidade convencional, a sabedoria é que só podemos mudar (transformar) a nós mesmos, não o mundo. De qualquer forma, o mundo é pouco importante. Nós tentamos mudar a nós mesmos por meio do serviço altruísta para enfraquecer e, em algum momento, matar o ego. No ativismo quântico, a meta da autotransformação é nos tornarmos capazes de mudar também o mundo. Como criamos o mundo, nós podemos recriá-lo. Se a recriação estiver em sincronia com a evolução da consciência, nosso trabalho deve exigir relativamente pouco esforço.

Para o ativista quântico, o ego precisa ser forte e ter um repertório extenso de contextos aprendidos para poder participar da jornada criativa de recriação do mundo. É claro, temos de integrar autenticidade ao ego de modo que ele possa agir em sincronia com o *self* quântico. Isso significa desistir dos aspectos de nossa persona que não são coerentes com nosso caráter. É claro que ainda trabalhamos com os traços negativos de nosso caráter e com a redução do controle do ego sobre o processamento inconsciente. De que outra maneira Deus pode ter uma oportunidade de se encontrar conosco e de nos ajudar a mudar?

Uma das famosas instruções da karma yoga, conforme enunciadas no Bhagavad Gita, diz o seguinte: *Você* só tem o direito de agir, não o direito ao fruto da ação. A interpretação tradicional segundo muitos é entregar o fruto da ação a Deus. As tradições falam muito da ação livre de desejo (*NisKama karma*) como se isso fosse possível sem a realização do *self* e de sua manifestação. O fruto da ação é realização, mas não precisa ser uma realização material; realizações sutis – mais coragem, mais convicção, mais domínio de suas habilidades, mais repertório aprendido, mais carisma amoroso – fortalecem o ego – um ego "posso fazer". Isso é bom para a criatividade. Isso é bom para a liderança. O significado do verso é diferente para o ativista quântico: Não fique desapontado se você não conseguir nenhum fruto da ação. Quem conseguirá o fruto e se beneficiará com seu ato criativo dependerá do movimento evolucionário e intencional da consciência. Esse modo de interpretar as palavras do verso nos inspira a integrar a karma yoga no trabalho profissional, bem no meio de nosso local de trabalho, como Arjuna fez. Não competimos como o materialista faz. Em vez disso, nós cooperamos porque não nos preocupamos com quem recebe o fruto da ação.

O ambiente de trabalho pode não ser propício para a karma yoga, diz você! Bom, para que serve o seu ativismo se não for para levar a mudança para onde ela é necessária?

É um fato que todas as nossas instituições sociais, nas quais a maioria das pessoas trabalha atualmente, perderam seu caminho do idealismo para o materialismo. Não está a maioria dos locais de trabalho dedicada a obter lucros e ganhos materiais?, você diria. Sim, mas para que serve o ganho material? Não é ele também para o bem-estar dos trabalhadores e das pessoas de nossa sociedade? O problema é que, impulsionados pelas crenças materialistas, nós limitamos a definição de nosso bem-estar a nossas próprias necessidades de sobrevivência e até mesmo apenas no contexto do domínio material. Se o bem-estar for estendido para incluir nossas necessidades mais elevadas, conforme a ideia de Maslow de hierarquia de necessidades, o sutil, nossas instituições podem facilmente se transformar em locais para karma yoga – no estilo quântico.

Fazer sua prática de karma yoga desse modo quântico no trabalho tem a grande vantagem de tornar possível que você integre o externo e o interno. Você usa sua criatividade interior na exploração do seu arquétipo para mudar a si mesmo por meio de suas práticas na vida; você usa a criatividade exterior na exploração do mesmo arquétipo em sua profissão.

Na era industrial/tecnológica, a necessidade de produção de massa tornou o trabalho das pessoas comuns repetitivo e monótono. É fácil falar de praticar karma yoga enquanto se trabalha na linha de montagem, mas não é fácil de fazer. Em economias avançadas como as dos Estados Unidos, da Europa e do Japão, e até mesmo em economias em desenvolvimento como as dos países BRICS, estamos quase prontos para sair da era industrial/tecnológica e entrar em uma era tecnológica avançada em que as máquinas ou robôs vão nos liberar dos empregos de linha de montagem de produção em massa rotineiros. Esse e outros fatores, como a percepção-consciente ecológica, estão aumentando o escopo da criatividade no trabalho como nunca antes. Com esse tipo de desenvolvimento, o futuro para fazer karma yoga no local de trabalho parece brilhante.

Então, seu contexto específico para o ativismo quântico depende de como você escolhe ganhar a vida. Por exemplo, se você é um empresário, claramente os negócios são a sua arena para o ativismo quântico. Isso é adequado para você apenas se seu arquétipo de *dharma* for abundância.

Você tem de escolher cuidadosamente seu modo de ganhar a vida. Pergunte: esse modo de ganhar a vida é um veículo adequado para minha criatividade, minhas necessidades não locais de consciência social e meus compromissos com relacionamento íntimo por meio dos quais eu trabalho em transformar minhas hierarquias simples? E o mais importante: esse modo de ganhar a vida me traz significado, cria caminhos para que eu explore e expresse o meu *dharma*, e me dá satisfação?

Os cofundadores da New Dimensions Radio, Michael e Justine Toms, dizem desta forma: "No idioma thai existe uma palavra, *sanuk*, que significa que você deve gostar de qualquer coisa que faça". Processar significados antigos é um processamento de informações robótico, mecânico, na melhor das hipóteses, neutro, quanto à alegria, e geralmente tedioso. Como você encontra alegria, a não ser substituindo o processamento de informação pelo processamento de significado? Quando processa novo significado, quando sua capacidade intuitiva está envolvida, é porque então as energias vitais do chakra frontal, ou do terceiro olho (de clareza e satisfação), também estão envolvidas. Quando você processa novo significado que ama, além disso, você engaja o chakra cardíaco, sua consciência se torna expansiva e você experimenta êxtase ou alegria espiritual.

A próxima pergunta que fazemos é esta: A prática da sua profissão está servindo ao propósito da evolução? Se não, tentamos mudar as formas de nossa profissão. Teoricamente, ao entender onde o campo de nossa profissão deu errado e como corrigir o erro. Experimentalmente, ao colocar nosso entendimento em prática com esforços de ativista. E isso é feito sempre em conjunto com nossa transformação pessoal no trabalho em mente. Tentamos deixar o egoísmo fora de nosso ativismo, por exemplo.

Quando paramos de medir nossa realização em termos materiais e aprendemos a desfrutar as realizações de nosso caráter sutil, contamos nossa abundância sutil tanto quanto valorizamos a abundância material; não precisamos mais ser um número um, não temos mais de ter mais abundância do que os outros nem buscamos o poder para dominar os outros; só então podemos buscar significado sem violar nossos valores; só então podemos nos engajar em ação para cumprir nosso *dharma*.

Para lidar com nossa orientação de realização do modo quântico, a chave é não desistir do ego, mas não levar o ego a sério demais. Em uma das tirinhas em quadrinhos Mutts, um dos personagens caninos diz a outro enquanto olha para alguns pássaros voando: "Como os pássaros voam?". "Voam porque", responde o outro cão, "eles se levam com leveza."

Equilibrar as características chamadas gunas

Em um capítulo anterior, apresentamos três maneiras como podemos processar significado: *sattva, rajas* e *tamas. Sattva* é processar o significado envolvendo a criatividade fundamental – a criatividade que consiste na descoberta de novo significado em um contexto arquetípico novo. *Rajas* é processar significado envolvendo a criatividade situacional em que procuramos inventar um novo significado, mas apenas em contextos arquetípicos conhecidos. Finalmente, também podemos processar significado de acordo com o que sabemos, com nossa memória condicionada, sem buscar novo significado. Isso é *tamas*, a tendência a agir segundo o condicionamento. Todas essas características mentais são chamadas de *gunas* em sânscrito.

Falando sobre pessoas com *rajas* predominante... Havia uma piada sobre os graus que nossas universidades, dirigidas principalmente pela energia de *rajas*, nos concedem: B.S. – você pode adivinhar o que isso quer dizer.* São necessários quatro anos de acúmulo de material para conseguir o bacharelado. Outros dois anos de mais do mesmo para um mestrado. Finalmente, passamos mais cinco anos acumulando e, quando todo esse material já está formando pilhas altas, você consegue um doutorado ou ph.D.

As pessoas de *rajas* rapidamente tornam as coisas muito complicadas; tão complicadas que as pessoas de *tamas* ficam

---

* B.S. é a abreviatura para Bachelor of Science, ou bacharelado, em português, mas também pode significar *bullshit* (*bobagem* ou *besteira*, em tradução para o português). [N. de E.]

para trás. Olhe a diferença entre pessoas que fizeram faculdade e as que não fizeram, e você verá a diferença entre *rajas* e *tamas*.

Tradicionalmente, com toda probabilidade devido à influência do tempo e do clima, os ocidentais são dominados por *rajas* e os orientais por *tamas*. Porém, algumas pessoas no Oriente são de *sattva* (que elas usam principalmente para exploração espiritual). Entretanto, algumas pessoas no Ocidente também são de *sattva*, mas o domínio de *rajas* da cultura as limita à criatividade exterior — realizações exteriores.

Atualmente, devido à tecnologia moderna, o tempo e o clima não precisam mais ter tanta influência sobre nossos hábitos mentais. No entanto, em parte pela pura força da inércia do condicionamento sociocultural e em parte devido ao mal-estar materialista que continua a nos dominar, os ocidentais não responderam em massa a esse avanço tecnológico. Contudo, como um ativista quântico, cabe a você começar a prática de equilibrar seus três gunas — *sattva*, *rajas* e *tamas* — assim que possível. Cabe a você oferecer liderança nessa área.

Para os ocidentais, isso se resume a aprender a relaxar, a abrir mão do estilo de vida *do-do-do* e tornar o *do-be-do-be-do* seu mantra de vida. Só então a criatividade fundamental se abrirá para você, a porta do amor e da bondade vai se escancarar e o farol da evolução consciente se tornará claramente visível. Porém, desistir das realizações externas vai contra o sentido da cultura ocidental; é por isso que o materialismo se enraizou tão depressa aqui. As duas razões pelas quais a sociedade pode alimentar a ideia da mudança interna agora é, primeiro, porque o jogo de soma zero acabou, os limites do crescimento material foram alcançados e, em segundo lugar, porque a mudança de paradigma na ciência, da primazia da matéria para a primazia da consciência, está acontecendo. No entanto, nós, ativistas quânticos, temos de liderar o resto da cultura nesse aspecto; temos de mudar os sistemas sociais de modo que não só as realizações externas materiais, mas também as realizações internas sutis sejam valorizadas.

Um aspecto importante do desenvolvimento de *sattva* é a dieta. Como você sabe, as proteínas do corpo são nossas promotoras de ação. Desse modo, uma dieta rica em proteína promove *rajas*, a qualidade de construção de impérios e a busca de poder com o objetivo de dominar os outros. Não é de surpreender que vários anos atrás uma dieta rica em proteína entrasse em moda nos Estados Unidos, onde a maioria das pessoas ambiciona *rajas* e cultiva ativamente a busca do poder e a abundância como seu objetivo pessoal número um. Para um ativista quântico, que está interessado na criatividade fundamental, incluindo a transformação espiritual, uma dieta com ingestão moderada de proteínas é melhor. Em outras palavras, não só evite gordura saturada (que desenvolve *tamas*), mas também proteínas em excesso e consuma uma dieta rica em carboidratos complexos, frutas e vegetais. A ingestão moderada de proteínas, ao abrir espaço para *sattva*, permite que você canalize seu poder para uso positivo, como dar poder não só a si mesmo, mas também aos outros, para que se envolvam no processamento de significado.

Ativismo quântico na arena de sua profissão

O Bhagavad Gita começa com o que parece ser uma receita simples: agir sem a garantia dos frutos da ação. Mais para o final do livro, quando temos o ensinamento completo, Krishna diz que, para alcançar esse objetivo simples de desenvolver equanimidade sobre o fruto da ação, temos de cultivar *sattva* e equilibrar todos os gunas – *sattva, rajas* e *tamas*. Em outras palavras, temos de combinar o ativismo dominado pelo simples *rajas* com a criatividade fundamental e a exploração *do-be-do-be-do* dos arquétipos, sem nenhuma orientação própria. Isso é o ativismo quântico em seu resultado mais elevado.

Nas sociedades tradicionais, as pessoas que ganham a vida em funções de serviço na maioria se envolvem com a qualidade de *tamas* condicionado; o repertório condicionado é tudo de que precisam e tudo que são incentivadas a usar. Essa é a mentalidade de emprego que as sociedades elitistas promovem para as pessoas dominadas predominantemente por *tamas* que eles querem manter desse modo. Nessas sociedades, as pessoas que ganham a vida em negócios e comércio são principalmente impulsionadas pela emoção instintiva condicionada da cobiça para aumentar suas posses materiais (em outras palavras, amor pelo dinheiro). Elas também são parcialmente impulsionadas por *rajas*, a tendência a expandir seu "império".

Os empresários são dominados por *tamas* combinado com um pouco de *rajas*. Eles servem o arquétipo da abundância, mas usam a criatividade situacional apenas para ganhar dinheiro e construir conglomerados. Os políticos são pessoas predominantemente impulsionadas pela qualidade de *rajas*, em busca de poder, e usam esse poder para construir seus impérios pessoais e dominar os outros. Seu *rajas* é manchado por *tamas* sob a forma de emoção negativa para dominar, e o egoísmo para servir é seu próprio número um. As pessoas em que *sattva* predomina se envolvem nas profissões de ensino — conhecimento do mundo e espiritual —, nas profissões de cura (excluindo a cura cosmética) e, é claro, nas profissões que exigem explicitamente a criatividade fundamental — artes, ciência, música e dança, justiça e matemática.

Essa fixidez sociocultural de correspondência entre o guna de uma pessoa e a profissão que ela desempenha é muito resistente à mudança. Conforme o ativismo quântico se torna mais prevalente em nossa sociedade, as pessoas vão equilibrar seus gunas cada vez mais e vão se envolver em todas essas profissões com todos os três gunas. Só assim seremos capazes de deixar os estereótipos de gunas desses modos de ganhar a vida. Só então os ventos da mudança poderão envolver nossas arenas profissionais, nosso local de trabalho e a evolução em direção à exploração em larga escala, e a corporificação dos arquétipos poderá prosseguir em massa.

capítulo 8

a integração das três dicotomias fundamentais: o caminho do líder quântico

O que nos impede de tomar decisões, que é uma importante qualidade da liderança? O que torna as decisões boas para o seguidor e, em última instância, para todos? Uma grande razão é que todos nós sofremos com várias dicotomias das quais se destacam três fundamentais. Elas são: 1) a dicotomia transcendente-imanente; 2) a dicotomia interior-exterior e 3) a dicotomia homem-mulher.

A dicotomia transcendente-imanente ou acima-abaixo é a dicotomia entre criatividade e condicionamento. No Bhagavad Gita, Krishna diz a Arjuna: ações (ações condicionadas) que seguem de outras ações (também condicionadas) são não ações. Elas não contam. Só contam as ações que seguem a não ação, o inconsciente transcendente, em outras palavras, as ações criativas. É claro que o condicionamento também conta, no sentido de que ele nos dá um repertório de habilidades ou conhecimento para preparar e manifestar nossas ideias criativas. Desse modo, precisamos equilibrar criatividade e condicionamento. Os chineses chamam isso de *equilibrar o yin* (transcendente ou criatividade) e o *yang* (imanente ou condicionamento).

Essa dicotomia é muito exacerbada nas pessoas do século 21: a ênfase na informação e a distorção do significado e do propósito; o estilo de vida dominado pelo condicionamento *do-do-do*, o afastamento da paixão e do entusiasmo – energia vital e intuição, da nossa vida. Nós precisamos substituir o estilo de vida *do-do-do* (fazer-fazer-fazer) por um estilo *do-be-do-be-do* (fazer-ser-fazer-ser-fazer).

Criatividade é o modo como os líderes quânticos chegam a sua convicção: eles sabem. Os *insights* criativos vêm com certo conhecimento; existe valor de verdade neles.

Figura 13a   Figura 13b   Figura 13c

A dicotomia interior-exterior também é importante nas pessoas de hoje, mas não por causa do materialismo científico. Há muito tempo, em um livro chamado *Precision Nirvana*, vi um cartum cujo espírito tentei captar na Figura 13a e na Figura 13b. Isso ilustra a visão polarizadora da espiritualidade tradicional: o exterior é para o materialista; o buscador espiritual deve fechar os olhos, um processo que Patanjali chamou *pratyahara*. Como uma tartaruga, você leva suas tendências externas para dentro. Depois só espiritualidade.

Nós discordamos. A espiritualidade de um líder quântico requer a integração do interior e do exterior (Figura 13c). Como se faz isso? Existem muitas maneiras; a seguir vou discutir três delas.

A dicotomia homem-mulher é antes de tudo um problema de 1) dicotomia plexo solar-coração. Entre seus *selves* corporais, os homens usam mais o chakra umbilical, ou do plexo solar; as mulheres trabalham com o *self* do coração. E de 2) dicotomia cabeça-coração. Os homens preferem o pensamento; as mulheres, o sentimento.

Equilibrar interior e exterior: relacionamento correto com o ambiente: ecologia rasa e profunda

Os hopi são famosos por sua ênfase no relacionamento correto, não só com as pessoas e as coisas, mas também com o ambiente mais amplo, incluindo o ambiente de todo o planeta.

Na jornada interior de espiritualidade convencional, o relacionamento correto com o ambiente é muito ignorado. Sem dúvida isso levou ao movimento de ecologia moderno – nossa responsabilidade ética precisa se estender para toda a biota da Terra, Gaia.

A raiz grega de "eco" é "oikos", que significa o "lugar em que vivemos", e "logia" vem do grego "logos", que significa "conhecimento com propósito". A ecologia comum diz respeito ao conhecimento de nosso ambiente físico. Vivemos não só em um mundo físico, nós também vivemos nos três mundos sutis: vital, mental e supramental. A ecologia profunda, dessa maneira, refere-se ao conhecimento de nossos mundos externo e interno, e ela nos pede uma responsabilidade ética diante de todos esses ambientes em que vivemos. Ela também tem a ver com a integração do interior e do exterior.

A ecologia profunda não tem significado se você for um adepto do materialismo científico porque nessa visão de mundo não existe uma experiência interior que seja significativa ou relevante. Só a realidade externa e material é que importa.

Só quando nos tornamos estabelecidos em um relacionamento ético e evolucionário com todos os outros seres humanos é hora de repensar nossa responsabilidade ética diante de todas as criaturas, grandes e pequenas, incluindo a responsabilidade para com nosso ambiente não vivo. Só então faz sentido perguntar: Qual é nossa responsabilidade com o planeta Terra, com Gaia?

A ecologia profunda requer não só a observação de algumas regras para preservar nosso ecossistema ou a aprovação de algumas leis governamentais impedindo a poluição ambiental, mas também ações para mudar nosso ambiente interior que permite que nos envolvamos na ecologia rasa. Falta de boa higiene interior — por exemplo, a prevalência do egocentrismo e a emoção negativa da cobiça — é a razão pela qual as pessoas não veem a importância da ecologia rasa.

A prática da ecologia profunda é uma maravilhosa preparação para a transformação, a descoberta criativa da inteireza. Quando dá esse salto quântico, você percebe uma coisa assombrosa: eu escolho, portanto, eu sou, e meu mundo é. O mundo não é separado de você.

Quando fizermos isso em massa, saltaremos para uma consciência verdadeiramente de Gaia, que já surgiu na visão humana em um contexto diferente (estou me referindo à teoria Gaia que o químico James Lovelock formulou em 1982).

Equilibrar interior e exterior: higiene mental

A psicóloga da yoga Uma Krishnamurthy enfatiza a higiene mental quando diz: "Emoções são mais contagiosas do que bactérias e vírus". Então, temos de evitar a contaminação pela emoção negativa e, da mesma forma, pelo pensamento negativo como parte da boa higiene para os corpos sutis.

O conceito de higiene mental é uma parte importante da ecologia profunda e é algo que eu (Valentina) ouvi pela primeira vez de Swami Advaitananda. Esse conceito completa a base moral ou ética dos princípios da ecologia profunda. Do mesmo modo que o estado de saúde e harmonia do corpo se baseia, entre outras coisas, em uma atitude de prevenção que implica manter uma boa higiene física, a saúde psicomental adequada, que torna mais fácil qualquer treinamento, se baseia em manter a higiene no nível psicomental de uma pessoa. Pode ser facilmente percebido que, embora manter a higiene no nível físico tenha se tornado um fato bem conhecido da sociedade, manter um estado de higiene e pureza no nível psicomental ainda não encontrou seu lugar na humanidade. Isso se deve especialmente à ignorância quanto às consequências de uma atividade psicomental caótica sobre a harmonia e a saúde do ser humano, bem como à quase total ausência de métodos educacionais que permitam a purificação desses níveis e a manutenção de um estado de pureza.

O princípio fundamental dos processos de purificação é este: "A velocidade de remoção das impurezas deve ser maior do que a velocidade de sua acumulação (ou poluição). No nível mental, isso é feito simultaneamente de duas direções: pela purificação constante e por meio do comportamento que reduz o processo de poluição mental. Em primeiro lugar, ao praticar diariamente exercícios de concentração mental".

A chave é a capacidade de prestar atenção. Sempre que não prestamos atenção, a consciência colapsa nossos pensamentos de nosso banco de memória na base média, probabilisticamente, conforme ditado pela ciência quântica. Então, aparecem pensamentos parasitas e preocupações no campo de nossa percepção-consciente, e nós os seguimos de modo involuntário. Eles são gradativamente removidos quando aprendemos a prestar atenção ao nosso céu interior. Em segundo lugar, buscamos remover pensamentos que aparecem contra nosso movimento desejado de consciência: discussões inúteis, imagens que não nos ajudam de maneira alguma ou que nos colocam em um estado de ressonância com aspectos que não queremos em nosso ser e que são impurezas da estrutura mental/emocional. Em terceiro, do lado positivo, nós participamos de *satsang*, da companhia de pessoas de transformação que nos inspiram.

Equilibrar sonho e vida desperta: psicologia do sonho

O que é um sonho? Um sonho é parte de uma vida contínua que vivemos na dimensão de significado. Os sonhos são investigações, explorações de significado. Na vida desperta, existem informações em excesso no mundo físico que exigem demais de nossa atenção.

O enredo contínuo que construímos para a nossa vida – porque o mundo físico tem esse hábito newtoniano de fixidez – também tem o efeito de não darmos muita atenção aos significados que estamos explorando, às tendências que estamos desenvolvendo para nossas explorações. Os melodramas do enredo levam tempo demais.

Os sonhos nos dão uma pista de quais significados estamos explorando, quais tendências estamos desenvolvendo, esse tipo de coisa. Parte de se tornar iluminado ao viver da maneira quântica – como dizemos, vida quântica – é dar atenção aos estados de sonho. Conforme fazemos isso, além de adquirir sensibilidade à transição entre as mudanças dos estados de consciência, descobrimos cada vez mais que temos o que é chamado de sonhos *lúcidos*. Então, podemos de fato usar os estados de sonho para desenvolver soluções a problemas do estado desperto. Isso é um sinal de integração interior-exterior.

Durante um sonho, temos experiências de diferentes personagens – pessoas e coisas. Todos os objetos do sonho representam alguma coisa e têm o significado que você lhes dá em sua vida. Por exemplo, você pode ver sua esposa ou namorada no sonho. Mas isso não significa que sua esposa ou namorada real está visitando você em seu corpo astral. O que está visitando você é o significado que você dá para a esposa ou namorada. Todos esses significados estão aparecendo no sonho disfarçados nos personagens do sonho. No sonho, é claro, não os experimentamos no nível do significado. Nós os vivenciamos da mesma maneira que os experimentamos na vida física desperta. Esse hábito ainda está lá. Nós experimentamos um episódio de sonho como se estivesse sendo encenado na realidade física. Quando acordamos, porém, podemos olhar para o sonho do ponto de vista do significado. Essa não foi realmente a minha namorada, então o que foi, qual o significado que eu dou a essa namorada específica? Eu dou determinado significado. Ela representa, simboliza determinado significado para mim. Por exemplo, ela pode ser um pouco briguenta. Essa parte briguenta minha é o significado que ela representa no meu sonho.

Outro personagem no sonho pode representar o avarento em mim, a parte que se recusa a ser generoso. Um terceiro personagem pode ser algo completamente diferente, como coragem, a parte de mim que é valente. Dessa maneira, analisamos o significado dos símbolos do sonho e o que eles estão fazendo e, então, descobrimos algo; um padrão começa a emergir, dando-me um *insight* sobre onde estou na busca pelo significado da minha vida.

Em 1998, eu (Amit) estava pesquisado uma "nova ciência quântica dos sonhos" com uma bolsa da Infinity Foundation e do Institute of Noetic Science. O que isso envolveu? Eu fiz essa pesquisa com a psicóloga Laurie Simpkinson. Nós criamos um grupo de sonhos no IONS; isso também ajudou. Um ensaio que escrevemos juntos nunca foi publicado, mas eu incluí a essência do ensaio em meu livro *Deus não está morto*. Resumindo, conseguimos mostrar por meio de muitos relatos de casos que os sonhos são realmente relatórios contínuos de nossa vida de significado. Nós também chegamos a uma nova classificação dos sonhos: sonhos do corpo físico, que consistem do que chamamos sonhos de *resíduos do dia*, com material para o qual não conseguimos um fechamento durante o dia; sonhos do corpo vital, conectados com trauma emocional suprimido; sonhos do corpo mental, relatos contínuos de nossa vida de significado; sonhos supramentais, que envolvem imagens do inconsciente que nos dão dicas sobre nossos arquétipos; e sonhos espirituais, que indicam nossa unicidade com tudo.

Vou lhe dar alguns exemplos dos meus próprios sonhos. Quando eu estava começando a mudar de um materialista para alguém que integra o material e o espiritual, por algum tempo, tive uma série contínua de sonhos de purgação. Isso continuou durante meses. Eu estava sempre sonhando com lavatórios, banheiros masculinos, e a ideia, é claro, era de que limpar meu sistema da toxicidade era muito importante no meu processo na época. Meu sistema tinha muitos dejetos materialistas, então meus sonhos estavam chamando a atenção para a limpeza. Como os psicólogos junguianos dizem, limpeza da sombra. Ou o que chamávamos de *higiene mental*. Inicialmente, eu não entendia. Quando ficou claro, depois de muita análise de sonhos, que, sim, meu sistema precisava de limpeza, e eu me dediquei a limpá-lo, os sonhos de purgação pararam.

No último sonho que tive nessa série, apareceram dois personagens. Um era Ronald Reagan, o arquétipo do conservadorismo, e o outro era a atriz Jane Fonda, uma antiga ultraprogressista. Mas o que se destacava no sonho não era quem eram os personagens. Bom, aqui estão um presidente e uma atriz famosa, e tudo o que eles faziam era dança ao redor de detritos. Literalmente. O chão em que andavam estava cheio de excrementos. Eu acordei com o sentimento de que "Ok, ser liberal ou ser conservador é tudo a mesma merda". É seguir a opinião de outra pessoa. E eu estava pronto para deixar de lado a influência da opinião dos outros sobre quem eu era. Minha lousa estava limpa, e eu podia começar a descobrir minha própria opinião sobre as coisas, integrando liberalismo e conservadorismo, por meio da criatividade real — a criatividade fundamental. Depois que esse episódio terminou, nunca mais tive um sonho com excrementos.

Para outras pessoas, em um contexto diferente, o sonho dos banheiros pode também significar se soltar... não suprimir. Tudo depende de onde você está empacado no momento.

Anteriormente, já discuti a dicotomia homem-mulher. Carl Jung teorizou que essa dicotomia está enraizada no inconsciente coletivo da humanidade sob a forma do arquétipo da *anima* das mulheres nos homens e do arquétipo do *animus* dos homens nas mulheres. Jung argumentou que os homens integram seu arquétipo da *anima* em si mesmos e que as mulheres cultivam o arquétipo do *animus*.

Como homem, em determinado período da minha vida, eu estava me sentindo emocionalmente seco, muito intelectual e muito centrado no cérebro. Então, uma noite tive este sonho. Eu estava procurando água, procurando e procurando e, então, encontrei um riacho, mas, quando me aproximei, descobri que o riacho estava seco. Fiquei muito decepcionado, quando uma voz disse: "Olhe para trás". Ao fazer isso, fiquei surpreso: estava chovendo. Corri para a água, desfrutando enquanto ela caía por todo o meu corpo e, depois, descobri que uma jovem mulher tinha se juntado a mim, uma mulher deliciosamente bela. Andamos juntos por algum tempo, desfrutando a chuva e a companhia um do outro. Então, chegamos ao que parecia ser o lugar em que ela morava e ela se despediu. Vendo a decepção no meu rosto, ela continuou: "Eu vou para Londres por algum tempo. Mas vou voltar".

Quando acordei, reconheci imediatamente a jovem como a representação da minha *anima* e fiquei animado por encontrar a fluidez emocional mais uma vez na vida. É claro que isso não aconteceu imediatamente. "Ela foi para Londres." Mas ela voltou para a minha vida logo depois.

Finalmente, vou lhe dar meu exemplo de um sonho evidentemente supramental ou espiritual ou do "corpo sublime" que aconteceu comigo na década de 1980. Nesse sonho, eu me sentia muito alegre e, então, vi a fonte: um homem radiante que irradiava alegria, e eu não me cansava dela. Foi isso; esse foi todo o sonho. Quando acordei, consultei meu professor de sonhos; ele me olhou com ar de diversão nos olhos grandes e disse: "Amit, você não entendeu? Você estava sonhando com seu próprio *self* iluminado". Essa foi a interpretação dele. Depois de todo esse tempo, acho que sonhei com meu corpo supramental, chamado corpo *sambhogakaya* no budismo.

Como eu descobri os *selves* no meu corpo

Nós temos identidade do *self* nos chakras? Dissemos na Introdução que temos. Demorou muito tempo para eu verdadeiramente perceber isso.

Lembre-se de novo de que seu *self* experiencial está ligado com o envolvimento de uma hierarquia entrelaçada. E isso requer um aparelho de cognição e memória como no neocórtex. Inicialmente, eu pensei que nossa experiência visceral do sentimento tivesse de esperar até que a mente desse significado ao sentimento e a mensuração quântica hierárquica entrelaçada acontecesse no neocórtex. Só então você experimenta o sentimento, sempre misturado com pensamento, como uma emoção. É assim que a maioria das pessoas experimenta o sentimento, como já dissemos na Introdução.

Mas espere! Enquanto os homens geralmente aceitam que seu *self* está centrado na cabeça, muitas mulheres dizem que seu coração "fala" com elas porque sabem ouvi-lo. Essa é uma mera metáfora para a emotividade dessas mulheres ou existe uma base científica para isso?

A trama se adensa ainda mais quando muitas tradições místicas se referem à jornada espiritual como uma jornada na direção do coração. Muitas tradições espirituais insistem – cristandade, hinduísmo, budismo tântrico e a maioria das tradições xamânicas, para citar só as principais – que todos os grandes mestres espirituais têm um "coração" desperto. Um exemplo recente é Ramana Maharshi, na Índia, que insistia que o *self* está localizado no coração.

Uma questão importante para a ciência quântica conforme eu a estava desenvolvendo foi esta: Existe um *self* do coração? Tendo em vista que a maioria dos seres humanos está tão ligada com a autoidentidade firmemente localizada no neocórtex, a ideia do coração, de posicionar um *self* no coração, faz sentido? E aqui precisamos considerar o que a metade feminina da população mundial diz. Muitas mulheres concordariam com os místicos e diriam: "Sim, entendido. Existe um coração!".

Agora estou convencido de que existe mais do que uma metáfora aqui. Existe um *self* do coração. Aqui está um resumo rápido de como todos podemos chegar a essa conclusão.

Em primeiro lugar, o sistema imunológico é o segundo órgão corporal mais importante. Os cientistas estão descobrindo que o sistema imunológico tem bastante autonomia.

Em segundo lugar, todos sabem que o neocórtex precisa dormir todas as noites; a privação de sono é ruim para a saúde física e para a mental. É fácil conectar a glândula timo (do sistema imunológico) com o amor romântico; o romance é quando a função do sistema imunológico de distinguir entre eu e não eu está suspensa. Por que precisamos de amor? A resposta deve ser esta: para dar algum descanso ao sistema imunológico. Se for negado descanso ao sistema imunológico, haverá um funcionamento defeituoso dele, e isso leva a muitos distúrbios, como doença autoimune, doença cardíaca e câncer.

Observe que o neocórtex e o sistema imunológico precisam de descanso regular. O que eles têm em comum? O neocórtex tem autonomia; ele também tem uma hierarquia entrelaçada e, portanto, adquire um *self*. O sistema imunológico tem autonomia. Será que ele também tem um *self*, será que ele tem uma hierarquia entrelaçada?

Uma grande surpresa da neurociência é a descoberta recente de um grande feixe de neurônios no chakra cardíaco pelo HeartMath Institute, que tem atraído nossa atenção há algum tempo. Existe um sistema de cognição no chakra cardíaco – a glândula timo; o sentimento de amor é um excelente modo de conhecer. Com o feixe de nervo disponível, existe também a capacidade de criar memória. Cognição e memória são os dois sistemas que formam a hierarquia entrelaçada no neocórtex; e o coração também os tem. Então, o chakra cardíaco tem um *self*: consciência manifesta a experiência – o puro sentimento do amor – no chakra do coração por si mesma. Sem a ajuda do cérebro.

Um dia, Valentina me ligou com a notícia de que os neurocientistas também descobriram outro pequeno cérebro, outro grande feixe de nervos no chakra umbilical. O aparelho digestivo humano é revestido por mais de 100 milhões de células nervosas – é praticamente um cérebro por si mesmo! O chakra umbilical tem um aparato de cognição; ele conhece o sentimento de orgulho ou valor pessoal. Seu pequeno cérebro dá a ele um aparato de memória. A combinação cria uma hierarquia entrelaçada e manifesta uma autoidentidade centrada no umbigo.

A cultura japonesa chama o centro do umbigo de *hara*, o *self* do corpo; pelo menos uma cultura espiritual reconheceu esse centro do *self* por centenas de anos. Para ser justos, mesmo em nossa cultura moderna, as pessoas criativas falam de pressentimentos e de uma sensação em suas entranhas que lhes mostram a veracidade de uma experiência.

Será que o chakra umbilical tem autonomia? Sim, alguma. O chakra umbilical precisa descansar? Sim, é claro. O jejum periódico é muito importante; não deveríamos comer continuamente.

A questão importante é por que nós (pelo menos, os homens) não ouvimos a vozinha do coração, e as mulheres não ouvem a vozinha do chakra umbilical, esses sentimentos puros associados com a manifestação da experiência nesses chakras? Acho que isso tem a ver com a evolução e a cultura e, talvez, seja o principal fator que contribui para a dicotomia homem-mulher.

A explicação da dicotomia homem-mulher

Finalmente, estamos prontos para explicar a dicotomia homem-mulher. É um fato que os dois sexos processam as coisas de modo diferente. Um autor brincou que "os homens são de Marte, as mulheres são de Vênus", mas isso não é só uma piada.

Algumas vezes, nós nos referimos a essa dicotomia homem-mulher como a dicotomia cabeça-coração. Os homens estão centrados na cabeça enquanto as mulheres ouvem o coração. Será que isso poderia ser apenas cultural? Sob a égide do materialismo científico e do uso excessivo da tecnologia da informação, as mulheres da geração Y nos Estados Unidos ficam ofendidas se são chamadas de emotivas. Obviamente, a cultura está mudando. Porém, eu ainda acho que existe mais do que cultura aqui.

Quando éramos caçadores e coletores, os homens conseguiam os grandes itens de alimentação; eles eram com certeza mais imponentes fisicamente (ainda são) e assim dominavam (existe esse circuito de dominação integrado no cérebro). Os homens eram os provedores de segurança e sobrevivência, e para isso o chakra umbilical é essencial. As mulheres, por outro lado, tinham de cuidar das crianças e precisavam ouvir o que ditava seu chakra cardíaco. Desse modo, existe um componente biológico da diferença entre homens e mulheres, e isso se tornou uma parte de nosso inconsciente coletivo.

Porém, e essa é a parte triste, muito naturalmente, as mulheres têm acesso ao *self* do cérebro, como necessário; mas quando passamos da era vital para a era mental, homens poderosos (a aristocracia masculina e a oligarquia religiosa) proibiram às mulheres o processamento de significado, e essa história triste continua até hoje, embora o movimento de liberação feminina na década de 1960 as tenha ajudado um pouco a equilibrar a cabeça e o coração.

Dessa maneira, existe também uma contribuição cultural para as dicotomias homem-mulher, plexo solar-coração e coração-cabeça. As sociedades tradicionais incentivam meninas pequenas a dar amor aos outros para prepará-las para uma maternidade futura, é claro, mas isso impede que as mulheres desenvolvam a identidade com o *self* umbilical. Em contraste, os meninos são mimados; eles são incentivados a ser narcisistas. Portanto, os homens têm alguma percepção-consciente do *self* umbilical (muitos homens relatam uma sensação interna, nas entranhas, durante experiências criativas), mas nem tanta percepção-consciente do *self* do coração.

O pesquisador de criatividade Mihayil Chikszentmihayili escreveu: "Quando testes de masculinidade/feminilidade são dados a jovens, repetidamente descobrimos que garotas criativas e talentosas são mais dominantes e duras do que as outras meninas, e os garotos criativos são mais sensíveis e menos agressivos do que seus colegas".

Eu (Amit) declaro: os dois sexos têm tanto uma "cabeça", que se expressa como uma voz da razão, quanto um "coração", que nos dá a voz da emoção positiva que vem do corpo. Acho que o motivo de homens e mulheres em nossa cultura serem tão ignorantes quanto a um *self* do sentimento (mais os homens do que as mulheres) é que por si mesmos o plexo solar ou o coração não podem competir com o *self* do cérebro, cuja voz dominante sufoca a vozinha fraca do corpo. Assim, existe muito a ser integrado aqui para obter um equilíbrio adequado da dicotomia homem-mulher.

Quando as mulheres sentem com seu coração (amor pelos outros) e com o plexo solar (amor por si mesmas), elas estão equilibrando os dois chakras. Quando os homens estão engajados no amor pelos outros, estão equilibrando seu plexo solar com o coração.

Até aí, tudo bem. Contudo, depois desse equilíbrio, o combo plexo solar-coração no corpo ainda tem a ver com sentimento, com amor. E aqui a biologia mais uma vez desvia a mulher na direção de uma dominância relativa do *self* corporal plexo solar-coração, em comparação com os homens. Isso tem um efeito sobre como elas pensam.

É fato que os homens pensam objetivamente enquanto o pensamento das mulheres é orientado para o relacionamento, uma influência do *self* corporal, sem dúvida. Para os homens, o *self* corporal não parece influenciar o *self* cerebral.

Carl Jung teorizou que a dicotomia dos sexos tem sua origem no inconsciente coletivo. Quando nossos ancestrais eram conectados o suficiente (como nossos ilustres ancestrais da era da mente vital da evolução humana eram) para construir a memória coletiva que Jung chama de *inconsciente coletivo*, eles universalizaram a diferença de sexo humano.

Como Jung teorizou corretamente, as potencialidades masculinas (de pensamento e de sentimento) aparecem na mulher como o arquétipo do *animus*; do mesmo modo, as potencialidades femininas (de sentimento e pensamento) aparecem no homem como o arquétipo da *anima*. Jung argumentou que os homens integram o arquétipo da *anima* em si mesmos e que as mulheres cultivam o arquétipo do *animus*.

Isso não só faz sentido, mas combina com um sonho da *anima* que tive em que a *anima* apareceu como uma jovem (ver p. 166-167). Aparentemente, muito homens têm sonhos da *anima* e é uma jovem mulher que combina perfeitamente com a imagem de um *self* suprimido. O mesmo acontece com o *animus* nas mulheres.

Podemos então concluir que a integração *masculino-feminino* ou *anima-animus* é um processo de duas etapas: 1) integrar e harmonizar o plexo solar e o coração; 2) integrar e harmonizar o *self* corporal (chamado de *coração*) e o *self* cerebral.

Por que tudo isso é importante? O caminho do líder quântico

Um líder tem de liderar todas as pessoas, ao contrário da prática muito partidária dos atuais líderes políticos ou empresariais que encontramos. Sim, um líder empresarial explora o arquétipo da abundância. Se o líder empresarial não integrar seu estilo de vida para incluir sentimentos e intuição, sua exploração será muito voltada apenas para a abundância material, ao contrário da necessidade da economia quântica e da sociedade quântica.

Da mesma maneira, uma líder política explora o arquétipo do poder. A menos que ela integre a busca do poder com a busca do amor, ela usará o poder para si mesma e para dominar os outros, ao contrário do que a democracia e a política quântica exigem. Só a exploração de bondade e amor pode lhe dar a mentalidade necessária para usar o poder para capacitar os outros como a instituição da democracia exige de nossos líderes.

Um líder tem de servir tanto à população masculina quanto à feminina. Além do mais, existe a questão de como se comportar com o sexo oposto quando você está em uma posição de poder. O comportamento sexual inadequado está disseminado hoje entre os líderes políticos. Isso pode ser corrigido apenas se os líderes pararem de usar o carisma sexual para comunicar e substituir a sexualidade por amor. Seria útil também se os líderes seguissem em frente e integrassem o masculino e o feminino, o *self* do plexo solar e do coração. Como fazer isso? Veja adiante.

Precisamos de líderes quânticos que estejam conscientes dessas dicotomias da condição humana e estejam dedicados a fazer algo a respeito da integração delas. Só então os líderes podem liderar seu povo para evitar os perigos dessas dicotomias em uma escala em massa.

capítulo 9

o caminho da cura: cura quântica e exploração da inteireza

A visão de mundo quântica diz que não temos apenas um, mas cinco corpos: físico, vital, mental, supramental (alma) e espiritual (feito de *ananda*, a consciência expandida do *self* quântico e da consciência una). Portanto, doença do ponto de vista quântico é, pelo menos, causada por uma falta de sincronia entre os diferentes corpos. A cura, então, consiste na restauração da sincronia. Em outras palavras, qualquer doença é uma falta de inteireza dos cinco corpos atuando como um todo, e qualquer cura é a restauração da inteireza.

Remédios do corpo vital — sob a forma de Reiki, yoga, remédios fitoterápicos, acupuntura e homeopatia — nos dão exemplos de restauração da inteireza por meio da criatividade situacional na arena vital, envolvendo os movimentos da energia vital. No passado, entendemos isso muito errado. Por exemplo, quando Walter Cannon falou sobre a "sabedoria do corpo", deve ter querido realmente se referir ao efeito placebo que apresentamos antes — nosso próprio poder de cura. Da mesma forma, Andrew Weil escreveu sobre o sistema de cura do corpo, um "potencial inato para manter a saúde e superar a doença". Manter a saúde é uma característica de nossos sistemas condicionados, do trio energia corporal, corpo e mente; também podemos pensar nisso como nosso poder de placebo.

Em termos simples, o que acontece nesse tipo de cura é isto: a energia do curador do Reiki, a energia vital das ervas, a energia do remédio homeopático, os movimentos vitais um tanto aleatórios no caso da acupuntura, todos se transformam em potencialidades para misturar com as potencialidades existentes que geram muitas novas em nosso inconsciente para serem escolhidas pela consciência. Nossa intenção de cura ou poder de placebo é insuficiente para ativar a escolha de cura inconsciente.

Na doença de mente-corpo, o significado mental errado produz um bloqueio de energia do corpo vital, produzindo disfunção do órgão físico correlacionado com ele. Não podemos curar o equívoco da mente ficando no nível da mente. É aqui que temos de empregar a criatividade — descoberta fundamental de uma nova representação do arquétipo da inteireza — para fornecer um novo contexto arquetípico do significado mental. Isso envolve a exploração do arquétipo em sua forma verdadeira, não com a representação que outra pessoa faz dele.

Existe ampla evidência de cura espontânea com pouca ou nenhuma intervenção médica. Elas são exemplos de saltos quânticos criativos espontâneos de cura. O significado errado espontaneamente dá lugar à clareza de um *insight* criativo para curar o bloqueio de energia vital, e o sistema imunológico é restaurado com tal força que é até mesmo possível livrar-se de um tumor maligno da noite para o dia.

O médico Deepak Chopra chama esse tipo de cura de "resultado de um *salto quântico*" e, portanto, *cura quântica*. Chopra está certo; e, se isso é um salto quântico, sem dúvida um processo criativo demorado deve produzir o mesmo resultado conforme sugerido em *O médico quântico*. A ideia foi verificada em muitos casos reportados.

Também sugerimos nesses livros que essa cura quântica pode ser usada como um caminho de cura em direção à espiritualidade não só para o paciente, mas também para o médico envolvido.

O caso do paciente é óbvio, desde que ele esteja disposto a fazer mudanças de estilo de vida que consistem em integrar os diversos conflitos da vida que criaram sua doença em primeiro lugar. Essa integração obviamente atua como uma preparação para mais exploração do arquétipo da inteireza. E o médico?

A maioria dos curadores vai para a profissão com uma intenção profunda de fazer um trabalho, embora isso seja um pouco difícil de concluir quando avaliamos a prática médica alopática atual com os médicos atolados em regras, regulamentações e medo de imperícia. Os curadores, incluindo a maioria dos médicos alopatas, querem curar a si mesmos em um nível mais elevado de inteireza do que aquele em que vivem atualmente; eles também estão explorando o arquétipo da inteireza.

Desse modo, se o paciente e o médico exploram o arquétipo da inteireza juntos, como um projeto de pesquisa entre um professor e um aluno de pós-graduação em uma universidade, se eles estão correlacionados, ambos vão alimentar novas sementes de potencialidades em seu inconsciente não local comum. As sementes vão se expandir pelo processamento inconsciente, transformando-se em novos *pools* de possibilidades para a consciência escolher. E um salto quântico de criatividade fundamental pode acontecer.

O requisito de entrada para o inconsciente não local de potencialidades anteriormente não colapsadas é alcançar a correlação quântica entre o médico e o paciente. Isso requer uma grande mudança na tendência atual de um cuidado médico de hierarquia simples em que o médico dita tudo. Essa hierarquia simples tem de dar lugar à hierarquia entrelaçada.

Portanto, para o curador, para o médico, o propósito da aventura criativa de cura é descobrir a hierarquia entrelaçada de relacionamento com as pessoas, nada mais, nada menos. É por isso que chamamos isso de "o caminho de cura para a transformação espiritual".

Pacientes: vejam a doença como uma oportunidade

Na verdade, o caminho de cura para a espiritualidade é o caminho tradicional para a exploração criativa do arquétipo de inteireza. Quando você se cura de uma doença por meio da criatividade situacional ou fundamental – física ou mental –, está explorando o arquétipo da inteireza.

Sem brincadeira. Muitos curadores de mente e corpo pensam que a doença é a criação do paciente. "O que você ganhou ao criar a sua doença?" é uma das perguntas favoritas deles para um paciente. Eu penso que isso é ir um pouco longe demais porque esse tipo de pergunta só confunde os pacientes e faz com que se sintam culpados, agravando a separação que a doença representa.

A curadora de mente e corpo tem um método ao acusar o paciente desse modo: ela está vendo uma oportunidade que o paciente precisa ver se estiver pronto para isso. Feita com mais sensibilidade, a pergunta é: "Agora que você já está com essa doença, de qualquer maneira, em vez de vê-la de um modo negativo, você consegue dar um significado positivo a ela? Suponha que você assuma a responsabilidade pela doença, certa ou errada, e pergunte: 'Por que eu criei essa doença para mim mesma? O que quero aprender com ela?'".

O ideograma chinês para a palavra crise significa tanto perigo quanto oportunidade. Na doença, talvez você só veja perigo – o perigo de sofrer ou até mesmo de morrer.

Em vez disso, você pode transformar a situação em uma oportunidade de investigar mais a fundo, investigar os seus conflitos e as incongruências que precisa integrar. Isso iniciaria sua jornada de exploração no domínio supramental da consciência na forma do arquétipo da inteireza.

Uma doença é uma expressão de enorme incongruência. Em um ferimento físico, o software do órgão ferido se torna incongruente com sua matriz vital e isso afeta negativamente o sentimento de vitalidade desse órgão. Seu sentimento de doença é a expressão dessa incongruência. Se a doença é a criação da mentalização errada dos sentimentos, a incongruência vai permear todos os níveis: mental, vital e físico. É como se sentíssemos alguma coisa, pensássemos alguma outra coisa e agíssemos ainda de uma terceira forma.

Um repórter de TV estava trabalhando em um artigo sobre Gandhi e para isso assistiu a várias palestras de Gandhi. Ele ficou muito impressionado por Gandhi não consultar nenhuma anotação enquanto proferia as palestras e conversou com a sra. Gandhi sobre isso. A sra. Gandhi disse: "Bom, nós, pessoas comuns, pensamos uma coisa, dizemos outra e fazemos uma terceira, mas para Gandhiji é tudo a mesma coisa". O que ela estava tentando dizer é que Gandhi era congruente em pensamento, fala e ação. Ele tinha explorado o arquétipo da inteireza e o usufruía.

Como restabelecemos a congruência de forma que a mente, as energias vitais e as representações físicas atuem com congruência? Resumindo, a resposta é: explore o arquétipo da inteireza até a conclusão: *do-be-do-be-do* (fazer-ser-fazer-ser-fazer), *insight* e implementação.

É verdade. Uma doença de mente e corpo é um alerta muito forte para nos despertar para a exploração da inteireza. Com certeza é como ser atropelado por um SUV, mas é supremamente efetivo. Ainda assim, até agora muito poucas pessoas tiveram sucesso em usar esse alerta.

Eu (Amit) conheço uma dessas pessoas e falei dela em *O médico quântico*. Swami Vishnuprakashananda, de Rishikesh, era um renunciante que buscava a compreensão profunda de Deus quando ficou tão doente do sistema gastrointestinal que não conseguiu comer nada durante 29 dias. Uma intuição lhe disse para ir e se deitar no templo Anant Padmanava, em Trivandram, sul da Índia, e ele fez isso. De repente, teve uma visão, experimentou um salto quântico para o supramental, e se curou. Depois disso, o contexto de vida dele mudou para sempre.

Por algum tempo, minha esposa e eu costumávamos levar ocidentais com interesse espiritual para visitar centros espirituais na Índia sob os auspícios do departamento de viagens da IONS.

Swamiji, que ainda estava vivo, sempre fazia uma representação de sua experiência para os visitantes e dançava pela sala dizendo "tudo êxtase", e todos nós fazíamos o mesmo, seguindo o entusiasmo dele. Tão grande era a energia da transformação dele que o êxtase sempre descia sobre o grupo.

Leia meu livro *O médico quântico*, em que são discutidos muitos casos de cura quântica, tanto espontâneas quanto realizadas por meio do processo criativo, para mais *insights* de como a inteireza acontece em um salto quântico em todos os casos de cura quântica. Se a pessoa curada, agora engajada no estágio de manifestação da criatividade, começar uma mudança no estado de vida, muita transformação espiritual vai acontecer.

Quando nos envolvemos na exploração da inteireza em atos de criatividade, podemos usar um salto quântico de *insight* criativo a serviço da criatividade exterior ou podemos usá-lo para explorar a nós mesmos, na criatividade interior. Podemos só estar interessados em curar nossa doença; isso seria nos engajarmos em criatividade exterior. Mas por que limitar a aplicação? É inteiramente possível usar a busca da inteireza na criatividade do domínio mental, vital e físico com o objetivo do crescimento espiritual. Então, é como a criatividade interior, é ótimo. Leia o livro do físico Bernie Siegel, *Paz, amor & cura* (São Paulo: Summus, 1996), que tem muitas histórias sobre indivíduos que usaram a criatividade interior e seguiram esse caminho da doença para a cura e a inteireza.

Para muitos de nós não é necessário adoecer antes de ouvirmos o chamado da inteireza. Podemos começar com saúde e explorar criativamente o mental, o vital e o físico. Ou só o vital e o físico. Existe toda uma tradição espiritual na Índia e no Tibete com base nessa ideia. Estou falando do *tantra*. As artes marciais desenvolvidas na China e no Japão têm um objetivo semelhante.

Cura como recuperação da inteireza

A essência do novo paradigma de cura é que o indivíduo precisa olhar para o corpo físico como a expressão material do espírito.

Dessa perspectiva, os problemas de saúde são apenas mensagens enviadas a nós pelo Espírito por meio do corpo físico a fim de nos tornarmos conscientes do nível que temos no caminho da evolução.

Dessa nova perspectiva, eu (Valentina) enfatizo que o corpo físico é o espelho que está nos ajudando a ver o estado em que nossa vida espiritual está. Portanto, qualquer processo de cura real tem de começar com a aprendizagem da lição espiritual da doença com que somos confrontados e, então, gradualmente eliminar a causa que criou a doença.

Na Antiguidade, as pessoas estavam mais conscientes de seu estado de saúde, e agora nós estamos mais conscientes da doença. Portanto, na época moderna, se não temos uma doença, nós a inventamos. Por esse motivo, porque as pessoas se concentram principalmente na doença e não em seu estado de saúde, o vazio se tornou cheio e o cheio se tornou vazio. A doença, que é a ausência de saúde, tornou-se... algo, enquanto a saúde tornou-se a ausência da doença. E essa situação, é claro, está deixando todo o sistema de cabeça para baixo, está se transformando de um sistema otimista em um sistema pessimista. Atualmente, vemos o copo meio vazio em vez de ver o copo meio cheio. Qualquer processo de cura começa com um profundo entendimento desse fato.

O mais interessante é que, em inglês, a palavra "cura" (*healing*) tem a mesma raiz etimológica que inteireza (*wholeness*). Isso significa que a cura, em último sentido, é alcançar a inteireza. O que isso implica?

Patanjali disse que todo o nosso sofrimento vem basicamente da ignorância. A doença derradeira, a doença raiz, é o pensamento ilusório de que somos separados do todo, que é o que Patanjali chama de *ignorância*. Curar a doença da separação é perceber que somos o todo, nunca fomos separados, que a separação é uma ilusão.

Depois que a pessoa se curou, portanto, ela pode curar os outros. O filósofo Ernest Holmes, que fundou uma tradição de cura chamada *The Science of Mind*, sabia que a cura de outra

181

pessoa não requer força de vontade, mas o conhecimento da verdade: "A cura não é realizada por força de vontade, mas pelo conhecimento da verdade. Essa verdade é que o Homem Espiritual já é perfeito, seja qual for a aparência".

Contudo, seria errado dizer que a percepção da verdade cura automaticamente uma condição patológica do corpo físico (da pessoa realizada), pois a separação (por exemplo, estrutura) tem enorme inércia. O que a realização faz é liberar a pessoa realizada da ilusão da identidade com o corpo físico, da ilusão da identidade com qualquer sofrimento, seja doença, seja morte.

capítulo 10

inteireza por meio da nutrição

Nesta cultura materialista, quando falamos de estratégias para a boa saúde, incluímos boa higiene, boa nutrição, exercício e checkup regular (com um especialista em medicina convencional, é claro). Estamos realmente falando de cuidar do corpo físico. É importante, sem dúvida.

Nós falamos de boa higiene mental. Do mesmo modo que a higiene física nos diz para evitar o ambiente físico prejudicial, a higiene mental consiste em evitar a poluição da psique. O lado positivo disso é a nutrição de todos os nossos corpos sutis: vital, mental e alma.

Nutrição do físico

E a nutrição do físico? Aqui existe um claro conflito de interesses. Comida é um dos nossos prazeres, se você é apegado a seu corpo denso e partidário da filosofia do materialismo científico. E prazer físico demasiado na forma de comida prazerosa não é bom para a nutrição.

Existe uma antiga história húngara. Dois velhos amigos estão conversando. Um deles diz:

— Ah, a gota me pegou de novo.

O amigo resmungou:

— Eu já disse antes e vou dizer de novo. Coma alimentos nutritivos como eu faço e você nunca mais vai sofrer com gota.

Aí foi a vez de o primeiro homem retrucar:

— Mas, meu amigo, você sofre todos os dias com alimentos nutritivos.

Nós, da ciência quântica, assumimos a postura de que, depois de encontrar o caminho para a felicidade sutil, você poderá chegar a uma postura intermediária. Se estiver satisfeito com uma quantidade moderada de prazer da comida, será possível satisfazer ao mesmo tempo os requisitos do paladar e da nutrição.

Esta seção vai examinar como nutrir o corpo físico, como dar atenção à comida que ingerimos tendo em mente tanto a nutrição quanto o prazer.

De uma perspectiva da ciência quântica, a questão não é mudar nossa comida e aparência corporal para cumprir um padrão externo, mas entrar em contato conosco mesmos e com nossas necessidades autênticas. Embora façamos algumas recomendações nutricionais muito básicas, elas não são regras nem diretrizes estritas a que você deva aderir. Essa jornada não tem a ver com "você tem de comer isto ou não comer aquilo", mas com perguntar a seu corpo e sua mente do que eles necessitam para se sentir nutridos.

A comida tem uma função em dois níveis: nutrição e prazer. Acreditamos que esses dois fatores precisam ser satisfeitos a fim de alcançar o sustento físico. Nossas células precisam de nutrição adequada para ter um funcionamento ótimo e, assim, alimentos naturais com boa energia vital são recomendados.

Determinadas condições energéticas, como dar graças ou dizer uma prece antes de comer, também aumentam a energia vital do alimento. Eu (Amit) estava na Índia em 2016, ministrando um curso de Ativismo Quântico em Pyramid Valley, em Bangalore, onde estava sendo realizada uma pesquisa que examinava os efeitos de usar energia vital ampliada por pirâmides para preservar tomates por períodos mais longos. Enquanto estava ali, provei um tomate com 140 dias que havia sido mantido sob uma pirâmide que era planejada para alimentá-lo com energia vital ampliada. Para minha surpresa, o sabor do tomate era relativamente fresco. É claro que frutas e vegetais frescos, com boa energia vital, terão um impacto que levará a uma saúde física geral ótima.

Vale a pena notar que a comida vegetariana tem energia vital mais elevada (ela também é relativamente indiferenciada) do que a comida não vegetariana. Além disso, refeições vegetarianas frescas e não processadas são mais facilmente digeridas. Devemos lembrar que, quando ingerimos carnes, não estamos ingerindo somente todas as substâncias químicas que o animal recebeu antes de ser abatido, mas também as emoções negativas que sofreu antes do processo de abate e durante sua execução. Eu chamo o gado criado do modo norte-americano de *gado raivoso*.

Além de abordar a energia vital na comida, também temos de levar em consideração nossas crenças e intenções em relação à comida. O modo como você se sente em relação à comida tem importância. Quando estou na Índia, muitas vezes como demais junto com os estudantes internacionais que estão comigo; todos nós ingerimos três refeições vegetarianas satisfatórias e prazerosas, com alto teor de carboidratos, durante dez dias com lanchinhos entre elas e, no entanto, ninguém no grupo ganha peso. O motivo? Acho que isso acontece porque estamos satisfeitos em todos os níveis. A refeição em si mesma é fresca e balanceada, incorporando todos os seis sabores recomendados pelo Ayurveda: doce, ácido, picante, adstringente, amargo e salgado. Bom, não muito amargo. Dado que temos um mecanismo inato de busca do prazer, essa combinação de alimentos é perfeita para suprir o fator de prazer.

Aliás, não estou recomendando comer em excesso. O mais importante sinal de que você não comeu em demasia é o sentimento de expansão que deve se seguir a cada refeição que o nutre. Procure isso toda vez que você comer. É assim que o prazer dá lugar à felicidade.

Nutrição do sutil

A nutrição também precisa incluir o vital e o mental. Como os alimentos frescos (cozidos e crus) têm mais energia vital do que os alimentos refrigerados ou amanhecidos, deve-se preferir alimentos frescos. Da mesma forma, um bom argumento pode ser usado em favor do vegetarianismo quando consideramos a nutrição nos níveis corporais físico e vital. Especialmente quando se pensa no modo como processamos carnes e aves nos Estados Unidos, é preciso se preocupar com a energia vital que recebemos desses produtos. Comer a carne de um animal assustado e infeliz, com energia vital negativa, só pode lhe dar energia vital negativa: raiva, cobiça, medo, insegurança, competitividade etc.

A nutrição do mental significa nos alimentarmos com boa literatura, boa música, poesia, arte, o que normalmente chamamos *soul food*. Eles não são menos importantes do que a comida comum. Entretenimento que provoca riso e alegria deve ser preferido ao que faz você se sentir "pesado". Essa é a regra geral da nutrição mental.

Como exercitamos o vital e o mental? Nesse ponto, as tradições orientais têm contribuído muito para os exercícios do corpo vital. Posturas de hatha yoga e exercícios de respiração, chamados *pranayama*, vieram da Índia, o tai chi e o chi kung vieram da China, e o aikido veio do Japão. Mas, como Uma Krishnamurti enfatiza, não se envolva nesses exercícios com pressa em sua mente. Ao contrário, relaxe. O objetivo é desacelerar e dar atenção a seu espaço interior de energia vital. Valentina incluiu neste livro algumas séries de recomendações importantes para iniciantes na preparação para essas abordagens, e o curso de yoga quântica que desenvolvemos trata ainda mais desses aspectos de uma maneira integrativa.

Para o corpo mental, o exercício é concentração — por exemplo, repetir mentalmente um mantra como "*Om* (Aum)". Você pode praticar durante o trabalho ou pode se sentar e fazer uma meditação de concentração como na meditação transcendental (MT).

A concentração é trabalho e o deixa cansado, até que você descubra como alternar concentração com relaxamento — o estilo *do-be-do--be-do* (fazer-ser-fazer-ser-fazer). Dessa maneira, a concentração prolongada é possível sem esgotar o sistema nervoso.

O *do-be-do-be-do* ocasionalmente levará você à experiência de fluxo quando dançamos com o *self* quântico, quando os saltos quânticos para o supramental têm probabilidade de acontecer. Esse é, então, o exercício para o corpo supramental.

Em meus workshops, muitas vezes guio os participantes em uma meditação de fluxo, seguindo uma ideia que originalmente veio de um místico cristão chamado Irmão Lawrence. O Irmão Lawrence, que era um cozinheiro de mente simples e bom coração, usou a prática que chamou de "praticar a presença de Deus" para atingir a iluminação. Na minha versão (Amit), você começa sentando-se de modo confortável. Fazemos alguns exercícios rápidos de atenção plena, ou *mindfulness*, do corpo para levar a energia para o corpo. Depois, você leva energia de amor para o seu coração. Você pode fazer isso de diversas maneiras. Pense em alguém que ama (seu relacionamento primário) ou em alguém reverenciado (por exemplo, Jesus, Buda, Maomé ou Ramana Maharshi) ou, simplesmente, no amor de Deus. Quando você sentir a energia no coração, espalhe sua atenção (como faz para passar de olhos focalizados para olhos "suaves"). Deixe que parte da sua atenção vá para as atividades periféricas que estão acontecendo a seu redor, sons, visões e até mesmo tarefas. Deixe que isso se transforme em um fluxo entre sua atenção "suave" no coração (ser) e as coisas que ocorrem na periferia. Imagine que você está tomando uma ducha com uma touca de banho. A água molha todo o seu corpo, mas não o seu cabelo. Do mesmo modo, as tarefas do mundo tiram sua atenção dos sentimentos de todos os chakras, mas nunca do seu coração. Depois de pegar o jeito, você pode fazer o que o Irmão Lawrence fez: viver a vida no fluxo.

Saltos quânticos criativos ocasionais são importantes também para o corpo mental porque apenas então a mente processa o significado verdadeiramente novo por causa do novo contexto envolvido. Existe uma história sobre o artista impressionista René Magritte. Ele estava andando em uma rua quando um bolo exibido na vitrine de uma confeitaria chamou sua atenção. Então, ele entrou e pediu o bolo. Quando a balconista estava tirando o bolo da vitrine, Magritte reclamou: "Esse não, eu quero um novo". Quando o balconista perguntou o motivo, Magritte respondeu: "Não quero o bolo em exibição porque as pessoas ficaram olhando para ele". Do mesmo modo, é mais saudável para sua mente nem sempre processar apenas os pensamentos que todos estão processando. Daí a importância da criatividade.

Para o corpo sublime, o exercício da pessoa preguiçosa é dormir. Quando acordamos do sono, embora nos sintamos felizes, continuamos iguais mesmo tendo desfrutado de estar sem a divisão sujeito-objeto. Isso ocorre porque nossos padrões habituais de possibilidades estão disponíveis para o processo inconsciente durante o sono comum. Isso muda quando aprendemos a dormir com a criatividade em mente. Então podem ser alcançados estados que são similares ao sono, mas, quando acordamos, estamos cheios de criatividade interior, somos transformados. Esse "sono criativo" é o melhor exercício para o corpo sublime.

E se você realmente quiser uma saúde positiva, não se esqueça de obter boas doses de inspiração de pessoas com boa saúde positiva; isso na Índia se chama *satsang*. Para uma pessoa interessada em saúde positiva, os *satsangs* são mais importantes do que checkups ou encontros com equipamentos de diagnóstico em um consultório médico.

capítulo 11

inteireza por meio da integração das perspectivas de viver e morrer

Todas as culturas têm os próprios assuntos tabus, como a "morte". Aqui está um comentário que eu (Valentina) adoro sobre esse assunto, retirado do texto de *Mirabilis Mundi*:

> Existem alguns assuntos dos quais somos alienados, como cultura. Alienados no sentido de que eles tendem a ser evitados. Um deles é a morte. Somos fascinados pela crença na juventude eterna. Assim, construímos uma rede de imagens que são continuamente projetadas sobre nós e que engolimos inconscientemente todos os dias: a imagem da mídia é de uma juventude que fica cada vez mais jovem de uma década para outra. Vivemos em uma sociedade de cremes que diminuem as rugas e firmam a pele. Mesmo as escolhas de vida mais ou menos orientadas espiritualmente têm sofrido com essa infusão cega, e estamos enfrentando a "Corrida pela Iluminação" (acreditando que ela nos dará uma existência individual como seres imortais) ou pautas espirituais sobre "Como evitar a morte".
> Por que estamos fugindo da morte? É a coisa mais inevitável que acontecerá na nossa vida. A sociedade humana

costumava ter ritos e histórias sobre a morte. Hoje, ainda plenamente inexplicada do ponto de vista científico, essa parte da vida é oculta, e somos ensinados a adiar o momento de encará-la.

O que aconteceria se as pessoas começassem a se tornar conscientes de que estamos nos aproximando da morte a cada minuto que vivemos? Será que nossa vida teria mais significado? Será que deixaríamos de buscar fortunas materiais, seríamos menos individualistas, nos importaríamos mais com as pessoas queridas, amaríamos mais, estaríamos mais presentes, aqui e agora? Será que pararíamos de correr cegamente para o trabalho e para casa, e para os filhos, e para empréstimos para carros e casas, e estresse e pressão alta, e divórcios, e solidão? Será que conseguiríamos parar o círculo vicioso? Será que a percepção-consciente da aproximação inevitável da morte daria mais significado aos momentos em que amamos realmente, em que vemos de verdade, em que tocamos o rosto das pessoas que amamos — o filho que demos à luz, a mãe que está idosa, o amigo, o amante? O que faríamos de outro modo? Como construiríamos nossa vida como um indivíduo, como uma família, como uma comunidade, como uma sociedade? Quais seriam nossas prioridades, nossos valores?

A vida que levamos é nosso poder e força, nossa energia de transformação devido ao hiato místico chamado *morte*. E aqui está toda a magia: nós nos tornamos eternos não ao fugir da morte nem ao negar sua inevitabilidade, mas ao passar por ela enquanto ainda vivemos.

Como alguns treinamentos de yoga avançado e a tradição do Bardo tibetano me fizeram perceber (Valentina), muitas pessoas temem a morte porque, na realidade, elas temem a vida. Muitos temem a vida porque temem a morte. E desse modo a única estratégia de vida que têm é sobreviver a ela. Porém, isso os mantém afastados de viver a vida e desfrutar suas maravilhosas lições. Essas pessoas precisam perceber que sobreviver à própria vida não é o mesmo que viver a própria vida.

Na verdade, o que pode ser menos inteligente do que tentar se afastar da experiência mais maravilhosa que recebemos neste planeta: nossa própria vida? Alguns fingem que estão vivendo a vida apenas porque estão fazendo todo tipo de coisas (embora algumas delas não tenham significado ou, às vezes, sejam até mesmo idiotas) ou porque estão fazendo tudo o que passa pela cabeça. Esse é só outro modo de sobreviver; é um kit de sobrevivência que tem um programa antitédio e antidepressão (antissuicídio) baseado em entretenimento vinculado a ele.

Como o Swami Advaitananda enfatiza, lembrar a morte não é possível sem lembrar a vida. Vida e morte são as duas faces de nossa existência. É por isso que o antigo "memento mori" é, ao mesmo tempo, "memento vivere" como um ato derradeiro de percepção-consciente. Quem não está consciente da morte também não estará consciente de que está vivo. Mesmo que isso pareça simples, ao olhar com atenção ao redor, você perceberá muitas pessoas que são como robôs, e sua vida é substituída por muitos esquemas que mantêm a máquina operando em piloto automático. No entanto, somos constantemente relembrados sobre a vida e a morte pelos problemas que enfrentamos na vida diária, quando não estamos atentos, e eles nos pegam de surpresa. Quando estamos despertos e transformados, nós nos tornamos atentos a nossa vida (e a nossa morte) e, depois, os problemas de viver a vida ou de enfrentar a morte perdem sua aparência assustadora e simplesmente se transformam em fenômenos que contemplamos desapegadamente e com os quais aprendemos lições.

A morte se torna um tabu não porque ela é tão assustadora (pois não existe razão para isso), mas porque atualmente as pessoas ficaram tão apegadas à vida que não ousam vivê-la! E não viver o suficiente aumentará a ansiedade de enfrentar a morte. A ideia de "quanto mais você poupa, mais você tem" (uma ideia que parece ser sugerida por todas as situações de vida real — veja a crise atual que está levando muitas pessoas a essa conclusão) faz muitas pessoas inconscientemente tentarem poupar a vida para depois. De alguma forma, os cidadãos de todo o mundo hoje vivem o instinto de viver a vida em "modo econômico" a fim de poupar para o futuro. Ainda assim, algo nos diz bem no fundo que isso não está de acordo com as experiências fundamentais que nos tornam seres humanos. Por exemplo, o amor nos ensina outra lição: no amor, quanto mais você dá, mais você tem!

Todos já tiveram essa experiência pelo menos uma vez e podem entender intuitivamente esse princípio. Podemos ver dessa perspectiva por que o primeiro princípio aceito inconscientemente na vida ("quanto mais você poupa, mais você tem") está indo contra a própria vida e, de algum modo, nos faz evitar (poupar) nossa vida e, assim, temer a morte que, de certa forma, se torna inevitável.

Com que frequência negamos a realidade como ela é porque não está de acordo com nossas expectativas, projeções e conceitos? Depois, tentamos poupar a própria realidade para o futuro, colocamos tudo no piloto automático e vamos dormir em um tipo de hibernação protetora psicomental até que a vida (com todas as decepções e toda imprevisibilidade) acaba e estamos prontos para a partida. Em vez de estarmos prontos para a partida, sentimos que alguma coisa está errada e sentimos falta de algo: vida! E então, mais uma vez, o fenômeno da morte parece ser um fim assustador, indesejado, desnecessário e brutal à vida. E tentamos nos agarrar a ela mesmo que não haja qualidade nela. Se tivermos vivido com plena intensidade durante todo o tempo, a morte nos mostrará uma face diferente.

Se houver uma só causa que aumente cada vez mais os custos de cuidados de saúde nos Estados Unidos, essa seria, segundo muitas pessoas, o dinheiro que gastamos para manter as pessoas vivas nos últimos três meses de vida. A morte não só é considerada dolorosa e indesejada, mas essencialmente um encontro com o grande vazio, o nada, um final. E essa é a fonte do medo da morte.

Depois, temos a questão da sobrevivência após a morte e da reencarnação, que é agora confirmada por inúmeros dados. Apesar disso, os materialistas científicos negam a vida depois da morte e assim prolongam a divisão entre a ciência e as tradições religiosas que acreditam na vida pós-morte.

Uma ciência dentro da primazia da consciência resolve o debate muito rapidamente. A consciência é a base do ser; ela nunca morre. Além disso, temos os corpos sutil, mental e vital dos quais surge a individualidade a partir do condicionamento. Quando examinamos o condicionamento mental e vital, descobrimos que isso é o resultado da modificação da matemática, os algoritmos que determinam as probabilidades associadas com as possibilidades quânticas. A memória "quântica" dessas modificações não está escrita em nenhum local e, assim, pode sobreviver à existência local de um espaço-tempo para outro, criando o fenômeno popularmente conhecido como *reencarnação*. Então, o que sobrevive não são os corpos, mas as tendências de usar a mente e o corpo vital, as tendências que popularmente são chamadas de *karma*.

Por que reencarnamos? Porque leva tempo para despertar para a inteligência supramental. São necessárias muitas permutações e a combinação de padrões vitais e mentais (que os orientais chamam de *karma*) e muitos saltos quânticos até finalmente aprender os contextos que constituem a inteligência supramental.

É esse karma, respectivamente nos corpos vital e mental, que explica por que nascemos com gunas mentais (e gunas vitais também, embora eu não vá abordar esse assunto).

O que é a morte nessa perspectiva? A morte é uma parte importante da jornada de aprendizado em que estamos. A morte nos dá um novo corpo físico para fazermos novas corporificações dos arquétipos. E ela também pode ser um período prolongado de processamento inconsciente.

capítulo 12

criatividade vital em busca da inteireza

Vamos continuar com o assunto de doença do corpo vital e cura quântica. Uma vez que as funções vitais são integradas como um software no hardware do corpo físico, os órgãos, nós esquecemos os contextos supramentais (as funções vitais) e as matrizes vitais necessárias para programar os órgãos e mantê-los funcionando suavemente. Quando lidamos com os movimentos condicionados de um órgão vivo, podemos até nos dar ao luxo de esquecer a consciência, o programador. O que fazer quando algo dá errado com um programa? Como um exemplo contínuo, tenha em mente o caso do programa do sistema imunológico para matar as células anormais que não conseguem parar de se replicar e dão errado, causando o câncer.

Nós precisamos perceber três causas subjacentes para a disfunção do órgão. A causa pode estar no nível mental. Por exemplo, a supressão mental de sentimentos no chakra cardíaco vai causar problemas no programa do sistema imunológico e provocar câncer. Nós já falamos disso. A causa também pode estar no nível físico, um defeito na representação que faz o aparelho genético do corpo. Nós vamos falar disso mais adiante. A terceira possibilidade é que as matrizes vitais, em nosso exemplo dos programas do sistema imunológico, não funcionam mais porque o ambiente contextual do corpo físico mudou. Isso não pode ser consertado com as técnicas da medicina convencional do corpo vital por causa do salto contextual envolvido. Temos de invocar novas matrizes vitais para as mesmas funções vitais para que elas lidem com o novo contexto. Mas para isso nós precisamos da orientação do supramental.

Precisamos dar um salto quântico do vital diretamente para o supramental, contornando a mente. O supramental é o reservatório das leis do movimento vital e das funções vitais. Existe toda uma distribuição de probabilidades cheia de matrizes vitais que a consciência pode usar para fazer a representação da mesma função vital. Nós usamos o salto quântico de criatividade para o supramental a fim de escolher uma nova matriz vital para assumir a forma que combina com o novo contexto. Essa nova matriz vital torna possível, então, criar novos programas para operar o nível do órgão físico ou até mesmo reconstruir o próprio órgão (regeneração) para realizar a função vital necessária.

Agora a questão crucial. Se a cura quântica envolve a criatividade do corpo vital, podemos desenvolver um programa de ação para nos curar com base nessa ideia? O que o processo criativo envolveria no caso da criatividade aplicada a um corpo vital doente que o levaria da doença para a cura?

Um problema é que atualmente poucas pessoas têm acesso aos movimentos do corpo vital, muito menos dão saltos quânticos na área vital. É necessária uma preparação, talvez ainda mais rigorosa do que na cura mente-corpo.

Em analogia com a cura mente-corpo, o propósito do estágio de preparação é desenvolver uma pureza da intenção de cura (uma questão ardente no nível do sentimento vital), desacelerar o corpo vital, que tem de se curar e criar uma abertura e receptividade em relação aos sentimentos. Existem técnicas para desacelerar o fluxo da energia vital: os exercícios de *pranayama* desenvolvidos na Índia e os movimentos de tai chi e chi kung desenvolvidos na China são alguns exemplos.

Como trabalhamos para nos abrir no nível de sentimentos de nosso ser? Por meio de relacionamentos íntimos. Questões ardentes vão aparecer quando nos envolvemos em relacionamentos com total sinceridade. Isso pode envolver a permissão para que seu parceiro expresse os sentimentos livremente. Seria bom rever o filme de 2004, *Mulheres perfeitas*, em que os maridos transformam as esposas em robôs condicionados para que sejam obedientes. Na verdade, na cultura ocidental, tanto homens quanto mulheres fazem isso com seus parceiros (as mulheres um pouco menos) na arena emocional. Fazer o oposto é um grande desafio, sem dúvida.

E, no próximo estágio, os pacientes e seus médicos experimentariam diversas novas técnicas (novas para o paciente) de medicina do corpo vital — acupuntura, medicina de chakra, homeopatia etc. Esse é o estágio do processamento inconsciente em que usamos estímulos não aprendidos para gerar ondas de possibilidade não colapsadas nos níveis vital e supramental (que guia o vital); mas nós, em nosso ego, não temos a capacidade de escolher entre as possibilidades.

Nós esperamos que a inteligência supramental desça e crie o mesmo tipo de revolução no nível do sentimento que o *insight* criativo no nível mental criou para o pensamento mental. O efeito líquido do salto quântico, a revolução, será a criação de novas matrizes vitais e programas para ajudar a consciência a reconstruir o órgão doente e programas para realizar as funções vitais. Como nossos sentimentos estão relacionados com o funcionamento dos programas que operam os órgãos, com o correto funcionamento dos programas vitais haverá um desbloqueio do sentimento no chakra apropriado correspondendo ao que uma vez foi o órgão doente. Esse desbloqueio vem com tal força que é chamado de *abertura de um chakra*. Por exemplo, se o câncer no nível vital é curado desse modo, o chakra cardíaco vai se abrir. E, na verdade, isso é como o samadhi ou a experiência ahá da criatividade (mental) interior ou exterior. É transformativo. Se o chakra cardíaco se abre, nosso coração não está só aberto para o amor romântico, mas também para a compaixão universal.

Agora, o estágio final do processo criativo – manifestação. Como na cura mente-corpo, a manifestação não está completa apenas com a reconstrução da representação física (software) necessária para o funcionamento adequado dos órgãos envolvidos. Depois que a remissão aconteceu, o paciente tem de tentar manifestar a compaixão universal transformativa para com todas as pessoas. Caso contrário, a energia do coração vai se contrair mais uma vez, com consequências desastrosas. Em outras palavras, quando o supramental atende seu chamado e lhe ensina um novo truque, é preciso levar a lição a sério e tentar viver com ela na medida do possível.

Da mesma maneira, a cura quântica das doenças vitais em qualquer chakra abre esse chakra e as expressões egoicas dos sentimentos são transformadas em expressões universais. Quando curamos criativamente uma doença do chakra básico, nossos sentimentos de competição e medo se transformam respectivamente em amabilidade confiante e coragem. A cura quântica de uma doença do chakra sexual, ou sacral, transforma as energias da sexualidade e luxúria em respeito por si mesmo e pelos outros. Da mesma forma, a cura quântica no umbigo, ou no plexo solar, nos eleva do falso orgulho e desmerecimento para o verdadeiro senso de valor pessoal. No chakra laríngeo, a cura quântica transforma os sentimentos de frustração e liberdade de expressão egoica em real liberdade de autoexpressão. A cura quântica do terceiro olho transforma a confusão egoica e a clareza comum em compreensão intuitiva supramental. Finalmente, se uma doença do chakra coronário é curada por um salto quântico, o salto nos levará da preocupação usual do chakra coronário com o físico para uma identidade que inclui também o sutil.

Criatividade do corpo físico-vital para uma pessoa saudável

Os chakras são os lugares em que sentimos os movimentos da energia vital associada com os programas que operam as funções dos órgãos importantes do nosso corpo. É claro que nos identificamos com esses movimentos conforme eles se tornam condicionados em nosso ser vital, criando uma persona vital. No caso do umbigo, do coração e da fronte, em cada chakra, podemos até ter um ego-persona vital, associado com nossos padrões de hábitos de sentir nesses centros. Pode até haver um pré-consciente para a experiência vital nesses chakras — uma lacuna de alguns milissegundos entre o *self* quântico e as experiências do ego. A criatividade do corpo vital/físico em uma pessoa saudável é o movimento criativo da energia vital além dos movimentos condicionados do ego/persona vital e física.

O processo criativo é *do-be-do-be-do* (fazer-ser-fazer-ser-fazer). Agora, suponha que façamos essa prática não com pensamentos, mas com sentimentos. Vamos ser específicos e trabalhar no sentimento de romance do chakra cardíaco. Estou me concentrando nisso e, ao mesmo tempo, me mantendo relaxado em relação a ter ou não o objeto do meu romance. O tantra tem o nome de "caminho da mão esquerda" porque os praticantes muitas vezes realizam essa prática com o parceiro romântico no ato do encontro sexual. É muito difícil transcender a necessidade do orgasmo, a expressão habitual de sexualidade. Se tivermos sucesso em desviar o movimento da energia vital para o terceiro chakra, o umbilical, a fim de colapsá-la, e continuarmos olhando a energia com a intenção de colapsá-la no coração, acontecerá um momento em que estaremos dançando com o *self* quântico de uma nova expressão criativa de romance, amor incondicional ou romance universal e teremos entrado no pré-consciente. Se ficarmos nessa dança por algum tempo, mais cedo ou mais tarde cairemos no *self* quântico do *insight* supramental de um novo significado e um sentimento universal de amor incondicional.

Com um pouco de prática, os sentimentos de energia vital, como já mencionamos, podem ser sentidos como correntes ou formigamentos ou calor, ou apenas como expansão de consciência nos chakras em especial. Esse sentimento criativo de amor incondicional é sentido como uma corrente que sobe do chakra básico (ou do chakra sexual). No tantra, essa energia que sobe é chamada de *despertar da Kundalini Shakti*. Kundalini significa enrolada e Shakti significa energia, energia vital. Dizendo de um modo poético, essa energia está enrolada no chakra básico onde ela fica disponível, mas nenhum colapso é possível (a metáfora é a da energia física potencial de uma mola enrolada). De vez em quando, espontaneamente, a energia potencial se transforma em energia cinética, movendo-se para lá e para cá, mas esses movimentos só aumentam a confusão que as pessoas têm sobre o domínio da energia vital. Na verdade, muitas pessoas parecem sofrer quando sua kundalini exibe esses movimentos ao acaso. Portanto, a preparação adequada antecipada deveria ser obrigatória. Em contrapartida, a experiência do despertar da kundalini é movimento direcionado. O processo parece criar um novo caminho; a energia é experimentada como se estivesse subindo por esse novo caminho, em um canal direto ao longo da coluna, dando ao praticante um intenso sentimento de amor atemporal universal que tem valor transformativo. Isto é, a pessoa tem a oportunidade de se transformar se continuar até o estágio da manifestação de criatividade.

A tradição diz que, se a kundalini subir na experiência da pessoa desde o chakra básico, seguindo um novo canal ao longo da coluna até o final no chakra coronário, então a kundalini pode ser totalmente despertada. O controle dos movimentos da energia vital torna-se fácil e sem esforço.

Na ciência quântica, isso significaria colapsar a energia enrolada nos chakras inferiores até o sexto chakra, o frontal. Ou seja, é um despertar da inteligência supramental usando o domínio vital-físico da experiência.

Não só os movimentos da energia vital criativa autenticam nossa experiência ahá, por exemplo, os movimentos de sacudir podem ser usados para ajudar o próprio processo criativo. O mestre espiritual Rajneesh (depois chamado Osho) costumava ensinar uma meditação da energia vital; quando a examinamos, vemos que é uma prática *do-be-do-be-do* como no pensamento, mas envolvendo a energia vital, como veremos adiante. E esse é o mesmo processo criativo, exceto que você tem de envolver o movimento da energia vital e observar sua energia. As práticas do chi kung ou do tai chi são também práticas de *do-be-do-be-do*. A prática da respiração *pranayama* com lacunas chamadas *kumbhaka*, em que se prende a respiração por alguns segundos depois de inalar e de exalar, também é uma prática *do-be-do-be-do*.

Criatividade e psicologia dos chakras

Se você é um ocidental médio, sabe pouco sobre os chakras e dá pouca atenção a suas sensações viscerais. Os circuitos de seu cérebro estão ativos. Eles e o ambiente em que você foi criado determinam grande parte de seu comportamento. Você cresceu sendo guiado pela mente e encontrando segurança da forma que pode em sua situação física: uma boa casa, um bom trabalho, muito dinheiro e, claro, um ótimo carro. Se você tem essas coisas, sua mente diz que você é "superior"; você sente internamente que isso é verdade aos olhos dos outros, afinal de contas, todos vocês pertencem à mesma cultura. Se você não tem segurança física, claro que se sente "inferior". Isso afeta o modo como você experimenta a interação com outra pessoa, um desafio para sua homeostase.

A razão para explorar o chakra básico com criatividade é direta: a criatividade possibilita que você perceba que seu verdadeiro senso de segurança vem de sua capacidade de manter uma sensação atenta à energia vital no chakra básico. A dinâmica mental de superioridade ou inferioridade cultural não se aplica mais. Quando um perigo em potencial se aproxima, você dá atenção positiva ao chakra básico.

Como você aplica a criatividade para abrir um chakra? O processo criativo usado é sempre o mesmo: *do-be-do-be-do*. Para começar, você pode experimentar a meditação de quatro estágios de Rajneesh que me levou (Amit) a minha primeira experiência clara do despertar da kundalini: 1) ficar em pé e sacudir o corpo, dando atenção aos movimentos vitais; 2) meditar em pé sobre o movimento nos chakras; 3) dançar lentamente com os olhos fechados; e 4) sentar-se e meditar sobre os chakras.

As técnicas do *pranayama*, algumas posturas avançadas de yoga e tai chi também são práticas *do-be-do-be-do* e, se feitas diligentemente com os cinco Is — Inspiração, Intenção, Intuição, Imaginação e Incubação —, levarão ao sexto I, de *Insight*, que nesse caso é o despertar da kundalini. O funcionamento ótimo de todos os três chakras superiores — laríngeo, frontal e coronário — tem a ver com a criatividade vital — a sublimação da energia dos chakras básico e sexual para colapsar no nível dos chakras superiores.

Existe também o *Kapalabhati (pranayama do crânio radiante)*, que merece menção especial. Esse exercício age especificamente para purificar o cérebro abdominal e o chakra umbilical ou Manipura, para que as energias dos chakras inferiores possam subir livremente para o chakra frontal e purificar a mente.

Sente-se em uma postura confortável e comece com uma pequena inspiração e, depois, pratique a expiração forçada do ar, usando apenas os músculos do estômago. Pratique isso de vinte a quarenta vezes por minuto. Quando esse exercício é feito corretamente, você vai experimentar alguns momentos sem respiração quando parar. Volte com calma à respiração normal. Observe que, quando está sem respiração, você também está sem pensamento. Esse estado sem pensamento — um estado do ser inconsciente — cria espaço para as experiências do *self* quântico, e você pode perceber um senso ampliado de intuição.

O que acontece quando pessoas com a kundalini despertada se encontram como estranhos? Cada pessoa se aproxima da outra como seres humanos normais respondendo a outro ser humano em seus papéis bem definidos. E cada uma vai respeitar a presença da outra no papel apropriado e não vai se tornar agressiva.

Por que Gandhi teve sucesso em seu movimento de não violência? Ele estava enraizado. Ele não tinha de lutar nem recorrer à fuga. Em vez disso, ele tinha controle criativo sobre seu chakra básico; ele sabia como "observar" sua energia. Para evitar a reação automática cerebral de lutar ou fugir para as glândulas adrenais, uma opção viável é conseguir dar atenção ao seu chakra básico.

Energizar todos os chakras é uma chave fundamental para se ter saúde física e mental perfeita, para despertar as potencialidades latentes e para realizar uma integração acelerada. O principal é otimizar a função de todos os órgãos no nível dos chakras. Eu e Valentina vamos apresentar a seguir alguns elementos sobre a importância disso, tanto da perspectiva científica quanto da esotérica.

Chakra básico (Muladhara)

Metaforicamente, essa é a "bateria" do ser, uma base do edifício de nosso ser vital-físico. Os textos yóguicos antigos afirmam que, nesse nível, encontramos o misterioso *poder da kundalini*, o potencial para a fusão cósmica.

A intuição dos antigos iogues estava certa. Não existe hierarquia entrelaçada nos órgãos desse chakra, e assim a energia do chakra básico ou Muladhara permanece enrolada e, falando metaforicamente, permanece não colapsada. Em animais, ela tem alguma expressão por meio do mesencéfalo, em que os mamíferos têm um *self*. Nos seres humanos, com um *self* neocortical dominando tudo, esse *self* do mesencéfalo se torna inconsciente.

Porém, conforme nos tornamos conscientes dos centros de energia dos chakras superiores no corpo, a energia enrolada do chakra Muladhara pode colapsar no chakra umbilical e no cardíaco, e até mesmo no chakra frontal. Aqui, colapsar significa que a energia se move para cima e se transmuta em uma energia de um chakra superior. Em outras palavras, a ciência quântica diz que alguns chakras têm hierarquias entrelaçadas, e falamos desses *selves* no nível do terceiro (Manipura), quarto (Anahata) e sexto (Agnya) chakras.

Chakra sexual ou sacral (Swadhisthana)

Nos mamíferos, esse chakra coordena os instintos (fome, sede, sexo, sono etc.) quando expresso no mesencéfalo, em que os animais têm um *self*; para nós, humanos, essas funções instintivas são inconscientes.

As energias específicas do chakra Swadhisthana são: prazer, sensações, dualidade. Existem muitos tabus e dogmas ao redor da sexualidade e do prazer, no passado e hoje. Em contrapartida, o tantra mostra que o estado de satisfação induzido por prazer intenso tem valências espirituais excepcionais, desde que as energias no nível do chakra Swadhisthana sejam perfeitamente controladas e sublimadas, colapsando no nível do coração ou ainda mais alto. Para conseguir isso, é claro que, como um ponto de partida, tem de haver amor entre o casal praticante. Então, essa energia pode ser integrada (transmutada) e sublimada (colapsada) em energias superiores conforme se move para cima e colapsa em um dos chakras superiores com identidade do *self*.

Quando a energia do chakra sexual sobe até o mesencéfalo e colapsa ali, a pessoa se torna sexualmente agressiva (embora mais ou menos inconscientemente). O oposto acontece quando um estímulo tira nossa atenção do chakra sexual. (Exemplo: quando você faz amor e alguém entra no quarto, a maioria dos homens civilizados perderia a ereção.)

Quando aparecem bloqueios no nível do chakra Swadhisthana, isso pode se refletir com o tempo no corpo físico como doenças relacionadas à função sexual, mas também ao coração (exemplo: cistos, fibromas, impotência, frigidez).

Quando as energias correspondentes ao chakra Swadhisthana encontram expressão nos chakras superiores, elas são conectadas a uma ampla gama de emoções manifestando sensualidade, criatividade de muitas formas, capacidade de desfrutar prazer, bom humor, espontaneidade e adaptabilidade, especialmente no nível social.

Chakra umbilical ou do plexo solar (Manipura)

No ser humano, ele coordena a ambição, o ego, a força de vontade, o dinamismo, a expansão, a violência; parte dessas funções é assumida pelo mesencéfalo; quando recuperamos controle parcial, existe uma tendência de narcisismo, ego e individualidade. Esse aspecto narcisista transforma algumas pessoas em dominadoras, usando seu poder para subjugar os outros conforme a própria vontade egoísta exacerbada.

Só quando o chakra Manipura se abre em conjunção e harmonia com o chakra cardíaco e os chakras superiores, o lado positivo do Hara é manifestado. Existe um processo aqui de cristalização dos princípios do movimento da consciência que direcionam a vida; é por isso que as pessoas com um forte desenvolvimento desse chakra seguem princípios éticos na vida e têm autoconfiança, força de vontade e força interior como fatores para alcançar seus objetivos ou seguir alguns princípios de vida. Isso faz com que as pessoas que têm esse centro harmoniosamente ativado sejam líderes poderosos e, em alguns casos, se tornem capazes de evoluir mais do que os outros.

Uma das tarefas mais importantes do chakra Manipura no sistema energético do ser humano é superar a inércia, remover as tendências para a estagnação, autoindulgência, preguiça e ignorância. Esse é o nível em que a consciência começa a despertar e ter relances manifestados por meio de aspirações e decisões que são seguidos com firmeza. Para a maioria das pessoas, o mais difícil é iniciar uma ação. No início de uma ação, a inércia está no máximo, mas, depois de começar, as energias começam a circular e os resultados aparecem com menos esforço. É por isso que o chakra Manipura é o centro que garante nossa capacidade de superar o momento difícil antes de todos os inícios e, assim, dando atenção a isso podemos agir de forma eficiente na maioria das vezes. Do mesmo modo, o chakra Manipura garante que saiamos de situações ruins; isso ajuda a desbloquear estados de estagnação e inércia aparentemente "irremovíveis" e, ainda, leva à iniciação dos processos de transformação. Quando é necessária uma decisão firme seguida de uma ação rápida, a solução é dar atenção ao chakra Manipura. Todas as tendências de adiar e deixar-se levar são prontamente eliminadas pelas energias dinâmicas no chakra Manipura.

Chakra cardíaco (Anahata)

No nível condicionado, o chakra cardíaco tem a ver com o amor romântico. Quando ele se abre mais criativamente, isso leva à capacidade de compaixão e a outras formas de amor incondicional, perdão e altruísmo. Um coração aberto está relacionado à estética ainda mais elevada.

O papel do quarto chakra, o Anahata, é harmonizar o que está acima (que é cada vez mais transpessoal) com o que está abaixo (pessoal), no seguinte sentido: o chakra cardíaco é aquele em que nos tornamos conscientes das outras pessoas; assim, ele equilibra o chakra Manipura, garantindo a expansão da consciência na direção dos outros enquanto cuida de si mesmo. Enquanto os três primeiros chakras são inteiramente individuais e usados dessa maneira principalmente sob o controle do cérebro e parcialmente do *self* do chakra Manipura, o *self* no chakra cardíaco, mesmo em sua modalidade condicionada, tem a ver com a expansão da consciência para incluir o outro. Nesse sentido, ele harmoniza o que está abaixo e acima, e é a junção.

Ao despertar a capacidade de amor e compaixão, podemos dizer que o materialismo encontra a espiritualidade, desse modo a humanidade aparece em nós. No nível do chakra Anahata, temos a primeira experiência de despertar uma consciência do *self*, não como uma expressão de uma vontade individual afirmada por meio das ações, mas sob a forma do sentimento fundamental de ser expandindo-se no sentido de incluir outra pessoa.

Chakra laríngeo (Vishuddha)

O chakra laríngeo é o chakra da expressão. Nossa cultura sabe disso de forma inata. A liberdade de expressão é provavelmente a liberdade mais valorizada; e, em última instância, liberdade tem a ver com liberdade para criar. Onde a liberdade de expressão se localiza? Na faringe. Quando você se sente restringido ao falar o que pensa, inconscientemente cobre a boca. Linguagem corporal de novo. Não existe identidade de *self* no chakra laríngeo; não existe hierarquia entrelaçada. Então temos opções: expressar no serviço do eu, expressar no serviço do amor ou expressar no serviço da mente.

A psicologia dos chakras liga o chakra laríngeo com o chakra sexual. Na verdade, quem não notou que, durante o fluxo criativo no estágio da manifestação em que o chakra laríngeo é um ator principal, existe também uma tendência de excitação sexual? Isso acontece porque a energia sexual e a energia expressiva estão a serviço do eu, e ambas estão sendo colapsadas no umbigo. Não apenas sublimamos a energia sexual, nós a transformamos e mantemos a atenção no chakra laríngeo. Desse modo, quando as duas colapsam no chakra frontal, nós nos expressamos com significado e paixão.

O problema com essa operação usual do chakra laríngeo é que ela ainda está sob o controle do *self* mental do sexto chakra. Ela serve à mente intelectual. Apenas quando o chakra frontal se abre plenamente, dando espaço para a intuição (veja a seguir) é que o quinto chakra serve à alma.

Esse é o caso com a maioria dos artistas gênios: as energias específicas do chakra Vishuddha estão servindo à alma, tornando o trabalho uma fonte de inspiração para aqueles que são capazes de perceber as energias refinadas criptografadas nessas criações.

Chakra frontal ou do terceiro olho (Agnya)

O chakra frontal é o chakra do pensamento racional. O chakra Agnya, nas pessoas comuns, geralmente processa a mente; porém, se dermos atenção e nos tornarmos conscientes das energias do chakra, toda essa energia vital acrescenta um toque e nos torna apaixonados no pensamento mental.

Quando esse chakra se abre, principalmente devido à sublimação criativa (colapso) da energia sexual, ela se transforma no pensamento intuitivo do chakra. Então, ele se torna o olho da intuição, geralmente chamado de "terceiro olho". Os sentimentos associados agora são desespero e satisfação. "Busque e você encontrará; e estará com problemas." Quando exploramos um arquétipo, ele responde com uma intuição e, na verdade, conforme isso se desvanece, ficamos perturbados, confusos, em desespero; sentimos o valor verdadeiro, nós o sentimos nas entranhas ou no coração, mas não podemos engajar o pensamento racional para entendê-lo plenamente. Porém, conforme engajamos o processo criativo para explorar o arquétipo e temos um *insight*, a satisfação aparece. Se, além disso, conseguirmos trazer o chakra laríngeo para servir ao frontal desperto, nossas expressões alcançarão valor de verdade.

Na Índia, quando as pessoas fazem trabalho espiritual, um momento de muitas experiências intuitivas boas, o terceiro olho fica tão quente que as pessoas colocam pasta de sândalo para acalmá-lo. Você pode ter visto mulheres indianas usando um bindi na testa; a razão é a mesma, pois, pelo menos falando tradicionalmente, a intuição pode ser mais forte nas mulheres. Hoje, as mulheres indianas podem usá-lo porque é "estiloso".

A ativação criativa harmoniosa do chakra Agnya outorga ao ser humano o despertar de sua consciência mental superior, que chamamos de "alma", com características como calma mental, poder focalizado, inteligência, poder de síntese mental, capacidade de memorização excepcional e poder de intuição abundante. E também uma força de vontade universal integrada.

Quando integrado com o chakra no mesencéfalo, o *self* do sexto chakra passa a controlar a função do hipotálamo (que tem o controle da glândula pituitária e de todos os hormônios do corpo) e as estruturas nervosas que regulam a capacidade de ser, ouvir, discriminar e memorizar. Também todo o controle anteriormente inconsciente que o cérebro tinha sobre o corpo agora está sob o controle consciente. Claramente, nosso esforço principal deve ser voltado a despertar o sexto chakra em sua plena extensão.

Essa é a chave para entender por que o despertar do chakra frontal finalmente abre nossa capacidade intuitiva ao máximo. Com as mudanças de humor sob controle, nossa capacidade de sermos criativos dá um salto quântico.

Apenas quando o sexto chakra se abre, somos capazes de nos engajar criativamente com mais de um arquétipo para desfrutar dentro da duração de nossa vida. E, conforme fazemos isso, integramos as dicotomias arquetípicas e estamos prontos para explorar plenamente o arquétipo da inteireza.

Um sentimento positivo associado com a abertura criativa dos chakras superiores é a satisfação. Sempre que abrimos nosso chakra cardíaco ou o laríngeo ou o frontal, a descida da consciência no chakra tem sucesso e a satisfação emerge. Esses episódios de satisfação são fundamentalmente importantes para todos os seres humanos, em qualquer nível econômico. Se passarmos por um período prolongado sem satisfação na vida, ficaremos deprimidos.

Os psicólogos se preocupam por haver agora uma epidemia de depressão, de modo que se tornou a terceira doença crônica mais prevalente. Segundo o ponto de vista da psicologia quântica, Prozac é apenas um apoio em curto prazo, se tanto. O remédio para a cura da depressão em longo prazo é a satisfação, prontamente obtida por meio do engajamento do processo criativo para cultivar a corporificação dos arquétipos em nós, especialmente o arquétipo da inteireza. E seja rico, pobre ou de classe média, todos têm direito a ela em uma sociedade democrática.

Chakra coronário (Sahasrara)

A função biológica realizada até agora é produzir uma imagem corporal que inclua e integre todos os sentimentos vitais. O órgão é o lobo parietal superior posterior. Quando a energia se move para esse chakra produzindo excesso, nós sentimos inteireza e nossa identidade não mais está restrita ao corpo físico, mas se expande para incluir também o sutil. Se a energia sai, nós nos sentimos desintegrados, desconjuntados.

A literatura espiritual fala muito bem das potencialidades desse chakra. Quando esse chakra se abre completamente, a pessoa desenvolve uma identidade integrada com todos os corpos – denso e sutil. Isso é parte do que significa ter consciência e corporificar o arquétipo da inteireza.

Nós não sabemos muito sobre esse chakra para envolver muita ciência, a não ser que ele se localiza no nível do lobo parietal, que tem a capacidade de criar o homúnculo, de criar a imagem corporal. A função normal é então a percepção-consciente do corpo. Sempre que vemos um espelho, damos uma olhada e verificamos nosso corpo. Se não acharmos nosso corpo ok, nós nos sentiremos desorientados. Como o lobo parietal não tem ou não usa a capacidade de criar memória de seus neurônios, provavelmente não existe identidade de *self* aqui. Porém, ainda não se sabe se a abertura de exploração espiritual desse chakra também leva a sua própria identidade do *self.*

O trabalho de integrar essa imagem do corpo físico com as imagens dos nossos outros corpos — vital e mental — requer criatividade! Quando combinamos a força da criatividade vital e mental para realizar essa tarefa, abrimos a porta para a inteligência supramental, embora no serviço da construção da alma.

Como um benefício colateral, quando esse chakra se abre, a pessoa desenvolve a capacidade de se desidentificar do corpo físico, produzindo a experiência fora do corpo, uma capacidade agora muito documentada em algumas pessoas. Não se deixe enganar: as pessoas que têm experiências fora do corpo não necessariamente desenvolvem a inteligência supramental sobre a inteireza.

capítulo 13

a integração da sexualidade e do amor: a versão quântica do tantra

A exploração direta de um arquétipo requer criatividade fundamental. O processo criativo da criatividade fundamental é um pouco diferente do processo da criatividade situacional. Ele tem seis estágios:
1. Inspiração, Intenção e Intuição
2. Preparação
3. Processamento inconsciente
4. *Do-be-do-be-do*
5. *Insight* ahá repentino de algum conhecimento
6. Manifestação e fluxo

Você reparou: não há mais necessidade de nenhuma consulta com um guru depois de seu *insight* ou de qualquer "experimentar e ver". A criatividade fundamental vem com algum conhecimento de um salto quântico. Você já teve a experiência de um salto quântico em criatividade situacional; sabe como é sentir nas entranhas ou no coração. Não será enganado.

No estágio da manifestação, você manifesta o *insight* para criar um novo você, um você transformado, na realidade para lembrar você de Você. Isso transforma conhecimento em sabedoria – conhecimento vivido.

Quando se trata de um arquétipo específico para explorar a criatividade interior, eu (Amit) tenho a experiência de realização apenas com um arquétipo: o arquétipo do amor. (Ainda estou no estágio da manifestação do arquétipo da inteireza e também do arquétipo da verdade.) Acontece que o amor e a inteireza são também os principais arquétipos de exploração da Valentina.

Criatividade interior em relacionamentos

Ao atuar, nós usamos máscaras e assumimos a identidade de outra pessoa para explorar e obter *insight* sobre nossas próprias máscaras de autoimagem. No relacionamento, também temos a oportunidade de nos colocar no lugar de outra pessoa, mas de um modo mais sutil.

O problema é que nosso ego floresce em homeostase. Isso inclui não só nossos próprios hábitos e padrões de caráter, mas também a tendência a manipular os outros no relacionamento para caberem no molde de nossa própria percepção. E se permitimos movimento em um relacionamento, muitas vezes é um movimento horizontal dentro dos contextos definidos por nosso próprio ego. Quebrar essas tendências é um desafio criativo, e o tipo de ato criativo que penetra nesse impasse e restaura a fluidez em relacionamentos congelados ou estáticos tem em si a capacidade de nos lançar além do ego. Em outras palavras, o crescimento pessoal no relacionamento é a criatividade interior.

A espiritualidade feminina tradicionalmente tem sempre enfatizado os relacionamentos. E graças ao movimento de liberação feminina e, mais recentemente, ao movimento masculino e ao trabalho de pessoas como o poeta Robert Bly, a palavra "relacionamento" não é mais um problema para os homens, nem mesmo no Ocidente.

Existem muitos tipos de relacionamentos que vivemos, e todos eles nos dão oportunidades para explorar os arquétipos.

A seguir, vamos pegar o arquétipo do amor e examinar como o relacionamento íntimo pode agir como um trampolim para descobrir o amor.

Preparação: do sexo e romance para o compromisso

Por causa dos circuitos cerebrais instintivos, nossa sexualidade é excitada facilmente e muitas vezes por uma diversidade de estímulos. Quando somos adolescentes e esses sentimentos são desconhecidos, ficamos confusos com nossa sexualidade. A maioria das sociedades tem um tabu contra educar os jovens sobre a sexualidade. Em algumas sociedades espirituais, a ideia de celibato é apresentada para os jovens. Infelizmente, muitas vezes isso é feito sem muita orientação quanto ao porquê e ao como. A ideia original poderia ter sido boa: permanecer celibatário até descobrir o amor romântico, quando você não mais estará confuso sobre o potencial criativo de sua sexualidade (além da procriação). Sem nenhum caminho para essa educação, como a confusão vai desaparecer?

Se um adolescente iniciar o sexo sem entender o potencial criativo e o propósito do sexo (não falamos do aspecto reprodutivo de "pássaros e abelhas" do sexo aqui que, em geral, é ensinado nas escolas na disciplina de educação sexual), vai responder cegamente aos circuitos cerebrais e procurar a sexualidade como uma gratificação, como um veículo para um tipo único de intenso prazer. Como a realização do prazer sexual para um homem com uma parceira eleva a energia vital para o terceiro chakra associado com a identidade do *self* umbilical com o corpo físico, um senso de poder pessoal entra na equação. Portanto, é comum que os homens pensem em "conquistas sexuais" em conexão com o sexo que não está associado com o amor romântico. Lembre-se de que o sexo no amor romântico eleva a energia sexual não colapsada do segundo chakra até o chakra cardíaco; isto é, a concretização do sentimento do segundo chakra acontece em associação ao *self* do coração.

No mundo ocidental, o padrão que foi desenvolvido durante as últimas décadas, pelo menos para os homens, é o condicionamento inicial de sexo para poder. As mulheres, graças a pais um tanto protetores ("conservadores"), são um pouco protegidas dessa tendência, embora isso esteja mudando rapidamente. O que acontece quando você encontra um parceiro com quem seu chakra cardíaco ressoa? Você entra em um relacionamento de amor romântico, mas seu hábito de conquista continua, embora temporariamente diminuído. O romance em algum momento se esgota; isso acontece mais cedo ou mais tarde por causa da sua tendência (e a de todo mundo) a se habituar a todas as novas experiências, e o hormônio sexual oxitocina (popularmente chamado de "hormônio do amor") se torna escasso na corrente sanguínea. Naturalmente, a tendência de sexo para o poder retorna. Então, você tem escolha. Você pode retornar a 1) conquistar; 2) procurar outro parceiro romântico; ou 3) ir fundo no relacionamento atual para explorar seu potencial criativo. Se você optar pela ousadia da terceira opção, novas questões vão surgir: Você pode amar sem ser impulsionado pelo hormônio do amor? Você consegue amar incondicionalmente?

Por que o costume social de um homem é de ser aquele que pede a parceira romântica em casamento? Entrar em um casamento é mudar a equação do sexo: eu me comprometo a mudar meu padrão de usar o sexo como forma de poder para usar o sexo sempre como forma de fazer amor. O que significa que você está se comprometendo sempre a permitir que a energia suba para o coração depois de um encontro sexual, admitindo, assim, ficar vulnerável diante de seu parceiro. O casamento é um compromisso de fazer amor, e não guerra (para conquistar). Você consegue lidar com isso?

Na verdade, é ainda mais complicado do que isso; esse acordo do corpo vital concomitantemente tem ainda de encontrar acordos entre o corpo mental dos parceiros. Os condicionamentos do ego individual no corpo mental de cada pessoa em um casal são muito profundos; nas arenas de superposição da atividade do ego haverá territorialidade, e a competição vai surgir e levar a energia do chakra cardíaco para o chakra umbilical mais uma vez, resultando no retorno ao narcisismo. Você pode conhecer esta piada: "Um homem diz para sua esposa, quando ela expressa insatisfação com o casamento: 'Não entendo. Seu trabalho é me fazer feliz. Eu estou totalmente feliz. Então, qual é o problema?'".

A competitividade e outras emoções negativas só vão se acalmar quando começarmos a vislumbrar intuitivamente que é possível submeter as emoções negativas à energia positiva do amor.

Um cartum de Calvin e Haroldo descreve perfeitamente a situação com a tendência narcisista do ego. Calvin diz: "Estou em paz com o mundo. Estou completamente sereno". Ao ser pressionado por Haroldo, ele esclarece: "Estou aqui e todos podem fazer o que eu quero". Desse lugar, nós podemos amar apenas com magnanimidade, do nível superior em um relacionamento de hierarquia simples e alimentar o narcisismo do ego. Mas isso não é amor e só leva ao isolamento. Quando você se torna consciente de sua solidão, apesar de ter amigos e parceiros, deve começar a perguntar por que está solitário, por que não se sente amado e por que, na verdade, é incapaz de dar amor não egoísta.

Então você sabe que chegou a hora de falar sério sobre se envolver no processo criativo de descobrir o amor e passou pelos requisitos de entrada: motivação. A motivação para um relacionamento monogâmico.

Eu (Amit) sei; eu passei por tudo isso. Eu tinha uma esposa que me desafiava a amar do coração, não o amor cerebral que procura vários parceiros a serviço do narcisismo do ego. Isso demorou alguns anos, mas finalmente confrontei o desafio.

O próximo passo é a preparação, o processamento inconsciente e o *do-be-do-be-do*. E o começo disso é o engajamento da criatividade situacional. Eu li livros, procurei o que as outras pessoas diziam sobre reacender o romance e pesquisei todos esses ensinamentos para gerar muito pensamento divergente. E aí, relaxei; engajei o processamento inconsciente e *do-be-do-be-do*.

O *insight* veio com o salto quântico, e eu o manifestei na minha vida. Realmente pensei que amava minha esposa de modo incondicional. É isso aí. Eu me senti comprometido com ela. Não precisava mais procurar a atenção de outras mulheres. Fiquei feliz. Quando a esposa bailarina de um amigo físico me perguntou: "Qual foi sua maior realização criativa?", eu disse sem hesitar: "Descobri como amar minha esposa". Imagine minha surpresa quando alguns anos depois minha esposa me deixou. "Você é incapaz de me dar o que eu preciso", foram as palavras de despedida dela.

Processamento da fenda dupla na exploração do amor

Como se inclui o outro ao tomar decisões de vida e satisfazer as necessidades do parceiro além das próprias? Um mestre espiritual me disse: "Amit, aprenda a assumir a responsabilidade pelos outros". Como se faz isso? A resposta veio alguns anos depois, bem quando eu precisava dela, quando me casei de novo e, depois de alguns anos, o romance estava ameaçando acabar.

Nosso condicionamento não permite que os estímulos evoquem uma diversidade de respostas em nosso complexo corpo físico – corpo vital – mente-cérebro. Em vez disso, nosso condicionamento age como uma fenda que nos permite processar os estímulos nas mesmas perspectivas condicionadas que usamos antes. É como o caso do elétron que passa por uma fenda única antes de cair em uma tela fluorescente. Ele aparece logo atrás da fenda, apenas uma imagem um pouco borrada devido à difração revela o segredo de que o elétron é ainda uma onda de possibilidade e não uma entidade de fixidez completa de um ponto.

Se passarmos o elétron pelas duas fendas de uma tela de fenda dupla (Figura 3), toda a onda de elétron se transforma em duas ondas de possibilidade que interferem mutuamente. Se colocarmos uma chapa fotográfica para pegar os elétrons, eles vão chegar a alguns locais adicionando construtivamente; entre os lugares, eles vão chegar em fase oposta e destruir uns aos outros. O efeito líquido é o que os físicos chamam de *um padrão de interferência*. Observe como o *pool* de possibilidades dos elétrons é ampliado enormemente; o elétron é capaz de chegar a muitos lugares no filme fotográfico agora.

Essa é a magia de ter um relacionamento íntimo com quem você ama e valoriza tanto, que, para cada estímulo recebido, você não só permite que seu sistema de crenças filtre as respostas, mas também o sistema de crenças de seu parceiro (conforme sua teoria educada da mente do outro), transformando o outro em uma fenda dupla para o processamento inconsciente. A fase do relacionamento necessária para criar um padrão de interferência é preservada? Se você quiser, é necessário. Essa é a minha experiência.

Desse modo, tendo se comprometido com um relacionamento íntimo com a intenção de assumir a responsabilidade pelas necessidades do outro e também das suas, é como criar uma fenda dupla para filtrar todos os estímulos recebidos, aumentando assim seu *pool* de possibilidades para o processamento inconsciente. A verdade é que você talvez não reconheça ainda conscientemente os contextos de seu parceiro olhar as coisas, mas seu inconsciente já os está considerando, daí só a sua intenção pode fazer a mudança. Seu *pool* de possibilidades para escolher agora é muito maior, e há melhores chances de que as novas possibilidades para criatividade já estejam presentes para a consciência quântica entrar e escolher.

Os psicólogos chamam essa parte de treinamento de empatia. Isso funciona muito melhor se permitirmos o processamento inconsciente e, o mais importante, a não localidade, como já mencionei.

Mesmo tudo isso pode não bastar. Não é suficiente. Os conflitos de carreira de hoje mostram sua face feia; os projetos se tornam diferentes. Existem muitas maneiras de se separar em um relacionamento! Duas perguntas surgem: 1) Existe alguma dinâmica integrada entre um homem e uma mulher que os mantenha juntos na jornada criativa? 2) Existe alguma maneira de garantir que existam novas possibilidades no *pool* para resolver conflitos?

A polaridade masculino-feminino e seu papel em um relacionamento

Um amor para sempre é uma das aspirações mais comuns que temos na alma, quer estejamos conscientes disso, quer não. Isso vai além de educação, gênero, nacionalidade e crenças dogmáticas – religiosas ou científicas –, pois essa é uma das maiores experiências da vida e nos faz sentir que ela vale a pena.

Eu (Valentina) vejo muitas pessoas sofrendo em relacionamentos íntimos hoje. Esses relacionamentos não são o melhor terreno para experimentar o amor e todas as suas maravilhas? E já que, de uma forma ou de outra, queremos tanto isso, por que o amor é tão fácil de conseguir e, depois, tão difícil de manter? A raiz dessa situação aparentemente paradoxal pode ser encontrada em um dos aspectos fundamentais da vida humana e um dos princípios centrais do relacionamento amoroso. Sem isso não nos apaixonaríamos, não seríamos atraídos por outro ser humano, nem seríamos capazes de ter um relacionamento. Isso se chama *polaridades* e fica na base dos Segredos de Atração. O que é polaridade? É a relação que aparece na presença ou manifestação dos dois opostos ou princípios ou tendências contrastantes.

Lembre-se de como é o início de um relacionamento romântico – é um estado intensamente irresistível e efervescente em que nosso coração se sente muito aberto, somos poderosamente atraídos para o outro, eroticamente carregados e capazes de amar incondicionalmente. Esse é o momento em que a polaridade no relacionamento pode ser vista em toda a sua glória, mas apenas por um observador externo. Para as duas pessoas apaixonadas, os incríveis efeitos desse jogo cobrem completamente os mecanismos e as cegam para a fonte (o motor) de sua deliciosa paixão e atração.

A atitude de consumidor combinada com ignorância em relação a esse mecanismo poderoso e a ignorância sobre o papel do cérebro levam à deterioração gradual da intensa chama inicial. É por isso que o período ideal do início muitas vezes chega a um fim prematuro e trágico. Eu sei que é difícil acreditar nisso, mas somos nós que, por meio da ignorância, matamos inconscientemente da mesma maneira que o uso incorreto de um motor causa sua destruição.

Felizmente, como eu (Valentina) aprendi, como parte do sistema tântrico esotérico, as coisas não precisam ser assim. O segredo da atração em um relacionamento está enraizado em uma polaridade efervescente contínua e mantida conscientemente. Isso resulta em ter um dinamismo efervescente – um jogo forte entre o masculino e o feminino no relacionamento. A polaridade em nosso relacionamento pode ser modificada por meio de uma abordagem consciente que nos dá o controle sobre o próprio dinamismo do relacionamento. E isso tem intensas repercussões em toda a nossa vida.

O tantra vê toda a criação como um resultado da interação dinâmica de dois polos – imanente e transcendente, masculino e feminino, yin e yang. A expressão mais clara dessa realidade dinâmica, e que está mais próxima de nós, pode ser vista no jogo entre homem e mulher, o masculino e o feminino, em um relacionamento polar de casal.

No cerne do relacionamento polar de casal fica o amor e o poder que ele gera. O amor dá a experiência que a razão não pode entender e motiva nosso coração para crescer e buscar o outro além dos limites autoassumidos de nosso ego. O próprio motor da atração que mantém o relacionamento do casal no fluxo de seu amor é *o jogo da polaridade* – o jogo entre o masculino e o feminino. É isso que dá vida e apoio a tudo. No tantra, isso é conhecido como o jogo entre *Shiva e Shakti* – o masculino e o feminino universais.

A atração é impulsionada pela polaridade. Essa é uma chave esotérica que pode explicar muitas coisas em nossa vida. Se queremos atração, a chave é encontrar uma polaridade intensa – os opostos se atraem. Isso dá poder à vida do relacionamento de casal e poder a todos os fenômenos que queremos experimentar no relacionamento e em nossa vida individual. A polaridade intensa aumentará a velocidade da transformação, bem como a capacidade de controlá-la.

É simples: dessa perspectiva, o segredo para um relacionamento duradouro e intensamente vivo é manter o jogo da polaridade. Alimentadas por uma forte polaridade, as manifestações de amor são potentes e estáveis; os dois amantes se tornam emocionalmente generosos e querem compartilhar seu amor com o mundo.

Quando a polaridade diminui, a atração diminui, os problemas aumentam e se aprofundam, a transformação desacelera e a vida perde suas cores. Todos nós tivemos essa experiência de um modo ou de outro: repentinamente descobrimos coisas no outro que sempre estiveram ali, mas agora não podemos mais aceitá-las, não podemos transfigurá-las. Geralmente, o homem fica preguiçoso, a mulher fica superficial, e a energia superintensa que foi criada no início agora está praticamente morta. O que fazer quando isso acontece?

Senti isso na própria pele, enquanto vivia todo o dia junto com meu amor, e minha vida girava ao redor dele. Estar o tempo todo juntos, perder o centro saudável (e assim o mistério natural feminino ou masculino), pode realmente ser muito prejudicial até mesmo para o estado de saúde pessoal, bem como para o estado de saúde do relacionamento – e explica, assim, a perda do estado de polaridade no casal.

A boa notícia é que a fagulha inicial de amor pode ser reacendida tantas vezes quanto os dois amantes quiserem, se eles souberem como aplicar esse conhecimento da polaridade e reacenderem constantemente a chama do relacionamento até vocês amarem um ao outro como quando eram adolescentes. Recuperar sentimentos que pareciam estar mortos há muito tempo é um dom da juventude que podemos dar um ao outro e ao nosso relacionamento. Talvez seja o presente mais importante para darmos.

A fim de reacender a paixão, você tem de recarregar a bateria – para restaurar e até aumentar a polaridade. Isso é feito enfatizando as diferenças, não as comprometendo. É claro, vocês brigam, mas deixam que o inconsciente processe isso da forma quântica e chegam a uma solução criativa.

Os efeitos são incríveis: descobrimos que o amor que temos um pelo outro não está morto, mas só enfraquecido pela falta de energia e enterrado embaixo do entulho produzido pela mente. E com o poder recém-restaurado, nosso amor sobe de novo no céu de nossa alma, erguendo-se acima de todos os problemas e até conquistando novos horizontes. Isso cria o sentimento de renascimento do amor intenso que é similar ao que existia no início.

Quando você diminui a polaridade porque quer paz mental, você diminui a energia do poder criativo por falta de uso, e tudo o que se baseava nesse poder vai diminuir e desaparecer, não porque não é necessário ou desejado, mas porque está sem energia. Esse é um dos segredos mais ocultos sobre os relacionamentos. Um relacionamento é uma bateria de energia que pode ser "recarregada" repetidamente, se soubermos como, se soubermos da polaridade. Saber e aplicar isso nos dá a capacidade de ter um relacionamento duradouro, profundamente realizador e intensamente feliz.

Recebi pessoas em meu consultório com um entendimento errado sobre a diferença entre complementariedade de gênero e igualdade de gênero. Mesmo que seja normal que os dois polos de uma unidade de energia sejam fundamentalmente diferentes sem serem errados, tendemos a esquecer isso em nossa existência cotidiana atual. Deixar de entender o papel da polaridade e da complementariedade entre homens e mulheres leva a uma falta de dinamismo nos relacionamentos, falta de atração e, em última instância, à incapacidade de ter um relacionamento. Na verdade, o conflito não está subjacente à diferença polar entre homens e mulheres, mas a uma complementariedade que existe naturalmente entre os homens e as mulheres que estão apaixonados. Homens e mulheres são diferentes, e nenhum é melhor do que o outro.

Em vez de fazermos um esforço para entender essas diferenças e, assim, entender um ao outro e nosso papel polar na situação especial do amor, optamos por tentar nivelar o terreno. Agora existe quase uma obsessão com a igualdade de gênero que está, erroneamente, levando à neutralidade de gênero universal. A cultura unissex permeia as sociedades ocidentais como uma reação ao que vemos em outras culturas em que um gênero reprime o outro em uma tentativa de lidar com a poderosa atração gerada pela ocorrência natural de polaridade equilibrada. Inconscientemente, tendemos a eliminar a própria fonte de poder de nossa vida em uma tentativa de eliminar todos os efeitos negativos do poder. E os problemas aumentam quando tentamos resolver todos os efeitos colaterais desse foco de atenção equivocado.

Não existe nada de errado em reconhecer as diferenças fundamentais entre homem e mulher e cultivar essas diferenças de uma maneira que mostre a posição correta a ambos quando a situação é apropriada. Essa é uma solução muito melhor para a desigualdade de gênero e também ensina a homens e mulheres a lição que eles precisam aprender, em vez de lhes dar razões para esconder a maioria das lições de vida necessárias por trás de um problema mal-entendido de gênero.

Então, a soma de todas as consequências individuais dessas decisões cria um problema maior: uma sociedade sem polaridade; sem a tensão polar que ocorre naturalmente entre os dois gêneros, criamos uma sociedade sem poder, sem propósito e que pode ser facilmente controlada por todos os tipos de intenções.

É claro, como uma sociedade, nós não precisamos nos preocupar com esse aspecto vil da sociedade humana – a tendência a formar hierarquia simples. Mesmo em um relacionamento amoroso, sem transformação, as pessoas são simplesmente ego-personas, cada uma com hierarquias simples para proteger. Naturalmente, cada um rapidamente tenta administrar o relacionamento com uma dominação hierárquica simples do outro. Desde os tempos históricos, os homens têm sido mais bem-sucedidos no jogo da dominação. O movimento moderno de "liberação" feminina foi necessário para libertar as mulheres do mundo todo dessa subserviência de eras de hierarquia simples com os homens dominando as mulheres. E então temos a cilada da tediosa igualdade de gênero do politicamente correto!

Será que existe uma maneira quântica para definir o relacionamento entre duas pessoas que respeite a polaridade e não sucumba à armadilha da igualdade de gênero do politicamente correto? Existe. A resposta quântica é a *hierarquia entrelaçada*.

Praticar a hierarquia entrelaçada com seu parceiro e convidar a consciência quântica para resolver seus conflitos

Nesse estágio, seu relacionamento tem de dar uma virada na direção de se transformar de uma hierarquia simples em uma hierarquia entrelaçada.

Olhe para o quadro *Desenhando-se* (Figura 14) de Escher. Na imagem, a hierarquia entrelaçada é criada porque a mão esquerda está desenhando a direita, e a mão direita está desenhando a esquerda, mas você pode perceber que é uma ilusão. Por trás da cena, Escher está desenhando as duas. Quando, em seu estudo da mensuração quântica, você realmente tiver dado o salto quântico e compreendido que a realidade de sua consciência manifestada surge da escolha quântica e da concretização de uma consciência quântica indivisa, então você também terá identificado a fonte da hierarquia entrelaçada que está tentando imitar: a consciência quântica não manifestada. Você tem de delegar autoridade a esse Uno. Como você muda sua autoridade do manifestado para o não manifestado, mesmo que temporariamente?

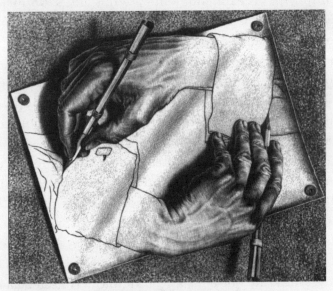

Figura 14. *Desenhando-se*, de Escher (representação do artista)

É nessa fase que a descoberta de que seu parceiro amoroso é também seu inimigo íntimo pode se tornar uma enorme bênção.

O filme *Muito bem acompanhada* não é, de forma alguma, um ótimo filme, mas para minha alegria ele tem um ponto certo. Em algum momento, em uma cena de briga entre as partes do casal romântico, o herói diz para a heroína algo como "Eu quero me casar com você porque prefiro brigar com você a fazer amor com outra pessoa". Para praticar o amor incondicional é importante reconhecer seu parceiro amoroso sem nenhum pudor como "o inimigo íntimo". O conselho comportamental é usar a razão para resolver as diferenças que provocam briga ("renegociar seu contrato"), mas infelizmente isso só resulta em suprimir as emoções. Ou, se as emoções irromperem mesmo assim, o conselho comportamental é sair da situação, para não deixar as coisas "escaparem de controle" ou "dar um beijo e fazer as pazes", o que usualmente é uma pretensão até que o instinto sexual assuma o controle. Talvez esses sejam bons conselhos para as pessoas que não estão prontas para o amor incondicional. Para você, o criativo interno fundamental, seu desafio é amar seu parceiro apesar das diferenças. E quando essas diferenças provocam uma briga, então que seja; permaneça na briga implícita ou explicitamente até que um salto quântico aconteça ou até que a situação fique insuportável no estágio atual da maturidade emocional pessoal. Com certeza, os conflitos trarão novas possibilidades para seu *pool* para processamento, e quem pode processar o novo a não ser a consciência quântica ou Deus? Gradualmente, nós nos tornamos capazes de esperar a solução dos conflitos não resolvidos por um tempo cada vez mais longo.

Com essa estratégia, mais cedo ou mais tarde, você vai cair em um ahá criativo, um salto quântico, uma descoberta da "alteridade" do outro (para usar a linguagem muito apropriada da socióloga Carol Gilligan), não inconsciente, mas conscientemente.

A prática de manter os conflitos não resolvidos cada vez por mais tempo até que a resolução venha da consciência mais elevada é difícil, mas depois que o *insight* criativo ocorrer, as recompensas de seu estágio de manifestação são enormes. As condições que impomos ao nosso amor agora podem desmoronar com a prática, e o amor pode florescer no amor incondicional objetivo. Amor objetivo, porque o amor da consciência quântica é objetivo.

Então, nós temos uma escolha. Assim, toda essa polaridade é um presente para nós para a exploração do relacionamento de hierarquia entrelaçada!

Quando pudermos amar incondicionalmente, o sexo é uma escolha. Não precisamos dele para fazer amor. A manifestação do amor incondicional também significa que você não pode fazer um circuito cerebral com ele. Qualquer coisa que venha de um circuito cerebral é um padrão condicionado tão liberador quanto puder ser. Em vez disso, você faz algo ainda melhor.

Você tenta viver a hierarquia entrelaçada com seu parceiro amoroso. O que isso significa é que você vive seu relacionamento com a intuição como seu guia em geral. Os circuitos cerebrais que faz vão contribuir ainda mais para sua construção da alma.

Em última instância, você fará isso em um relacionamento com qualquer pessoa que entre em sua esfera de vida, simplesmente porque descobre que não consegue fazer de outra forma.

Nesse sentido, aqui está um lindo poema de Victor Hugo:

> O homem e a mulher
>
> *O homem é a mais elevada das criaturas,*
>
> *A mulher é o mais sublime dos ideais.*
>
> *Deus fez um trono para o homem; e um altar para a mulher.*
>
> *O trono exalta; o altar santifica.*
>
> *O homem é o cérebro; a mulher é o coração.*
>
> *O cérebro cria luz; o coração cria amor.*
>
> *A luz engendra; o amor ressuscita.*
>
> *O homem é forte por causa de sua razão.*
>
> *A mulher é invencível por meio de suas lágrimas.*

A razão é convincente; as lágrimas são profundamente tocantes.

O homem é capaz de todo heroísmo.

A mulher, de todo sacrifício.

Heroísmo enobrece; sacrifício traz tudo que é sublime.

O homem tem supremacia; a mulher, intuição.

A supremacia representa força.

A intuição representa retidão.

O homem é um gênio; a mulher, um anjo.

O gênio é imensurável; o anjo, inefável.

O homem aspira a glória suprema.

A mulher aspira a virtude perfeita.

A glória cria tudo que é grandioso; a virtude, tudo que é divino.

O homem é um código; a mulher é um evangelho.

Um código corrige; o evangelho aperfeiçoa.

O homem pensa; a mulher sonha.

Pensar é ter um cérebro superior.

Sonhar é ter um halo na fronte.

O homem é um oceano, a mulher é um lago.

O oceano tem a pérola que adorna; o lago, poesia ofuscante.

O homem é uma águia em voo; a mulher, um rouxinol que canta.

Voar é conquistar o espaço; cantar é conquistar a alma.

O homem é um templo; a mulher é um santuário.

Diante de um templo, nós descobrimos a cabeça; diante de um santuário, nos ajoelhamos. Em resumo, o homem é onde a terra termina. A mulher é onde o paraíso começa.

Quando integramos o masculino e o feminino e vivemos nossos relacionamentos em hierarquia entrelaçada, vivemos tanto na Terra quanto no paraíso; em outras palavras, podemos ficar com nosso bolo e também comê-lo. Podemos desfrutar nossa iluminação.

História de Amit

Na consciência total da percepção-consciente, não podemos responder a um estímulo de certa maneira e de maneira oposta a esta ao mesmo tempo, mas nosso inconsciente pode lidar com opostos.

Nós amamos as pessoas das quais somos íntimos, mas, quando nosso autointeresse entra em jogo, e elas se opõem a ele, transformam-se em nossas inimigas. Você já reparou nisso? Você ama e você odeia; é claro que não na mesma resposta na consciência total da percepção-consciente. Os teóricos da criatividade dizem: tente fazer isso ao mesmo tempo e relaxe. Deixe seu inconsciente processar a sobreposição de amor e ódio ao mesmo tempo!

Jesus aconselhou algo semelhante: "Ame seu inimigo", disse ele. Pablo Picasso fez um quadro disso: o Minotauro (Figura 15), adaga e ramo de oliveira ao mesmo tempo. O filósofo Hegel disse a mesma coisa: ponha tese e antítese juntas, e observe a síntese crescer dentro de você.

Figura 15. Minotauro de Picasso (representação do artista)

É tão fácil falar! Mas como fazer isso, como processar no meu inconsciente amor e ódio ao mesmo tempo? Certa vez, discutia agressivamente com minha esposa sobre o assunto de nossas brigas frequentes, as viagens excessivas (minhas e dela) com que o corpo dela não conseguia lidar, quando tive uma ideia. Eu disse que ia ao banheiro, e ela fez que sim com a cabeça. Fui até o banheiro, fechei a porta, fiz uma respiração profunda e comecei um exercício: levar a energia para o coração. Depois de alguns minutos, voltei à discussão e me expressei o mais intensamente que podia enquanto mantinha o amor no meu coração. Não chegamos a uma resolução naquela hora, mas essa foi uma batalha muito construtiva. O inconsciente gostou do que eu fiz. Enquanto eu a ouvia, "sendo" em meio ao meu "fazer", meu inconsciente contribuía com novas ideias para minha consciência total da percepção-consciente.

Então, logo, certo dia, o *insight* surgiu. Esse é um passo quântico à frente da empatia. Descobri a "alteridade" do outro e recebi minha mensagem. Você passa a respeitar a alteridade da pessoa que ama e se move na direção da hierarquia entrelaçada no relacionamento.

O que eu não sabia na época é que aquilo que eu fiz também é parte de uma prática tântrica. Segundo o Vijnana Bhairava Tantra, uma das formas mais fáceis de despertar o supramental é ser capaz de se concentrar simultaneamente nos dois aspectos opostos de um arquétipo. Em um dos capítulos a seguir, Valentina, que me fez perceber esse aspecto, vai descrever esse método em toda a sua simplicidade e eficiência.

Repetindo: nossa mente consciente é incapaz de manter algo e seu oposto ao mesmo tempo. Eu consegui manter os opostos porque estava usando o coração e a mente. Se você não conseguir, lembre-se: nosso inconsciente quântico é multidimensional. Se conseguirmos nos concentrar completamente nos dois aspectos opostos na fase *do* de nossa prática criativa, então, na fase *be*, cairemos no inconsciente quântico; quando o salto quântico acontece, descobrimos o arquétipo supramental, transcendendo os opostos.

Eu também não sabia de outra coisa. Veja, não é criado um circuito cerebral de um *insight* arquetípico; nenhuma palavra vai descrevê-lo plenamente. Em última instância, isso muda seu caráter: não se engajar em um relacionamento de hierarquia simples, mas em um relacionamento de hierarquia entrelaçada. E viver de modo autêntico com seu caráter.

Em todos os meus relacionamentos como adulto, eu sempre tinha me colocado em primeiro lugar; o outro, mesmo alguém "amado", era sempre secundário em minha opinião. Eu vejo isso agora. Em vez disso, amar é respeitar o outro incondicionalmente; então, hierarquia entrelaçada; então, o outro e eu nos tornamos um – um *self* em que meu fim e o início dele se tornam enevoados.

De volta à manifestação. Minha falta de respeito pela minha esposa se expressava ao máximo em minha tentativa de manipulá-la e conseguir o que eu queria sub-repticiamente, mesmo me envolvendo em mentirinhas que nublavam a capacidade dela de discernir se eu estava também protegendo seu autointeresse. Como resultado, ela me dava o benefício da dúvida e cedia, e ficava infeliz depois.

Essa concessão não a estava beneficiando, de fato. À medida que fiquei mais velho, e se tornou cada vez mais difícil ela me acompanhar em minhas viagens por causa de sua incapacidade de lidar com os desconfortos inerentes a essas ocasiões, a ansiedade de minha esposa com a possibilidade de eu adoecer na estrada foi aumentando até, praticamente, atingir o nível de uma neurose. Decidi parar com o comportamento manipulador. E tentei servir primeiro ao interesse dela. Foi muito difícil.

Eu a manipulava, depois reconhecia, voltava atrás e confessava, e começava de novo. Isso aconteceu algumas vezes.

Depois, um dia, a maior surpresa. No meio de uma mentirinha de manipulação, eu fiquei sem palavras: não consegui dizer nada. Fiquei surpreso. Eu tinha perdido a capacidade de manipular!

A transformação funciona com coisas assim! Deus está nos detalhes. O novo modo de operação nem sempre cuida do "numero uno" tanto quanto o eu antigo teria gostado, mas com certeza maximiza a felicidade das duas pessoas em um relacionamento.

Essa é a parte principal da história sobre como eu aprendi o amor incondicional. Mais sobre isso adiante.

capítulo 14

inteireza e eu (valentina)

Eu cresci em um pequeno país da Europa oriental chamado Romênia. Nasci em uma família de médicos e sacerdotes, com opiniões fortes, e em um país comunista.

Desde idade muito tenra, eu fazia perguntas como: O que é realmente a vida? O que significa liberdade? O que são cura e saúde? O que acontece depois da morte? O que é o amor e todas essas manifestações intensas de energia vital que temos, pensamento e sentimentos? E o potencial humano? Por que existe tanto sofrimento no mundo? Por que estou aqui?

Eu era uma criança curiosa. Minha família estava muito bem, do ponto de vista material, mas minha fome era por mais profundidade e entendimento. Dentro de mim havia capacidades e intuições despertas *interessantes*. Esses traços inicialmente eram inexplicáveis para meu pai, que era um médico muito brilhante. Finalmente, ele teve de admitir que havia mais para saber sobre os seres humanos e, com certeza, os seres humanos eram mais do que apenas matéria.

Por exemplo, às vezes, eu colocava as palmas das mãos sobre áreas dolorosas do corpo de alguém, e esses sintomas eram quase imediatamente aliviados; ou eu sonhava com as perguntas de um exame que seria no dia seguinte; ainda, depois de dias de jejum ingerindo apenas água, eu me sentia extremamente cheia de energia e com ainda mais clareza; depois de trabalhar apaixonadamente três dias seguidos em plantões contínuos em minha clínica de emergência, em um estado de dinamismo e lucidez aumentados, via a luta de um médico orientado materialmente tentando aceitar que essas coisas aconteciam bem embaixo de seu nariz. Certos detalhes a meu respeito aconteciam de um modo diferente do manual dele, e isso era divertido.

Da minha parte, herdei dele muito da determinação de ver as coisas bem feitas, o apego à verdade e coragem e perseverança. Bom, um pouco de teimosia também.

Minha mãe, uma pessoa amorosa e compassiva, provavelmente nunca tinha mentido ou comprometido o que ela sabia (ou sentia) ser verdade. De fato, ela era uma mulher muito sensível e poderosa à própria maneira, com muita capacidade intuitiva desperta. Ela também se especializou na área médica. Como mulher, naturalmente aceitava (ainda aceita) que existe mais do que os olhos veem no mundo. Muitas vezes, ela se permitia sorrir, de um modo puro como o de uma criança, e se maravilhar com as nossas capacidades humanas (especialmente curativas). Ela também tinha algumas intuições; podia, por exemplo, muitas vezes, perceber vários acontecimentos ou estados que as pessoas próximas a ela experimentavam quando estavam bem distantes. De qualquer modo, nunca duvidou de suas intuições e conseguia aceitar que elas eram reais.

Aprendi com a minha mãe o valor da bondade; ela costuma perdoar rapidamente e esquecer os acontecimentos negativos. Por outro lado, ela também estava tentando me direcionar para que eu tivesse uma vida "prática e normal" (para a qual eu não tinha muita inclinação). Sabe, conseguir um emprego estável, garantir uma aposentadoria, casar, ter filhos...

Meus pais se amam, mesmo que, como a maioria dos casais, tivessem brigas no relacionamento por causa das personalidades fortes e diferentes. A vida me trouxe muitas oportunidades e encontros significativos a fim de aprender a importância do equilíbrio e da harmonia e também buscar o crescimento e a alquimia interior por meio do amor.

Eu era um tanto rebelde, mas uma estudante dedicada da vida. Na maioria das vezes, eu podia ser encontrada devorando apaixonadamente quase qualquer tipo de livro que pudesse achar. Também assimilava o material da escola muito depressa só para poder voltar para os meus livros. Em contrapartida, quando queria fazer algo desaprovado por meus pais (como meu curso de yoga, que era visto como vodu naqueles tempos de domínio comunista), eu literalmente pulava da varanda para fazê-lo, se precisasse. A recompensa por seguir meu coração sempre estava lá.

Havia um profundo chamado espiritual em mim, e sua voz nunca parou. Sempre me senti protegida e até guiada na direção dos próximos passos de minha integração, mesmo nos períodos mais difíceis e paradoxais da minha vida.

De modo algum estou dizendo que minha integração ou jornada está completa. Quanto mais eu descubro, entendo e experimento, mais percebo que não sei muito, na verdade, que existe muito mais para aprender. E eu continuo tranquila e em paz, curiosa e aberta. A jornada vale muito a pena.

Falando de jornada, viajei muito. Jornadas astrais estão entre as minhas favoritas, e as viagens físicas também. Junto com as grandes lições que elas trazem, vem outro tipo de estabilidade interna. Também estou me acostumando a viver "no limite". A propensão a estender meus próprios limites sempre esteve ali.

Algumas vezes, as coisas acontecem em outro sentido. Há alguns anos, ao andar pelas ruas de Copenhague, de repente um estado de expansão me *atingiu sem aviso* com esta ideia: *Não sou eu quem vai aos lugares, mas os lugares que vêm até mim.* Parece estranho? Ainda assim, eu achava completamente certo, em um sentimento de expansão crescente.

Uma das perguntas mais difíceis que me fazem é: Onde fica o seu lar? Essa pergunta facilmente me leva para um estado zen. Cada vez mais, percebo que, na verdade, meu lar é onde eu estiver.

Descobrir o amor e trabalhar com a dinâmica do relacionamento não foi algo fácil para mim. Novamente, o amor é a energia mais fundamental de Deus, e não deveríamos perder a chance de descobri-lo enquanto passamos por esta vida. Isso exige muita coragem e honestidade, mas para que serve a vida se não houver amor? Descobri sozinha o valor transformativo enorme e único do amor e, é claro, tive de sofrer com a dor nesse processo; a dor que a vulnerabilidade do coração traz.

Experimentei o poder curativo e despertador do amor, a beleza e o brilho que ele traz para um casal amoroso, especialmente quando ambos se engajam de maneira consciente no crescimento espiritual, quer haja distância física, quer não. Estou experimentando ainda agora em meu relacionamento amoroso muita dessa esmagadora graça que geralmente nem mesmo intuímos que é possível sentir em uma vida. O amor espelha todas as suas sombras, mas depois ele permite que você prove a essência mais pura da realidade, tanto a manifestada quanto a transcendente. Então, o amor se manifesta realmente como um campo, não limitado à pessoa que amamos, mas a tudo que existe. Amor na busca da inteireza é um caminho em si mesmo. Meus arquétipos principais desenvolvidos são amor e inteireza.

Conforme crescia e abraçava a arte da medicina, estudando e praticando também vários ramos alternativos, naturalmente me abri para a espiritualidade sob várias formas: cristianismo, hinduísmo, budismo. Estudei e coloquei em prática, em paralelo, por anos em seguida, as tradições e práticas espirituais e os métodos da medicina integrativa em diversos países. Sempre havia algo que era o mesmo, uma semente da verdade que estava guiando meu passo seguinte. Sou grata por ter encontrado, estudado e trabalhado com um bom número de almas excepcionais e raras deste planeta, que estão cumprindo seu dever, servindo o mundo com a intenção mais elevada de curar e despertar a humanidade.

Conheci o professor Goswami na Índia em 2016. Havia tanta simplicidade (embora ele estivesse falando sobre coisas muito complexas), amor, compaixão, sabedoria integrativa, aceitação paciente e bom senso em sua fala, que imediatamente senti a necessidade e a naturalidade de trabalharmos juntos, de modo complementar. Ele estava falando ao meu coração: sobre o despertar do potencial humano, sobre curar a nós mesmos e ao mundo, sobre cumprir nosso *dharma*. A integração da ciência e da espiritualidade era um anseio meu também, e não havia como eu responder "não" ao convite para colaborar com ele e com sua equipe.

De sincronicidade em sincronicidade, um projeto após o outro, espelho depois de espelho, trabalhar com Amit tem sido (e é) profundamente curativo, educacional e constantemente sustentador, exemplar e inspirador para mim. Nem sempre existe completa harmonia no pensamento, algumas vezes há horas e dias de debates intensos, mas algo muito interessante é que novos caminhos se abrem para que o inconsciente processe e, ali, sobre a mesa, surge uma nova coisa que atinge sua integração. Algumas vezes de imediato, algumas vezes depois de meses, mas sempre surge.

Eu costumava ser tímida e ficar intimidada ao falar em público. Ainda fico, às vezes. Especialmente nos círculos científicos dominados por homens (razão) que parecem nos forçar a ser... mais *masculinas*. (Eu quero continuar a florescer como mulher, acima de tudo.) Trabalhar com o professor Goswami e com as pessoas que encontrei me fez romper o problema da fala, porque eu, cada vez mais, dava atenção à necessidade que as pessoas têm de se curar, se integrar e despertar. Sua necessidade toca profundamente meu coração, e vejo que tenho o que oferecer e contribuir muito para a transformação e a cura delas.

Aqui estão dois dos mais importantes acontecimentos da minha vida. Eles são saltos quânticos, muito relacionados com a realização do arquétipo da inteireza, e eu os apresento aqui no espírito do livro, pois não costumo falar muito sobre mim mesma. Eles podem ter algum valor para os que estão familiarizados com os termos incluídos na descrição. Estou usando algumas das anotações que fiz em meu diário nessas épocas, para me ajudar a transmitir a mensagem.

Leve em consideração o fato de que a inteireza como um arquétipo tem a ver com a integração de dicotomias. As duas polaridades de uma dicotomia têm substância. Na autorrealização, os dois polos do *self* que experimentamos se fundem na unidade; eles não têm outra existência além da unidade; em certo sentido, ambos são ilusórios. Enquanto na inteireza, quando estamos integrados, ainda estamos na consciência expandida junto com o arquétipo. Nós não nos dissolvemos completamente na consciência una; alguma quantidade de separação permanece. Existe ainda a fruição do arquétipo em sua forma verdadeira, por exemplo.

Um dos aprendizados integrativos mais valiosos que tive enquanto estava na Europa veio da tradição indiana: o sistema Mahavidya. Um dos dez poderes cósmicos (aspectos do divino criativo feminino, pilares sobre os quais é construída toda a criação) que esse sistema enfatiza é *Tara*, o grande poder cósmico da compaixão e da graça divina. Tara é descrita nas tradições do hinduísmo e do budismo tibetano como a *salvadora*, ou a "estrela" que nos guia através do oceano enevoado do samsara. Ela simplesmente leva você até a outra margem. Ela é também a *mãe dos Boddhisattvas*. Uma energia e uma sustentação que são muito necessárias atualmente.

Esse evento específico aconteceu em julho de 2013, na Europa, em um retiro de meditação. Só pense em Graça. Sempre que dizemos "saltos quânticos" também dizemos "Graça". Naquele ponto, eu estava em um estado profundo e prolongado de sofrimento e agonia, do qual era difícil sair, apesar de todos os meus esforços. Eu sabia que isso tinha uma lição importante para mim – em especial, as mulheres conhecem o sentimento quando o coração parece "partido".

Quando os sete dias começaram, eu simplesmente podia sentir, de um dia para o outro, muita luz, cura e inspirações, muitas intuições sobre mim e o universo. Parecia que elas estavam vindo "do nada", sem expectativas. Ecos e reverberações dessas mensagens estavam em todo o meu ser, até os níveis mais profundos, dia e noite. Não é fácil descrever esses intensos estados de Graça completamente inesperados, de comunhão direta com Tara.

Desde o início do retiro, eu podia sentir "algo" elevado me sustentando, como se a própria Tara, em todo o seu poder infinito de manifestação, me levasse fácil, suave e ternamente em Seu coração (que também era o meu coração) e lá Ela fez milagres. Eu nunca experimentei tanta suavidade e acolhimento maternal amoroso incondicional.

O primeiro reconhecimento da presença insuspeita de Tara dentro de mim aconteceu no terceiro dia do retiro, enquanto, entre práticas de meditações e hatha yoga, a lei dos milagres foi apresentada. O fato de que Tara está presente mesmo nos momentos e locais mais sombrios foi mencionado, e também que assim Ela nos mostra uma grande lição: que, na realidade, nós nunca estamos sozinhos. Essa simples afirmação me tocou com muito imediatismo! Ela literalmente começou a se desdobrar dentro de mim intensa e suavemente, começando com meu coração e iluminando uma situação que eu nem tinha considerado.

Vi literalmente o interior do meu coração, que estava naquela hora muito empedrado e quase morto (o resultado do sofrimento pelo qual eu estava passando, sem dúvida) e também vi a seguinte situação. De algum modo, de uma maneira orgulhosa e isolada, eu nem estava pensando em pedir a ajuda de Deus, achando que eu não a merecia, e nem estava esperando que alguém ou algo me ajudasse. Eu estava lutando sem sucesso para permitir a vida interior. Quando esse *insight* aconteceu, senti como se estivesse desabando e perdendo a consciência, como se estivesse desmaiando. Eu estava sem ar, e A chamei imediatamente e percebi naquele mesmo instante a Sua presença dominante na forma de uma estrela feita de luz branca brilhante que estava instantaneamente lá, em mim, comigo. Esse foi um enorme momento ahá! Percebi quanto eu estava ansiando por Deus, e um profundo estado de transe extático de reunião apareceu e continuou cada vez mais fundo em mim, conforme os dias e as noites passavam.

Comecei a contemplar o mundo, os arredores, os momentos que se desdobravam e uma profunda paz e aceitação do que é assumiu seu lugar, se expandindo cada vez mais dentro de mim. Eu estava ficando literalmente mais e mais extática e fora do modo de separar as coisas, de defini-las rigidamente ou de julgá-las.

A meditação de síntese no final do retiro de Tara foi diferente, de novo. Eu já estava em um estado profundo e natural de gratidão. Subitamente, Ela manifestou Sua Graça na forma de uma linda luz verde brilhante que me rodeou, elevando-me e levando-me em um transe extático profundo e repentino, em que sentia explosões de luz e felicidade intensa não só em todas as células do meu corpo físico, mas também muito fora dele, em camadas e camadas. Senti que dificilmente podia conter tanta felicidade. Ela me fez chorar e rir ao mesmo tempo. O estado extático estava se expandindo cada vez mais, e não havia mais "mim", nada além de puro êxtase cósmico. Eu estava leve como uma pena, sem sentir meu corpo, como se ele fosse feito de pura luz de êxtase. Eu nunca tinha experimentado êxtase com tanta beleza e paz.

Essa foi uma manifestação da Graça divina que curou meu coração e tornou possível o primeiro passo fundamental na direção da inteireza. Ver beleza em tudo também foi parte da experiência.

Depois disso, ficou mais natural para mim me concentrar e apagar a voz de dúvida que às vezes reaparecia na minha mente. As coisas "se encaixaram", e eu comecei a viver uma bela simplicidade, por cerca de três meses. Isso se transformou em uma percepção-consciente cósmica cheia de êxtase, um chamado constante para uma vida saudável, coerente e feliz, com significado. A percepção constante era de um espaço e de um tempo sagrados, sem fronteiras nem limitações, nem no interior nem no exterior.

Nada além de existência, êxtase e luz puros. Eu me sentia renascida de um modo absolutamente milagroso e banhada em pura Graça condensada. As marcas no meu coração tinham desaparecido e ele se abria cada vez mais. Meu relacionamento com Deus foi restabelecido. Todo o meu ser tornou-se vivo e, embora profundamente feliz e alegre, ele permanecia de modo geral em um estado de contemplação da beleza do mundo e da magia de cada momento. Eu nunca tinha visto tantos pores do sol incríveis, e o céu e o ar nunca estiveram tão vivos e divertidos. Nunca houve flores, árvores, grama e animais à minha volta tão engraçados e fofos, nem pessoas tão fantásticas, cheiro do ar tão maravilhoso, meu coração tão em paz e silêncio tão pleno e misterioso.

Muitas vezes eu tinha períodos cheios de êxtase sem pensamentos, e uma gratidão transformadora, profunda e contínua diante de tudo o que existe, compreensão e amor pela natureza humana e tristeza pela dor do mundo, especialmente pela dor que havia causado aos outros enquanto andava por aí com o coração de pedra (isso é o que fazemos realmente quando sofremos, nós também ferimos os outros).

O sentimento simples de ser, apenas gratidão e maravilhamento ficaram em mim, junto com mais lucidez. Algo amplo e misterioso estava se expandindo em mim, e muitas vezes eu percebia como se o mundo externo estivesse se movendo ou simplesmente estivesse parado, só existindo dentro de mim. Eu me sentia como se o vento soprasse as folhas das árvores dentro de mim; outras coisas, animais ou pessoas eram sentidos como parte de mim, como se estivessem dentro de mim. Universos e mundos pequenos se tornavam amplos e vívidos, e eu os contemplava, maravilhada. O ritmo da vida tinha mudado. Eu me sentia cheia de assombro e gratidão por ser parte de Tara, por pertencer completamente a Deus e por meu lar ser pura luz.

Essa foi a experiência específica daquela semana. Sem álcool nem drogas no meio. Apenas coração puro, aspiração, o momento e o ambiente "certos" e a pura Graça (pela qual eu sou eternamente grata) que me prepararam para essa experiência significativa. Parte dos métodos mencionados aqui é, na verdade, um passo a passo e foi desenvolvida com sabedoria. Reparei também que parte de uma boa preparação para atrair o que chamamos de "graça divina" (com os respectivos saltos supramentais) é um estado intenso e genuíno de aspiração de elevação, uma intenção clara e pureza no coração. (É claro que ter o que chamamos de "bom karma" e estar na presença de pessoas evoluídas torna tudo ainda mais bonito.) Não usei nenhum tipo de imaginação nem projeção em nenhuma dessas experiências. Algumas vezes, parece que a Graça corre atrás de você... ou, como se fosse, com uma paciência cósmica, esperando... mas, em momentos raros, quando algumas condições são cumpridas, alguns "portais" podem se abrir. O único "problema" que sobra para ser trabalhado depois é a questão da manifestação, em que você corporifica o que conseguiu. Isso é bem importante, e eu notei que muitas pessoas param nesse estágio. (Leia mais sobre isso no capítulo a respeito da criatividade.)

Vou compartilhar agora uma segunda experiência de cura integrativa, um ano depois, que também está relacionada com o arquétipo de inteireza. Isso aconteceu durante uma véspera de ano novo, em um retiro silencioso de sete dias de revelação do *self*. Existem algumas etapas na preparação que podem ajudar muito depois de passarmos por elas. Eu não estava esperando nada, mas, ao mesmo tempo, estava completamente aberta para o Bem.

Enquanto eu estava me concentrando no coração e buscando acessar o espaço do coração (*o coração espiritual*), no segundo dia do retiro, repentina e inesperadamente, toda a perspectiva que eu tinha em relação à vida foi modificada. Em um só instante. Tudo o que parecia ser fraqueza e que não fazia sentido anteriormente agora aparecia de uma maneira maravilhosa. Todas as coisas se encaixaram em seu lugar naturalmente.

Um sentimento de ordem perfeita surgiu e, junto com ele, havia o sentimento de entrar no vasto espaço do coração em um estado de continuidade de consciência, que era novo para mim. O sentimento era realmente como se um vácuo estivesse simplesmente chamando intensamente e me engolindo, bem ali, para dentro do coração. Quase continuamente naqueles dias havia uma forte ativação da energia percebida não só no nível do chakra Anahata (o cardíaco), mas também no nível dos chakras Sahasrara (coronário) e Vishudha (laríngeo).

A identificação com as outras pessoas ou processos se tornou natural. Eu provei pela primeira vez a doce e pura paz do coração, por horas seguidas, realmente a percepção de que eu era o coração, e que o coração é o que eu sou (o coração espiritual). Esse tipo de estado é muito mais do que qualquer tipo de amor por outra pessoa. É profundo e totalmente gratificante. Meu coração literalmente ficou feliz e, a cada dia, um estado de gratidão se ampliava.

Isso se estabilizou durante esses dias, enquanto tudo estava se tornando vivo dentro de mim e ao meu redor: capacidades ou energias esquecidas, aspirações, ideais profundos, até mesmo as cores, o ar, pessoas, tudo estava cheio de vida, de algo novo para mim e muito querido. O coração estava palpitando no meio do meu peito como se fosse um novo órgão, "despido" e muito sensível, mais definido e cheio de vida. Então eu descobri com surpresa que meu coração era perfeito, sem nenhum problema. A cada dia que passava, meu coração estava se tornando cada vez mais vivo, e todas as outras coisas também.

Então, comecei a sentir a necessidade de ir ainda mais fundo; havia algo misterioso e oculto no meu coração que estava me chamando e pelo qual eu ansiava. Eu tinha a intuição de que, a fim de ir adiante, precisava de mais humildade. Então, eu comecei simplesmente a fazer karma yoga na cozinha e, dessa maneira, o obstáculo percebido como algo que envolvia o coração se derreteu bem depressa.

No dia seguinte, enquanto eu estava meditando em *Matangi*, outro grande aspecto do poder cósmico da Mãe Divina, algo aconteceu. Eu me tornei um imenso e sólido canal de luz, sentindo-me viva com a vida divina dentro de mim, em cada célula e na minha respiração. Um êxtase contínuo de luz viva, extremamente dinâmico dentro de mim, estava vertendo por todo o meu ser, mesmo através dos olhos. Silêncio, amor, paz e uma gratidão tão intensa e profunda que parecia que estava me despedaçando, explodindo dentro de mim, de tanto bem que havia ali.

Desde esse dia, os estados meditativos foram mais profundos. Com um anseio contínuo e uma aspiração ardente, eu estava me rendendo cada vez mais ao meu coração. Havia essa substância doce, um pouco parecida com menta, que pingava dentro da minha boca, do palato, e em grandes quantidades... Eu sabia que isso era o *soma* do qual os indianos antigos falavam. Eu o sentia vertendo sobre todo o meu corpo, e havia a sensação de estar sendo dissolvida gradualmente em uma felicidade indescritível, paz e em profundo relaxamento. Como se eu estivesse me derretendo pouco a pouco, pedaço a pedaço, até fisicamente, em luz.

Isso se manifestou por alguns dias, junto com um despertar para uma vida interior muito viva.

Nos últimos dias do retiro, fizemos uma meditação sobre revelar o *self* divino por meio da graça de todos os autênticos mestres espirituais. Conforme eu me centrava no coração, bem nessa área, de repente pareceu que uma erupção de luz inesgotável se expandiu instantânea e circularmente em todas as direções. Algo incontrolável e inesperado. Surgiu um estado de doce paz e felicidade extática, mesmo não tendo nada de emocional nele; era um estado da simplicidade máxima possível de ser concebido. Natural, normal e humilde. Ao mesmo tempo, eu sentia que não estava mais separada de tudo que existe, sem barreiras ou contradições ou tensões. Eu estava tão profundamente relaxada que percebia estar ficando transparente e extremamente confortável, como um floco de neve. Eu tinha vontade de voar e dançar de felicidade. Além disso, havia uma energização intensa e significativa dos chakras Anahata e Sahasrara, um estado de ser que era centrado, lúcido e claro. Era esse estado de êxtase, sentir-se bêbado com tanta felicidade e simplicidade, que prevalecia. Esse sentimento doce, simples e confortável era o que eu sempre tinha procurado. Depois disso, durante alguns meses, eu me senti livre, pura e tranquila.

capítulo 15

a exploração dos grandes arquétipos: a jornada da alma na direção da inteligência supramental

Existem muitos arquétipos do supramental: amor, beleza, justiça, abundância, inteireza, bondade, poder e verdade são alguns dos principais. Em nossa jornada de transformação além do nível 3 de felicidade, temos de explorar cada um dos principais arquétipos com a criatividade fundamental interna. O objetivo básico é mover-se além da inteligência mental e emocional por meio de circuitos cerebrais que não nos trazem a felicidade incondicional.

Cada exploração criativa nos dará o proveito da capacidade de corporificar esse arquétipo em relacionamentos de hierarquia entrelaçada que não só nos ajudam a equilibrar o negativo em nossa vida, mas também corporificam o arquétipo dessa emoção em nosso caráter, como parte de nossa alma. Não podemos deixar de agir de acordo com o que o arquétipo demanda de nós em nosso relacionamento com pessoas.

Precisamos descobrir a verdade viva de todos os temas espirituais da vida – beleza, justiça, abundância, inteireza e de outros valores respeitados em todos os tempos –, e também da inteligência supramental, embora no nível da alma.

A dicotomia bem-mal do inconsciente coletivo: moralidade e ética

O esforço de nossos ancestrais da era da mente vital em fazer representações dos arquétipos platônicos em geral nos deu os arquétipos junguianos do inconsciente coletivo, muitas vezes divididos em dicotomias. Dessa forma, por meio do inconsciente coletivo, também experimentamos a dicotomia em muitas áreas arquetípicas de nossa vida, e não compreender como lidar com essas dicotomias cria um conflito interno.

Uma dicotomia importante é entre o bem e o mal. Nós temos um "lado sombrio" além de um "lado luminoso" em nossa personalidade. É por isso que pessoas aparentemente "boas" às vezes fazem coisas "más".

Contudo, do mesmo modo que Amit fez com o amor, usando os opostos para criar novas possibilidades do inconsciente para precipitar a escolha consciente, a dicotomia do bem e do mal pode ser usada para nos levar a um salto quântico, para uma bondade que transcende o bem e o mal.

As religiões introduzem o conceito da moralidade como a solução da dicotomia entre o bem e o mal: "Seja bom porque essa é a coisa moral a fazer". É claro que, devido à divisão junguiana no inconsciente coletivo e nos circuitos cerebrais emocionais negativos, nós não podemos ser bons só por desejar isso. Temos de estudar o arquétipo da bondade criativa e descobrir diretamente a verdade da ética. Desse modo, por meio da criatividade, podemos superar o software integrado das emoções negativas que o inconsciente coletivo representa.

Se nosso sistema educacional o incentiva a verificar a ética por meio de sua própria criatividade (isso acontecerá quando a educação mudar de informação para transformação), mesmo passando pelo estágio de preparação da criatividade em busca da ética, você será um ser humano melhor. Pois é um fato que, quando finalmente você der um salto quântico para a verdade da ética, o circuito da bondade da emoção positiva que você constrói no cérebro será bastante adequado para superar sua negatividade herdada pela evolução, o mal, embora possa levar algum tempo para corporificar (manifestar) seu *insight*.

Outras dicotomias arquetípicas

Bem e mal não é a única dicotomia que provoca problemas e divisão entre os seres humanos. Aqui está outro arquétipo em que experimentamos a dicotomia arquetípica por meio do inconsciente coletivo: a dicotomia verdadeiro-falso. Em termos platônicos, a verdade é absoluta, o falso é simplesmente ignorância da verdade. Por causa da dicotomia verdadeiro-falso de nosso inconsciente coletivo, tendemos a dar ao "falso" muito mais importância do que ele merece. Os noticiários de hoje, por exemplo, algumas vezes ficam obcecados em manter um equilíbrio entre notícias verdadeiras e falsas em vez de simplesmente enfatizar a verdade.

O mecanismo cerebral da construção do ego-persona, a memória reconstrutiva, insere a inautenticidade em algumas das máscaras da persona que usamos, auxiliado por nossos instintos emocionais negativos.

Outra dicotomia do inconsciente coletivo é a que existe entre beleza e feiura, que pode ter muito a contribuir para o racismo. Branco é belo, negro é feio, segundo as imagens de nosso inconsciente coletivo. O arquétipo da beleza, no sentido platônico, é cego para cores, é claro.

A psicóloga social Jennifer Eberhardt encontrou evidências empíricas para essa ideia. Em seu experimento, ela expôs as pessoas subliminarmente a rostos – um conjunto de rostos negros e um conjunto de rostos brancos. Então, ela mostrou aos sujeitos uma imagem borrada de um objeto que ela progressivamente tornou cada vez mais clara. Alguns dos objetos eram relacionados ao crime, como revólveres e facas; outros eram neutros, como guarda-chuvas e câmeras. Ela encontrou um viés nítido nas pessoas: olhar para rostos negros subliminarmente por alguns milissegundos leva as pessoas a escolher revólveres e facas muito antes, e reduz significativamente seu tempo de reconhecimento.

Para chegar à inteireza, precisamos integrar também todas essas dicotomias. Integrar as dicotomias arquetípicas consiste, finalmente, em explorar todos os principais arquétipos e levá-los à manifestação.

Será que vale a pena integrar essas dicotomias? O grande Swami Vivekananda costumava se vangloriar sobre seu guru Ramakrishna: "Meu guru tem os olhos mais bonitos". Algumas pessoas lhe diziam: "Você é parcial. Os olhos dele são olhos comuns". E Vivekananda sorria e dizia: "Onde vemos feiura e beleza, o meu guru só vê beleza. É por isso que ele tem os olhos mais bonitos, que não discriminam essas dicotomias".

De fato, Ramakrishna tratava todos do mesmo modo, ricos e pobres, intocáveis e pessoas de casta elevada, prostitutas e brâmanes. Será que não vale a pena ter essa capacidade?

Despertar o supramental

Centrar-se no coração não é apenas se focalizar. Não é só projetar sua atenção em seu coração, nem pensar sobre seu coração, mas estar ali no seu coração quando a experiência surge. Você perceberá no coração tudo que acontece, pois você já está lá. Por exemplo, se ouvir um ruído, você o sentirá no coração, e não na cabeça. Tente primeiro sentir na cabeça, como os animais fazem quando ouvem. Depois, leve gradualmente o coração para o cenário da ação.

O centramento no coração nos enraíza no momento presente. Conforme nos aprofundamos cada vez mais em nosso coração, nos aprofundamos no coração do tempo, que é o momento presente. Para isso, experimente sua percepção-consciente no coração, e desfrute estar lá, cada vez mais centrado. Conecte-se com seu corpo. Isso vai acalmar sua mente, pois o corpo não está no passado nem no futuro. Você pode fazer isso simplesmente observando sua respiração, como uma testemunha perfeitamente desapegada. À medida que se centra mais profundamente no coração, você vai se sentir cada vez mais presente, cada vez mais você mesmo e cada vez mais aqui e agora. Da mesma maneira, ao usar essa técnica com um parceiro correlacionado, você pode aprender a se centrar ao mesmo tempo no coração de outra pessoa.

Estar presente em dois corações ao mesmo tempo

Nessa técnica, nós focamos o nosso corpo e o corpo de outra pessoa. Não estamos nos relacionando com a outra pessoa com o pensamento, como o ego mental ou a mente, mas com a *energia vital, com o self do coração*. Nós unimos as essências vitais. Isso correlaciona o outro e nós. Precisamos focar simultaneamente o nosso coração e o coração da outra pessoa (coração espiritual). Colocamos nossa percepção-consciente igualmente em nós mesmos e no outro. Isso é melhor quando feito com alguém que é muito próximo de nós. Podemos fazê-lo com qualquer pessoa, e com todos os seres vivos (animais, plantas) porque em tudo que está vivo existe a potencialidade da consciência Una.

Escolha uma pessoa, idealmente alguém que lhe seja muito querido. Você precisa estar plenamente presente em si mesmo e plenamente presente no outro, da melhor forma que puder. No nível do inconsciente quântico, isso é completamente possível; isso vai acontecer. Você precisa esquecer tudo o que sabe (e todos os julgamentos) sobre seu corpo e também o corpo do outro. Você pode manter os olhos abertos ou fechados. Porém, o exercício é mais fácil com os olhos fechados. Você pode fazer isso com alguém que esteja perto de você, ou alguém muito distante, ou com várias pessoas ao mesmo tempo. Você precisa estar completamente livre de julgamentos, simplesmente observando e experimentando a percepção-consciente pura. O sinal de que estamos fazendo isso certo é um estado de profundo relaxamento, profunda paz. Então, só mantenha o processo. Não faça nada do modo como está acostumado. Só permaneça presente. Em geral, mesmo alguns segundos são o bastante para desencadear uma experiência muito poderosa.

O nível do ego tem baixa energia. A energia mais elevada nos leva para o nível supramental. Precisamos de uma forte energia para chegar lá. O Swami Adinathananda, mestre do shivaísmo da Caxemira, descreveu esse processo de um modo muito belo.

Antes de tudo, você precisa se centrar no coração e até mesmo esquecer tudo o que sabe sobre o próprio corpo. Depois se projete no coração do outro. Por meio dessa empatia, seus corações se tornam perfeitamente sintonizados no nível da essência. Sinta o despertar do supramental, e os limites da percepção desaparecendo. Esse é o elemento-chave da técnica. Depois de retornar a seu estado normal, repita a técnica várias vezes.

Essa técnica é maravilhosa para purificar e transformar qualquer relacionamento, até mesmo mais do que o perdão e a reconciliação. Nós restabelecemos esse relacionamento como um espiritual. Você vai se sentir livre de todos os relacionamentos doentios que estão drenando a sua energia. Essa é uma maneira completa de superar todos os problemas que podem aparecer em qualquer relacionamento.

A técnica é maravilhosa para um casal. Todos os mal-entendidos, todos os conflitos de ego serão transformados em um estado ideal desse casal quando o salto quântico acontecer. Isso também pode ser feito com um mestre liberado que faleceu; é suficiente ter uma foto do mestre. Você está se conectando com a memória não local do mestre liberado.

O despertar da inteligência supramental no nível da alma (buddhi)

Conforme nossas realizações arquetípicas se acumulam, inicia-se a mudança da identidade do ego para um relacionamento mais equilibrado do ego com o *self* quântico. Essa mudança é uma parte importante do despertar da inteligência supramental no nível da alma, chamado de *buddhi*, em sânscrito.

Etimologicamente, inteligência vem da raiz da palavra *intelligo*, que significa "selecionar entre". Apropriado, não é? De fato, com o despertar de *buddhi*, não podemos errar em nossa seleção. É por isso que ela também é chamada de *inteligência discriminativa*.

O nível buddhi do ser traz uma bem-vinda liberdade da autopreocupação e da preocupação com o mundo material que promove relacionamentos transacionais. Você pode às vezes sentir essa liberdade quando canta no chuveiro ou caminha nos bosques, talvez até em alguns relacionamentos como mãe-filho ou românticos. Você consegue imaginar sentir esse tipo de liberdade durante o que chama de tarefas domésticas, o que você chama de tédio ou mesmo o que chama de sofrimento? É como dançar pela vida. "Você vai, não vai, você vai, não vai, você não vai se juntar à dança?" Esse convite exuberante de Lewis Carroll está sempre aberto a todos nós, mas florescemos nessa dança apenas quando a inteligência supramental desperta. Leia o que o grande místico/poeta sufi Rumi diz sobre os arquétipos:

> *As jornadas [arquetípicas] trazem poder e amor*
> *de volta para você.*
> *Se você não pode ir a algum lugar,*
> *mova-se nos caminhos do self [quântico].*
> *Eles são como raios de luz,*
> *sempre mudando, e você muda*
> *quando os explora.*

capítulo 16

a integração da cabeça e do coração

Para que a inteligência supramental desperte plenamente mesmo que esteja comprometida, mesmo que seja apenas no nível da alma da mente mais elevada e do vital mais elevado, precisamos integrar plenamente o mental e o vital: cabeça e coração. O problema principal aqui é que o *self* de pensamento do cérebro é um ego forte. Falando evolutivamente, estamos no estágio da mente racional. Sob a égide do materialismo científico e do advento da tecnologia da informação, até mesmo muitas mulheres nos Estados Unidos agora ficam ofendidas se são chamadas de emotivas. Em contraste, por causa da diferença homem-mulher, pelo menos um dos dois *selves* no corpo é fraco; no homem, é o *self* do coração que é fraco; na mulher, é o umbilical.

O que se perde é nossa capacidade de sentir amor no corpo. Pense sobre isso! Como você pode verdadeiramente amar outra pessoa sem amar a si mesmo? E vice-versa. Como você pode amar a si mesmo sem saber que o amor é uma expansão de consciência, não uma contração como no narcisismo?

Só quando integramos o umbigo e o coração, desenvolvemos a experiência unificada do *self* no corpo, um *self* centrado na experiência do sentimento. E isso é o que chamamos de *despertar* do *coração* nas tradições espirituais.

Conforme os homens descobrem o chakra cardíaco por experiência direta mesmo em relacionamentos não românticos, ficam surpresos por notar que realmente não têm de ser os "homens de ferro" que tentavam ser. Do mesmo modo, quando as mulheres descobrem o chakra umbilical e o autovalor, percebem que não têm de entrar para o clube dos corações solitários se não tiverem um homem para amar.

Desse modo, a inteligência emocional que começa com a criação dos circuitos cerebrais emocionais positivos se torna madura com a integração da identidade dos chakras individuais masculinos e femininos.

Há algum tempo, eu (Amit) vi uma peça chamada *Cloud Nine*. Um de seus episódios retrata uma mulher idosa solitária que nunca tinha se masturbado. Na última e tocante cena, ela aprende a fazer "isso", que foi representado no palco como a mulher dançando consigo mesma e despertando para o autoamor e a inteligência emocional.

Será que homens e mulheres pensam de modo diferente?

Nós já falamos de integrar os aspectos de sentimento da diferença masculino e feminino, os *selves* do corpo. E o pensamento? A socióloga Carol Gilligan, no livro *Uma voz diferente* (Rio de Janeiro: Rosa dos Tempos, 1982), escrito no auge do movimento feminista na década de 1970, propôs um modelo de diferença homem-mulher com base em como as pessoas pensam, não em como sentem. Esse trabalho era diferente da primeira onda de feminismo na época, pois não parou na sugestão de que as mulheres não pensam hierarquicamente como os homens.

De um ponto de vista espiritual e ético, o pensamento não hierárquico é melhor do que o pensamento hierárquico. Você está ouvindo o *self* quântico, hierarquia entrelaçada, certo? Não tão depressa, disse Gilligan corretamente. Todos nós, até mesmo as mulheres, precisamos passar por estágios de transformação antes de conseguirmos nos soltar do hábito de impor a hierarquia simples do ego/persona em nossas ações.

O que o pensamento não hierárquico significa? Pensar com amor, pensar em dar prioridade ao relacionamento. Sim, as mulheres entre nós têm alguma capacidade natural em fazer isso porque o coração delas é mais aberto do que o do homem; a biologia e a sociedade fazem isso. Será que isso torna melhor o pensamento feminino? Depende. Não esqueça que as mesmas tendências biológicas e sociais dão às mulheres uma identidade umbilical fraca, menos autorrespeito, o que sempre compromete o amor pelo outro. Dessa maneira, haverá uma contradição na tentativa feminina de se comportar de modo não hierárquico. Seria um erro pensar que todas as mulheres ou mesmo a maioria das mulheres do Ocidente dominador e colonizador estavam contra o domínio ou que as mulheres no interior do sul dos Estados Unidos sempre se opuseram à Ku Klux Klan. Parece melhor concluir com outra feminista, Barbara Ehrenreich, que "um útero não substitui uma consciência" e parar por aí.

É por isso que o melhor é primeiro integrar o umbigo e o coração, desenvolver um *self* claro do corpo que chamamos de *nosso coração*. Se fizermos isso, então o pensamento masculino e o feminino tornam-se harmonizados depois de alguma prática.

Consciência, moralidade, viveka e tudo isso

Toda sociedade tem um conceito de moralidade ou consciência que é chamado de *viveka* em sânscrito. É uma capacidade de distinguir entre bem e mal ou de fazer a coisa certa, de ser justo, de amar. Em outras palavras, não existe uma só definição, exceto que podemos discriminar entre bem e mal ou justo e injusto; existe uma capacidade inata.

A metafísica espiritual da unidade sustenta essa capacidade de discriminação; ela dá lugar ao conceito de moralidade. Hoje, o conceito de *moralidade* não é mais aplicado para guiar a ação das pessoas, pois o materialismo científico desafiou essa ideia.

No Ocidente, em especial, tem havido muito esforço para formular uma ciência da ética, e alguns grandes filósofos se dedicaram a isso – Espinosa e Kant, só para lembrar dois deles. Kant teve a ideia do imperativo categórico: é imperativo para os seres humanos agir de modo moral e ético.

As religiões usam o medo para instituir a moralidade na sociedade: é pecado agir sem ética. E você tem de pagar por isso depois da morte. No cristianismo, você é mandado para o inferno; no Oriente, você reencarna como um animal e permanece desse modo pelo menos até pagar sua dívida cármica para a pessoa a quem fez mal.

A ética é legítima na visão de mundo quântica, não localidade – unidade implica isso, mas a não localidade não é imperativa porque a consciência una não é imperativa; eu não tenho de me tornar correlacionado com você. Quanto à punição para o comportamento não ético, a visão quântica é de que as pessoas já estão sendo punidas por seu comportamento; elas não conseguem acessar suas potencialidades.

Quando fazemos um esforço para ter um relacionamento não local e de hierarquia entrelaçada com os outros, começamos a desenvolver uma consciência ou poder de discriminação entre bem e mal, justo e injusto, beleza e feiura, verdadeiro e falso. Essas dicotomias são o produto de nossa história antropológica, a representação arquetípica incompleta no nosso inconsciente coletivo. Quando essas dicotomias são transformadas, integradas e transcendidas, então temos a capacidade de discriminar corretamente.

Sem integrar as dicotomias, sem integrar o umbigo e o coração, os homens modernos tentam fazer isso com leis e justiça; em outras palavras, empregando conceitos incompletos dos arquétipos de verdade e justiça, sem importar de onde venham, talvez principalmente da religião e um pouco de pais e professores.

As mulheres, sem a integração dos sentimentos no corpo, tentam fazê-lo com noções incompletas de bondade e amor. Eu já mencionei o trabalho de Gilligan; ela vê corretamente a diferença de pensamento entre homens e mulheres desse modo.

Na espiritualidade quântica, primeiro integramos os dois *selves* do corpo, e assim nossos sentimentos falam sem ambiguidade a partir de uma voz forte: o coração. Bondade e amor estão presentes; a representação em termos de sentimentos é importante para esses dois arquétipos. Por outro lado, para os arquétipos de verdade e justiça, é o *self* de pensamento do cérebro que temos de envolver. Integrar coração e cabeça também é integrar todos os quatro arquétipos para nos capacitar a encontrar a ação apropriada. Então, inteligência supramental.

O despertar do coração de Amit

Já contei aqui o sonho com minha *anima*. No sonho, essa jovem partiu e disse "Estou indo para Londres", mas ela prometeu voltar. Em 1998, eu me apaixonei e me casei com uma linda mulher vinte anos mais jovem do que eu. Foi meu terceiro casamento. Imediatamente, reconheci isso como o retorno da *anima* da minha vida e, nos cinco anos seguintes, desfrutei o nosso relacionamento, mas não fiz nada para integrar minha *anima* dentro de mim.

Quando o impulso romântico invariavelmente acabou, como sempre acontece, eu tive de dar atenção como contei no Capítulo 13 e, finalmente, isso terminou com minha revolução com um *insight* sobre o amor incondicional. E então a questão da criatividade vital voltou para mim. Como sinto o amor por minha parceira no coração, de modo independente do cérebro?

Em outras palavras, como torno conscientes os *selves* do corpo – umbigo e coração? Comecei a praticar a integração das energias do umbigo e do chakra cardíaco como uma hierarquia entrelaçada. A medicina tradicional chinesa também propõe a ideia de que, no nível vital, os componentes vitais dos órgãos influenciam-se mutuamente, um fato sustentado pelos dados que revelam que dar atenção aos meridianos entre eles ajuda na saúde dos órgãos do coração.

Muitos anos atrás, sob a orientação de um professor, eu li um livro de um místico cristão que não entendi muito, mas mesmo assim gravei o nome: *Praticando a presença de Deus*. Essas palavras voltaram para mim e me inspiraram a começar uma prática a que dei o nome de praticar a presença do amor. Ela consistia em meditar sobre o amor no coração. Eu a fiz no mesmo espírito em que faço *japa*, repetindo silenciosamente um *mantra*: manter a percepção-consciente do amor no coração, sempre que me lembrava. Depois de algum tempo, ela se tornou estabilizada; sempre que verificava, o coração tinha amor nele e parecia expandido.

Então, um dia, o milagre aconteceu. Há muitos anos, eu tive a experiência de *samadhi* no auge de uma meditação *japa* por sete longos dias, como você se lembra (veja o Capítulo 1). Depois dessa experiência, permaneci dois dias em um estado em que amar o outro era incondicional e obrigatório. Esse estado voltou. Mas não com tanta intensidade e efeitos especiais.

Eu estava falando com uma mulher que claramente se comportava como um adversário; havia muito antagonismo entre nós. De repente, meu coração enviou um sinal, e todo o antagonismo que eu estava sentindo simplesmente desapareceu. Eu só podia amar a mulher, apesar de todo aquele antagonismo. Meu coração estava aberto. E ele fazia ouvir a própria voz! Depois de quarenta anos de ausência, o amor incondicional e inclusivo tinha retornado para mim.

Na noite sobre a qual escrevi, eu não consegui dormir; alguma coisa me incomodava. Era a "surpresa ahá" que tinha vindo com um salto quântico. Eu nunca tinha sentido isso na minha exploração do arquétipo do amor; se houvesse surpresas, elas eram pequenas sacudidas, não a grande que eu antecipava.

Depois me dei conta de que havia sido um momento ahá. Essa experiência em 1976, quando senti amor e nada além de amor por todos com quem interagia, foi meu grande momento ahá de criatividade fundamental e o *insight* do arquétipo da inteireza. Eu estava tão despreparado que não só nem percebi isso na hora, mas também continuei no estágio da manifestação dessa percepção criativa desde então, sem saber disso.

Será que a inteireza já estava na minha frente em 1976, e o amor também? Isso mesmo. No Capítulo 1, falei sobre a experiência de cristalização em que soube que meu arquétipo escolhido para esta vida é a inteireza. Um ano depois, eu me casei com minha segunda esposa, uma mulher branca norte-americana, que me disse: "Eu amo você, mas não estou apaixonada por você. Vejo que tem algo em você que é muito puro e que me atrai muito. Então, vou me casar com você". Então, de fato, a inteireza e o amor estavam à minha frente para serem explorados.

Voltando um pouco. Por que era importante integrar meu inconsciente masculino e feminino dentro de mim antes de poder amar outra pessoa incondicionalmente e abrir de fato o meu coração? Tem a ver com o autorrespeito. Se eu não puder amar e respeitar meu coração, como posso amar e respeitar o de outra pessoa? Se eu não puder amar e respeitar minha cabeça, como posso amar e respeitar a de outra pessoa?

Uma nota especial. Aqui estão as instruções específicas para a meditação da prática da presença de amor. Simplesmente leve sua energia para o chakra cardíaco, visualizando alguém que você ama ou de qualquer outro modo que você aprendeu a fazer o coração se avivar. Sustente a energia por alguns minutos. Então, conforme o dia passa, verifique periodicamente se a energia ainda está ali no coração. Se estiver ali, ótimo; se não, traga-a de volta. Depois de algum tempo, a energia no coração vai se tornar internalizada: para qualquer lugar que olhar, você encontrará a energia no seu coração.

Mais exercícios

A fim de permanecer por mais tempo em um estado supramental, você pode usar uma "âncora" para sua atenção nesse nível. Uma "âncora" muito forte é a concentração no momento presente. O momento presente é uma das maneiras mais efetivas de entrar e se manter no nível supramental, uma vez que é apenas no momento presente que a mente inferior (*manas* em sânscrito) será bloqueada.

Você está se concentrando na mente no momento presente e gradativamente a agitação mental começa a diminuir e a desaparecer. A mente é um instrumento, um veículo para sua consciência. O momento presente é aquele em que apenas a consciência "vive" e nenhum veículo pode entrar. Siga o silêncio e não se preocupe com o barulho que se perdeu no caminho.

Outra âncora fácil da atenção é se concentrar em uma percepção totalmente nova com uma ação, "o caminho menos percorrido" ou ainda não percorrido, pois, segundo um dos princípios universais fundamentais, esse ato acontece com o centramento no presente. Experimente estar atento e consciente sempre que tiver a percepção de que algo novo está surgindo e note os efeitos.

capítulo 17

iluminação quântica

No Capítulo 1, eu (Amit) descrevi minha revolução criativa com um *insight* de amor inclusivo — inteireza. Eu não fiz nenhuma preparação conceitual; se houve alguma, eu não a premeditei. Eu não sabia o que era processamento inconsciente ou *do-be-do-be-do* (fazer-ser-fazer-ser-fazer). Apenas fiz uma meditação *japa* de sete dias com tanta sinceridade quanto fui capaz. Eu tive sorte. Você pode chamar isso de mente de iniciante, Graça Divina ou o que quiser.

Como se explora sistematicamente o arquétipo da inteireza? Alguma integração das três principais dicotomias da condição humana é um grande passo do estágio da preparação do processo criativo para a exploração da inteireza. Inicialmente você emprega a criatividade situacional. Depois, explora o próprio arquétipo em forma verdadeira. O processo criativo aqui é o da *criatividade fundamental*.

Para recapitular, o processo básico é *do-be-do-be-do*. O propósito de "do" (fazer) é criar novas ideias de imaginação — pensamento divergente — como sementes para expansão em *pools* de possibilidade plenamente abertos por meio da fase "be" (ser) do processamento inconsciente para que a consciência escolha. Ideias de *insight* podem surgir, ideias integrativas. Procure o elemento de surpresa e o elemento de convicção — eu sei. Sendo humano, inicialmente você vai cometer erros ao avaliar essas ideias de *insight* em relação à surpresa: pensamento carregado de desejos. Não desanime. Os fracassos são as bases do sucesso. A convicção vai faltar se esse for o caso e vai levá-lo de volta a mais *do-be-do-be-do*. Os valores da verdade não podem ser simulados, exceto por psicopatas.

Se você estiver com uma dessas doenças que são condições crônicas — câncer, doença cardíaca, depressão clínica —, deve abordar o caminho de cura, a exploração da inteireza, com a ajuda de um profissional médico. Como nosso interesse é mais na cura do mental/emocional, vamos discutir a depressão como um exemplo. Você pode imaginar se isso é apropriado, pois estamos discutindo a saúde mental positiva. Relaxe! É muito apropriado, se cumprir seu propósito. Muitos místicos falam da "noite escura da alma". Não se engane, isso não dura apenas uma noite! Eles estão falando sobre um tipo específico de depressão. Como você está buscando a inteireza, muitas vezes o resultado é a depressão, que é uma falta de inteireza sentida intensamente. Você encontrou o problema: De que vale a vida humana se não formos inteiros?

Como um terapeuta ajuda? Todos os profissionais de saúde mental estão interessados na própria inteireza. É por isso que escolheram essa profissão. Assim, um terapeuta de confiança (não um psiquiatra, porque eles acreditam na medicina alopática para equilibrar as substâncias neuroquímicas do seu cérebro; eles pensam que toda depressão é causada por desequilíbrio neuroquímico) pode oferecer mais ajuda para alimentar o processamento inconsciente. É como permitir um arranjo de fenda dupla para o processamento inconsciente de seus pensamentos.

E se o seu terapeuta for o que você chama de um relacionamento íntimo, vocês podem até discordar estabelecendo uma dinâmica conflituosa, como ilustrado pelo Minotauro de Picasso (Figura 15). Essas tese e antítese criam possibilidades totalmente novas para a consciência escolher na parte do inconsciente que chamamos *inconsciente quântico* e que as tradições chamam de *morada* de *Deus*.

Então acontece o salto quântico, o *insight* criativo. Não se preocupe, quando o salto real acontecer, você vai saber. Tanto a surpresa quanto a convicção seriam inconfundíveis!

Jiddu Krishnamurti estava certo quando disse: *A verdade é uma terra sem caminhos,* exceto que não ter caminho não significa que um *guru* não seja útil. O papel do *guru* não é definir o caminho, mas agir como um colaborador em uma exploração mutuamente apoiadora e fornecer um espelho e uma fonte de inspiração.

Como você manifesta um arquétipo tão descoberto em criatividade fundamental? Você vive a verdade descoberta sobre o arquétipo em seus relacionamentos. Seus relacionamentos passam a ter hierarquia entrelaçada, incorporando o novo significado descoberto.

O que isso realmente quer dizer? Significa que, nesse estágio, a manifestação consiste no que as tradições espirituais chamam *submeter sua vontade à vontade de Deus.* Na linguagem científica, vivemos nossa intuição com o que Carl Jung chamou de *tipo de personalidade intuitivo.* O cérebro criará memória de sua ação, mas não de seu novo traço de caráter. Esse traço estará permanentemente com você em potencialidade, mesmo em suas encarnações posteriores.

Mitologicamente falando, o herói descobre a verdade de um arquétipo e retorna para ensiná-la. Conforme ele ensina, e à medida que seu novo caráter se manifesta, o relacionamento dele com as pessoas muda da hierarquia simples para a entrelaçada; dessa forma, é dito que o herói se transforma em um salvador.

Falamos muito de transformação na psicologia e também nas tradições espirituais. O que é transformação? Se você disser que é a capacidade de viver no *self* quântico, basicamente essa resposta está correta. Seu centro de gravidade mudou na direção do *self* quântico. Como outra pessoa sabe disso? Qualquer pessoa pode dizer que vive no *self* quântico. Outra pessoa, especialmente seus relacionamentos íntimos, pode saber por meio de sua capacidade de estabelecer um relacionamento empático e de hierarquia entrelaçada com ela. Primeiro no que se refere ao arquétipo que você corporificou no seu caráter, e depois conforme você explora e corporifica mais arquétipos, e finalmente no arquétipo da inteireza, essa capacidade de se engajar na hierarquia entrelaçada em seus relacionamentos com o mundo se transforma em sua maneira de viver. Então, pode dizer que está totalmente transformado. Você tem toda a inteligência supramental de que o nível da alma é capaz.

Mais sobre o estágio da manifestação

Para enfatizar mais uma vez, no estágio da manifestação de um *insight* arquetípico, você não se concentra em criar um circuito cerebral que é efêmero; em vez disso, se concentra em mudar seu caráter. Você se torna inteiro ao lidar com as pessoas; em outras palavras, cultiva essa hierarquia entrelaçada em seu relacionamento conforme corporifica o arquétipo. O cérebro criará memórias de suas ações e essas memórias são úteis em situações em que sua intuição não estiver acessível. Seu novo traço de caráter, que é parte de sua memória não local, será a luz guia da sua vida.

Na psicologia quântica, chamamos isso de "felicidade de existência da alma de nível 5". Você mais ou menos vive em fluxo contínuo com o *self* quântico em suas horas despertas.

Os meditadores de atenção plena, ou *mindfulness*, de longo tempo em uma prática específica de gentileza amorosa mostram evidências disso: o cérebro deles está cheio de atividade gama, aquelas ondas cerebrais de 40 hertz ou de frequências mais altas. Isso é altamente significativo porque o fluxo leva-os para a experiência do *self* quântico cuja assinatura é a explosão gama – uma criação explosiva de movimento gama síncrona de alta frequência no cérebro. Então, naturalmente o imageamento cerebral mostraria a presença de gama de alta frequência. E de fato essas pessoas estão explorando criativamente o arquétipo de amor; elas passam pelo *do-be-do-be-do* em sua meditação. A mente delas é tão lenta que o aspecto *do*

— percepção-consciente — está entremeado com *be* — sem percepção-consciente. E um salto quântico ocorre em algum momento no processo. É claro que isso é difícil de medir. Mas as pequenas franjas de fluxo no estágio da manifestação de seu *insight* criativo deixam uma assinatura no cérebro deles, e é isso que os pesquisadores estão medindo. Leia o livro de Goleman e Davidson, *Traços alterados* (Lisboa: Temas e Debates, 2018).

Um aumento da experiência do *self* quântico com a assinatura clara da atividade gama síncrona é o que eu prevejo que aconteça em pessoas de criatividade interior conforme elas manifestam seus *insights* criativos. Enfatizo novamente: a experiência é chamada *fluxo*. Na nova ciência, esse é um encontro entre o ego e o *self* quântico. O ego dá forma, e o *self* quântico fornece o *insight* e a inspiração. Leia meu livro *Criatividade quântica*.

Nós declaramos: *a realização do arquétipo da inteireza e sua posterior corporificação são também uma forma de iluminação*. Eu a chamo de iluminação quântica porque ela envolve praticamente felicidade contínua que vem dos encontros contínuos com o *self* quântico. Também podemos chamar esse estado de *estado do bodhisattva*. A vantagem de incentivar o cultivo desse tipo de iluminação em nossa cultura atual em relação à iluminação tradicional é enorme. Os buscadores espirituais não têm mais de ficar confusos com toda aquela conversa sobre desistir do ego e imaginar como alguém pode viver sem um ego no mundo atual. Na iluminação quântica, você consegue estar em ambos, no *self* quântico e no ego. Isso não é como ficar com seu bolo e também comê-lo?

Felicidade e inteligência em viver no fluxo

As experiências criativas da manifestação são em parte um encontro alegre com o *self* quântico, às vezes bem prolongadas – o estado de fluxo. Será que é possível viver em um estado de fluxo contínuo? Será que as pessoas fizeram isso?

Vamos recapitular. Quando manifestamos o *insight* criativo no estágio da manifestação, um encontro alegre ocorre entre o ego e o *self* quântico: a experiência de fluxo. Todas as vezes que nos envolvemos na criatividade fundamental para descobrir novo significado em um novo contexto arquetípico, podemos ou explorar mais o novo contexto com muitas investigações da criatividade situacional, ou então investigar outro arquétipo. De qualquer um dos modos, passamos pelo mesmo processo, criando mais experiências contínuas de fluxo.

Na verdade, podemos desenvolver uma vida com uma rede de empreendimentos criativos em que cada empreendimento assume a frente quando estamos descansando de outro. Dessa maneira, nossa vida se transforma em uma experiência de fluxo constante. Esse é um modo de viver alegre com o toque contínuo do *self* quântico. Como é isso? Nas palavras do poeta Walt Whitman:

> *Cada momento de luz ou de treva é para mim um milagre,*
> *Milagre cada polegada cúbica de espaço,*
> *Cada metro quadrado da superfície da terra por milagre se estende,*
> *Cada pé do interior está apinhado de milagres.* [*]

Ou preste atenção nas palavras de outro conhecedor, Rabindranath Tagore:

> *Eu tenho ouvido*
> *E tenho olhado com os olhos abertos*
> *Eu tenho derramado minha alma neste mundo*
> *Buscando o desconhecido dentro do conhecido.*
> *E eu canto em voz alta*
> *Em maravilhamento.*

Esse é o tipo de estilo de vida quântico que é muito apropriado para as pessoas orientadas para a transformação com a

---

[*] Versão extraída da edição brasileira do livro *Folhas de relva*, traduzida por Geir Campos (Rio de Janeiro: Civilização Brasileira, 1964). [N. de E.]

visão de mundo quântica no século 21: viver com um pé firme no chão – ego forte e tudo o mais – e o outro pé na fluidez do miraculoso *self* quântico. É hora de reconhecermos a contribuição das pessoas desse nível – Walt Whitman, Rabindranath Tagore, Mahatma Gandhi e Dalai Lama são exemplos recentes – para a civilização humana. Essas pessoas satisfizeram seu impulso para a inteireza por meio de um novo modo de interagir com os outros. As pessoas comuns interagem com localidade e, desse modo, se tornam correlacionadas. Isso satisfaz seu impulso para a unidade, o "eu" em parte dá lugar a um "nós" maior – unidade sempre que eles se conectam. Essas pessoas de fluxo usam a hierarquia entrelaçada para interagir com outras pessoas quando estão servindo aos arquétipos que descobriram. Dessa maneira, para elas, o significado de nós é um "eu" estendido. As pessoas de nível 5 usam a hierarquia entrelaçada em praticamente todos os seus relacionamentos, pois elas exploraram extensamente a maioria dos arquétipos importantes. Elas vivem no mundo como se *o mundo fosse sua família.*

Vou terminar este capítulo com uma história dos Upanishads. Um jovem, chamado Nachiketa, quer conhecer a natureza da realidade, todo o *shebang*. Quem pode ensinar isso, a não ser Yama, o Deus da morte? Sem mais, o rapaz vai até a morada de Yama e faz jejum e reza. Yama lhe dá uma audiência e fica satisfeito com a autenticidade das perguntas do rapaz. Yama explica a natureza da realidade a Nachiketa e fica tão satisfeito com a receptividade do rapaz que lhe concede algumas bênçãos para que ele possa voltar ao mundo e se distinguir. Deixe que o espírito das últimas palavras de Yama a Nachiketa inspire você:

Levante-se, desperte, entenda e realize suas potencialidades.

É para isso que serve a vida humana!

capítulo 18

o despertar da inteligência supramental em sua verdadeira forma

"Supramental" refere-se ao que está além do vital, além do domínio mental, além de nosso intelecto comum, além da alma, além do que estamos acostumados a processar, entender e comunicar.

Nosso intelecto está sempre oferecendo imagens da realidade, e não a própria realidade. É como uma máquina fotográfica: se a câmera treme, as fotos terão uma qualidade muito ruim e podem estar muito longe da realidade, sem significado nem sentido. O supramental é a "experiência arquetípica com conhecimento e sentimento". Se nós só temos o conhecimento, mas não sentimento, ele é seco e não nos transforma. Se só temos a experiência do sentimento sem o conhecimento mental, não sabemos o que é isso; é nublado, para dizer o mínimo, e não conseguimos mantê-lo.

O conhecimento pode nos ajudar a estabilizar a experiência em nós. Conhecimento + sentimento na experiência é a combinação perfeita, é a abordagem correta ao supramental. É isso que fazemos para o que é chamado "construção da alma".

A primeira vez que eu (Valentina) ouvi falar disso foi nos ensinamentos sobre o Vijnana Bhairava Tantra do Swami Adinathananda. Depois, muitos elementos da visão de mundo quântica foram acrescentados, e todos juntos criaram um efeito integrativo admirável sobre mim, e também sobre os meus relacionamentos. Uma experiência de *insight* criativo supramental pode mudar a vida. A memória ou a representação mental e a associação supramental com ela são suas para sempre. Você pode recriar a memória ou experiência sempre que quiser. A inspiração guia e ajuda você durante o processo de corporificação ou manifestação. É assim que você muda, se transforma e forma a sua alma.

Entenda isso. Nossa "alma-mãe", o supramental em sua forma verdadeira, fala em uma linguagem que não podemos aprender diretamente. Nossos sentimentos a traduzem no movimento de energia. Nossa mente fala sobre isso em linguagem de alma, ainda em palavras. Apenas quando a inteligência supramental em sua verdadeira forma desperta dentro de nós é que podemos transcender este mundo de linguagem de alma. Então, podemos fazer nossa própria simbologia arquetípica deles; por meio de correlações ou associações não locais, os símbolos, quando evocados, nos levarão para o supramental em sua verdadeira forma. Se fizermos isso em uma consciência coletiva tribal, esses símbolos podem se tornar universais. Deve ter sido assim que nossos ancestrais criaram o inconsciente coletivo — todos aqueles domínios de anjos, devas e outros mais.

Observe que toda a pauta de exploração da espiritualidade quântica e do arquétipo da inteireza, verdadeira inteligência mental, inteligência emocional, ética evolucionária e ecologia profunda exigem passagens ocasionais para o domínio do supramental por meio da criatividade fundamental. Se continuarmos fazendo isso em massa, deve ser óbvio que boa parte da humanidade será capaz de crescer para a inteligência supramental quando a próxima etapa de nossa evolução da mente racional para a mente intuitiva ganhar impulso. Assim, em vez de liberação pessoal por meio da exploração do *self*, a inteireza e a evolução serão nossa prioridade.

Essa é uma mudança muito profunda e seu tempo chegou. Quando a liberação é a nossa meta, quando a escolha é liberação ou fracasso, nós nos tornamos exclusivamente centrados em chegar à identidade do *self* quântico, que permanece esquiva. A própria orientação para a realização se torna uma barreira para a meta. Quando nos centramos na evolução e no arquétipo da inteireza, não mais é um tudo ou nada, valorizamos os *insights* obtidos no caminho. Nós nos envolvemos em ética evolucionária para obter *insight* no arquétipo da bondade; nos envolvemos em criatividade na ciência para desenvolver *insights* no arquétipo da verdade; nos envolvemos em estética e nas artes e arquitetura para obter *insights* no arquétipo da beleza e resolver a dicotomia de beleza e feiura; nos envolvemos na prática da inteligência emocional em relacionamentos íntimos para obter *insight* no arquétipo do amor; nos envolvemos em leis, noticiários e até mesmo política para obter *insight* sobre o arquétipo da justiça e do poder; e assim por diante. Esses *insights* são valiosos para integrar essas dicotomias arquetípicas do inconsciente coletivo que nossos ancestrais criaram.

Quando estabilizamos os *insights* obtidos por essas jornadas supramentais que fazemos no modo como levamos a vida, adquirimos características da inteligência supramental. Para alguns, isso pareceria bem imperfeito; nossas representações mental--vital do supramental nunca corresponderão à coisa real, como eles apontariam (corretamente). Isso é o melhor que podemos fazer. Estamos preparando toda a espécie humana para o próximo passo em sua evolução – o ponto ômega, a capacidade de fazer representações físicas do supramental. Não desistimos inteiramente de nossa jornada em direção à liberação, mas nós a colocamos em segundo plano, útil apenas para aqueles poucos que têm *burnout*.

O supramental em sua verdadeira forma está envolvido com a intuição arquetípica que transcende a mente-cérebro, o coração e o umbigo em um processo de compreensão superior do arquétipo com ambos, sentimento e significado, integrados e transcendidos. Como podemos fazer isso?

Atenção! O supramental não é estranho a nós. Está em todos os momentos ahá, revelações, descobertas, quando temos uma perspectiva diferente, momentos em que não somos tão previsíveis, quando simplesmente seguimos nosso coração desafiando o bom senso, quando fazemos exatamente o que sentimos fazer que é não racional (mas não irracional).

O acesso ao supramental em sua forma verdadeira é muito direto, descontínuo no tempo. O desafio é manter a capacidade, permanecer presente, continuar a prática, para que os momentos de revelação não sejam perdidos, se tornem mais frequentes e durem cada vez mais. A abordagem é completamente imparcial. É simplesmente observar com atenção e intenção, experimentar, percepção-consciente pura.

Disciplina tem a mesma raiz que a palavra *discípulo*. Isso implica a capacidade de ser seu próprio discípulo, de seguir seu coração o tempo todo, de ser capaz de perceber as mensagens ocultas que estão além da sua mente, e de segui-las. Se você tem estados de *samadhi* apenas em meditação, isso se torna algo que você chama de *sagrado* — separado da parte mundana da sua vida. Isso significa que você não está realmente transformado. Você precisa integrar o supramental e o *samadhi* em toda a sua vida. Você descobre a consciência expandida em você, em todas as situações da sua vida. Depois, você cria uma unidade em sua vida. Este é o princípio da integração dupla: integrar sua vida na espiritualidade e a espiritualidade na sua vida.

Juntando-se ao restante do universo

De volta ao começo. Muitas vezes somos confrontados com situações de vida e dilemas que não podemos resolver da perspectiva mental simplesmente porque temos a impressão de que precisamos de mais dados. Olhando mais de perto, percebemos que, perdidos no labirinto da mente, temos muita dificuldade para tomar uma decisão, não porque não temos as informações, mas porque existem muitos pontos de vista sobre a mesma informação.

No entanto, o resultado é sempre claro no final e, algumas vezes, dizemos: *"Eu devia ter dito aquilo"* ou *"Eu devia ter feito isso"*. E existem alguns momentos abençoados na vida em que nos sentimos ótimos, nos sentimos em um espírito elevado e vemos as coisas com um tipo de visão de águia, percebendo todos os detalhes com precisão e, ao mesmo tempo, tendo uma perspectiva extraordinariamente ampla que nos permite tomar a decisão certa de imediato.

Dessa perspectiva, tudo parece muito claro, nada mais está enevoado nem muito complexo. A pergunta que surge muitas vezes é: *Como podemos acessar com regularidade essa visão de águia?*

A resposta está em um estado especial de consciência que só é acessível depois de algumas transformações radicais. Esse é o estado supramental que Sri Aurobindo descobriu, mas não pode corporificar porque ele não pode ser corporificado no corpo físico que temos. Nesse estado supramental, a estrutura mental, incluindo aquelas da mente mais elevada ou da alma, é transcendida; a mente discursiva (a produtora de todos os pensamentos dualistas) é silenciada porque nós não a alimentamos mais com a nossa atenção. Para muitas pessoas, esse estado supramental pode parecer muito difícil de obter, mas, com um pouco de esforço, podemos entender com facilidade (ao menos intelectualmente) a realidade desse estado que está a apenas um piscar de olhos, um salto quântico de distância de nosso nível de ser da alma.

Esse estado supramental é um estado caracterizado, em primeiro lugar, pela percepção-consciente; em segundo lugar, pela exploração preparatória (formação da alma), e, em terceiro, pela penetração do que é chamado de bainhas vital e mental (incluindo o que chamamos de alma). Sua corporificação exige a construção de uma estrutura energética além das bainhas mental e vital que inclui a mente mais elevada (e o vital mais elevado) da alma. Essa é a estrutura energética do seu ser responsável por integrar você com o universo, fazendo as conexões sutis que traduzem a individualidade – corpo, mente, alma – na universalidade em seu tempo e local corretos. Todos têm essa estrutura energética em espera, em potencialidade; porém, muito poucos a têm desperta no nível da consciência total da percepção-consciente; para a maioria das pessoas essa é apenas uma potencialidade.

Há muitos anos, quando eu (Amit) tinha uma mente de iniciante, tive um sonho. No sonho havia um ser radiante, e eu estava olhando para ele com alegria indescritível. Eu não conseguia não olhar para ele; a alegria era tão sedutora que eu olhava para ele o tempo todo. Quando acordei de manhã, contei meu sonho para meu professor da época. O professor arregalou os olhos e disse: "Amit, você não sabe o que o sonho significa? Você estava olhando para si mesmo em um tempo futuro".

Sri Aurobindo fez muitos anos de exploração na direção desse estado supramental e, por fim, despertou para ele. Mas, ao analisarmos sua vida depois disso, a conclusão científica tem de ser de que ele não conseguiu estabilizar essas estruturas de energia necessárias. A conclusão é o que eu tenho dito o tempo todo: é impossível fazer representações diretas do arquétipo supramental no corpo físico terreno de matéria comum.

A participação de nossa vida na vida universal na ausência da penetração nesse nível supramental de um tipo diferente de existência física é muito limitada no nível da saúde mental positiva, ou mesmo a alma ou o pensamento da mente superior desses níveis estão além do nível de sobrevivência, com certeza. Mesmo da perspectiva exaltada da saúde mental positiva ou da alma, nosso acesso à vida universal é governado pela sincronicidade. É provável que, depois de despertar para a percepção--consciente da estrutura supramental, nós nos tornemos conscientes da interação permanente que ocorre entre a individualidade e a totalidade, tornando tudo coerente e sincronizado. Nas tradições espirituais, isso é descrito como um renascimento em um corpo físico universal enquanto o corpo físico terreno permanece uma opção. Isso é científico? A descoberta de que 25% da matéria do universo é uma matéria escura mais "sutil" nos dá esperança de que uma ciência de um corpo físico universal não esteja tão distante de nosso horizonte.

Uma característica simples desse nível energético transmental-vital de nosso ser é que ele não depende de nenhum aspecto particular da vida, ele é aquela parte universal de nosso ser que é especificamente projetada para todos nós. Essa estrutura supramental é oculta ao nosso nível racional normal de percepção-consciente; ela está além de nossa capacidade cognitiva porque nossa percepção-consciente está completamente presa nos detalhes de nosso melodrama pessoal, reduzindo tudo o que é geral e universal a algo que é particular. Por exemplo, quando você está aqui nesta sala, você está aqui nesta sala específica. Bom, o que há de específico nesta sala? É o endereço? É a cor das paredes ou o piso? Ou são as lembranças específicas que temos ligadas a ela? Na realidade, é só uma caixa mental que você criou e associou a todos esses atributos específicos. Na realidade, é apenas uma sala como qualquer outra, mas nós a vemos não como só uma sala, nós a vemos como sendo apenas esta sala específica. Sua universalidade está oculta por trás dos detalhes específicos associados a ela por nossa mente racional comum, *manas*.

Para as pessoas de mente racional, é isso que elas geralmente chamam de *realidade* e, portanto, estão trancadas nesta sala específica. Também porque os sentidos estão "gritando" para elas todos esses detalhes a que elas inconscientemente se associam e, com esta sala específica, elas criam esta realidade como a realidade. Assim, o nível supramental, de onde surgiu todo o conceito de um ser mental, é coberto por todos os detalhes específicos e, em resultado, não conseguimos percebê-lo ou, no máximo, nós o percebemos como um conjunto de leis físicas que não podemos penetrar. Esse é o curso essencial para que a consciência crie vida, mente e evolução em um planeta.

Mesmo oculto pelos detalhes da realidade, é possível para qualquer pessoa conceitualizar esse estado supramental bem agora, graças ao poder da ciência quântica e, depois, resolver penetrar o mental e o vital e obter acesso momentâneo ao supramental com mais esforços transformadores. Mesmo enquanto lê estas linhas, você está formulando suas ideias e experiências fundamentais no nível supramental na forma de algumas intuições e intenções, mas elas são imediatamente "engolidas" no nível mental em que você as atribui para a personalidade específica que tem — você lhes dá o toque pessoal de seus pensamentos até que tudo se transforma em uma saga contínua da personalidade muito detalhada que não pode ser distinta de seus elementos básicos.

É exatamente como quando você olha para um quadro com técnica de pontilhismo, quando não consegue ver os pontos individuais de cores porque as cores já estão contidas nas imagens que criam todo o quadro. Portanto, você não consegue ver apenas o ponto vermelho, por exemplo, se estiver olhando para o quadro como um todo. Falando analogicamente, é assim que o estado supramental é oculto nos estados diários normais que temos.

Existem alguns elementos relativos ao trabalho mental que nós geralmente ignoramos (e pagamos caro por essa ignorância): o poder associativo da mente comum inferior (*manas*) que combina as experiências passadas com as percepções presentes para criar um futuro previsível por meio das projeções. Dessa perspectiva, podemos dizer que a estrutura mental inferior está trabalhando com os domínios do passado e do futuro. Na ausência dessas duas dimensões de tempo (passado e futuro), a mente inferior está bloqueada porque não há nada com que associar as percepções do momento presente. Com essa observação, você pode entender facilmente por que o momento presente pode ser um portal genuíno para o estado supramental quando observado atentamente. Quando a mente inferior para, o estado supramental brilha.

Outra analogia que muitas vezes é usada na tradição espiritual é a superfície de um lago. Quando a água é perturbada por ondas criadas por fatores exteriores ou por movimentos internos da água, então você pode ver os reflexos da luz e do céu na água, mas eles só vão mostrar a superfície da água com milhões de fagulhas de imagens fragmentadas refletidas nela. Quando a água está muito parada, então não podemos mais ver sua superfície porque vemos apenas o fundo do lago. A superfície reflexiva aparentemente desaparece, revelando o que estava oculto pelo reflexo caótico sobre a superfície agitada: o leito do lago que sustenta o próprio lago. Analogicamente, o supramental é o leito do lago que está sustentando todas as atividades mentais e emocionais, e está oculto pelo resultado dessas atividades. Sua potencialidade é atualizada assim que essas atividades cessam. O nível da alma é a preparação para atingir a superfície calma da água do lago.

Existem muitos métodos para silenciar a mente, e eles são bem fáceis de praticar. "A dificuldade é sacrificar todos os detalhes sem sentido, mas aparentemente úteis, que mantemos na mente inferior e que desaparecem quando a mente está quieta." Para a maioria das pessoas, a meditação e o treinamento mental fracassam no momento em que precisam desistir do conteúdo da mente inferior; para muitos, a mente inferior se parece com a casa de uma anciã, cheia de todas as coisas velhas que ela não consegue jogar fora por causa de seu *valor emocional*.

Dizem que, quando Einstein se preparava para deixar a Alemanha de Hitler e ir para os Estados Unidos, sua esposa, encarregada de embalar os objetos da casa, não conseguia decidir o que deixar para trás. Einstein brincou: "Você está apegada aos móveis". Não era brincadeira.

Isso nos dá outro método para acessar um vislumbre do estado supramental além da abordagem gradual de desenvolver primeiro um nível da alma de existência e de vida: o foco da atenção no momento presente. Místicos como Jiddu Krishnamurti e Eckhart Tolle defendem isso. A mente inferior existe apenas no contexto de usar o passado e o futuro como base de suas associações. Ao focar apenas o momento presente, a mente inferior está imóvel, congelada no momento dourado do agora. Nessa ocasião, o estado supramental pode brilhar.

Mesmo assim, é impossível viver no estado supramental como uma homeostase enquanto estamos no corpo físico terreno denso. Sair temporariamente das bainhas dos *koshas* vital e mental não é suficiente, precisamos de uma nova capacidade de criação de memórias. Só podemos especular sobre um corpo físico mais sutil capaz dessa criação de memórias.

Para almas cansadas que desejam libertação do ciclo de nascimento-morte-renascimento, este é o momento de explorar o arquétipo do *self*. Após o *insight* chamado *realização do self*, o praticante manifesta a vida altruísta e, como o *self* quântico não fornece homeostase, há apenas um lugar para se viver: no inconsciente, mas na consciência una, o domínio inconsciente das potencialidades anteriormente não manifestadas. Isso é o que as tradições espirituais chamam de compreensão profunda de Deus. Na Índia, esse estado é chamado *Nirvikalpa Samadhi* ou *Turiya*. Isso é discutido mais detalhadamente no meu livro *Criatividade quântica*.

Mesmo durante o desenvolvimento do nível da alma, o treinamento desse foco no momento presente, mesmo que apenas por alguns momentos por dia, começará a despertar a intenção para a inteligência supramental em sua forma verdadeira, de um ser supramental em manifestação. As tradições da sabedoria nos asseguram que tal ser é possível; a ciência nos diz que não podemos ter essa manifestação neste corpo físico.

O livro *Um curso em milagres* (Foundation for Inner Peace, 1994) sugere uma ciência da eternidade. Existem pessoas que vivem na eternidade manifesta? Como cientistas, como ativistas quânticos, como almas parcialmente despertas, continuaremos investigando.

E se?...

Vamos terminar este capítulo com uma ideia muito especulativa. Ainda não sabemos muito sobre o despertar da kundalini do sétimo chakra coronário. O que sabemos é que o chakra está conectado à função do lobo parietal superior posterior (PSPL) — produzindo imagem corporal e identificação com o corpo físico. As evidências neurocientíficas já estão sugerindo que, quando as pessoas têm experiência fora do corpo, a atividade da PSPL é muito reduzida.

Também mencionamos a afirmação na literatura espiritual sobre um renascimento no corpo *sambhogakaya* após a morte, quando alguém está qualificado para isso. Esse corpo *sambhogakaya* talvez seja feito de matéria escura.

A grande questão é o que qualifica uma pessoa para o privilégio de um corpo *sambhogakaya*? Pode muito bem ser a experiência do arquétipo da inteireza em sua forma verdadeira, não apenas no plano mental, mas também no plano vital. Este último consiste no despertar da kundalini do chakra coronário.

Se alguém renasce em um corpo *sambhogakaya*, ele vem com a capacidade de representar diretamente os arquétipos. Nas encarnações subsequentes na matéria terrestre, esse corpo *sambhogakaya* estaria disponível não localmente, por meio da mediação da consciência, para criar memórias diretas de experiências supramentais, sem recorrer ao mental ou ao vital. A seu modo, esse ser terreno também teria alguma conexão cósmica.

capítulo 19

é possível experimentar os arquétipos sem separação?

Fala-se na literatura espiritual da Índia sobre *Savikalpa Samadhi* (*Samadhi com separação*) e *Nirvikalpa Samadhi* (*Samadhi sem separação*), os quais se referem ao arquétipo do *self*. *Savikalpa Samadhi* é a experiência da realização do *self*. Ele é atingido por meio do processo criativo da criatividade fundamental, como qualquer outro arquétipo. Assim, o momento criativo do ahá para qualquer arquétipo pode ser chamado de realização *savikalpa* do arquétipo.

O estado de *Nirvikalpa* do *Samadhi* é alcançado no estágio da manifestação do processo criativo para o arquétipo do *self*. Se nossa analogia estiver correta (e por que não estaria?), então deve haver estados acessíveis de *Nirvikalpa* para cada arquétipo.

Neste livro, falamos sobre os corpos individuais que temos, que desenvolvemos: o corpo físico, o corpo vital, o corpo mental e o corpo da mente mais elevada e do vital mais elevado que chamamos de *alma*, que representa aproximadamente nossas experiências arquetípicas. Podemos até mesmo considerar nossa consciência una, para a qual *a experiência do self quântico* é o portal, como um quinto corpo. Nos Upanishads, esses corpos são chamados de *kosha*, cuja tradução em inglês é *sheath*, ou "bainha" em português.

A quinta bainha é chamada de *Anandamaya kosha* porque não tem limites estruturais ou nem mesmo funcionais, só uma alegria ilimitada chamada *Turiyananda*. A realização do arquétipo do *self* leva à realização de que o *self* é um não *self*, e o *self* (quântico) é um portal para a unidade, um portal para penetrar todos os *koshas*, inclusive o *Vigyanamaya kosha* (o quarto *kosha*, correspondente ao supramental) até o *Anandamaya kosha*. O preço para a entrada é abrir mão de todos os apegos, de todos os desejos. Só então, sempre que processarmos no inconsciente, seremos o inconsciente quântico das possibilidades anteriormente não manifestadas sobre o qual Deus preside. Assim, podemos cair em Deus, *Anandamaya kosha*, no estado *Nirvikalpa* de *Turiya*.

Não podemos pensar em *Anandamaya kosha* como a morada do arquétipo do *self*, cuja verdadeira natureza é Deus? Da mesma forma, não podemos esperar que exista uma experiência de *Nirvikalpa* para cada um dos arquétipos e que uma terra no mundo *Vigyanamaya* possa ser atribuída a esse local (*loka* em sânscrito)?

Como seria experimentar tal terra arquetípica em *Nirvikalpa*? Você só pode descrever o que experimenta depois de acordar da visita a sua terra arquetípica. E usando o quê? As representações mentais do inconsciente coletivo. Dessa maneira, obtemos descrições vívidas da terra arquetípica na literatura espiritual da Índia. Um exemplo recente são as experiências de Ramakrishna com a deusa Kali. Outro exemplo é o de Maomé, que falou de experiências com o arcanjo Gabriel. Outro exemplo são as freiras carmelitas que falam de experiências com Jesus.

Se você nunca ouviu falar de Kali, o grande Nelson Mandela a tornou famosa quando ele visitou a Índia há alguns anos. Quando lhe perguntaram de qual cidade da Índia ele mais gostava, para surpresa de todos, disse: Calcutá. Quando lhe pediram para explicar, ele disse: *Porque essa é a única cidade em que uma deusa negra* (sim, é assim que Kali é retratada) *pisoteia um deus branco* (*Shiva*).

Outra pergunta de um milhão de dólares. Qual seria a imagem arquetípica do arquétipo da inteireza? Existe alguma referência ao arquétipo da inteireza nos relatos sobre os grandes sábios que visitam esse arquétipo?

Surpreendentemente existem muitas referências a tais visitas e às pessoas que as fizeram. A mais famosa dessas pessoas é o lendário rishi *Narada*, que visitava regularmente Goloka, onde reside o arquétipo da inteireza – *MahaVishnu*. Não é uma coincidência que outro nome de *Mahavishnu* seja *Narayana*, que significa literalmente o caminho (*yana*) do ser humano (*nara*). Narayana – o arquétipo da inteireza – é o caminho para a espiritualidade do ser humano que permanece no ego.

Certo, existe mais alguma imagem conhecida? Na Índia, há também um conceito muito mal-entendido do *avatara*, popularmente compreendido como "Deus encarnado ou filho do Deus". Na verdade, isso não faz nenhum sentido científico, se você tende a ver Deus como o agente da causação descendente ou Brahman com qualificação ou consciência quântica. Não, aqui a fonte do *avatara* tem de ser *MahaVishnu*. Na verdade, os *avataras* da mitologia indiana são chamados de encarnações de *MahaVishnu*.

Geralmente, *MahaVishnu* não assumiria uma forma encarnada com toda a sua inteireza, mas apenas como uma parte *avatara* que será representada como um dos arquétipos menores, como a justiça (*Rama*). A única exceção é *Krishna*. *Krishna* é chamado de *purnaavatara*, o *avatara* da própria inteireza. A palavra sânscrita *purna* significa inteireza.

Os mitos indianos vão fundo no significado. O primeiro diz o seguinte: *Dharma* ou *Tao* está com problemas profundos na Terra.

Os deuses (as representações dos arquétipos em nosso inconsciente coletivo) estão debatendo o envio da inteireza em sua verdadeira forma para se encarnar, como *avatara*. E se ele esquecer quem é? (Muito quântico; a memória não local é na verdade potencialidade. Ela tem de ser desencadeada para se cristalizar.) Portanto, eles decidem enviar *Radha* junto, um pouco antes de *Krishna. Radha* é o arquétipo do amor. Eles encarnam, e *Radha*, que é sete anos mais velha em seu corpo encarnado, ajuda *Krishna* a lembrar de quem ele é, guia *Krishna* durante a adolescência até que ele esteja pronto para estabelecer o *Dharma* no restante do mundo.

Isso é prosaico demais e não satisfaz os românticos. Foi criado então outro mito em que *Krishna* e *Radha* são amantes românticos. É claro que, enquanto *Radha* ama dentro de um relacionamento de compromisso, o amor de *Krishna* inclui a todos. Nessa lenda, *Krishna* tinha *Radha* como uma amante, mas também tinha dez mil outras amantes. E, é claro, *Radha* muitas vezes é retratada como ciumenta em algumas lendas. Isso é um grande mal-entendido: o amor de *Radha* é incondicional.

Como *Krishna* pode satisfazer todas essas mulheres? Outra lenda explica. Isso tem a ver com o amor lendário de *Krishna* e de suas *gopis* (a palavra sânscrita para consorte) celebrado na tradição hindu *Vaishnavite*. Em noites especiais de lua cheia, *Krishna* dança com as dez mil *gopis*, ao mesmo tempo. Ou assim diz a lenda. *Krishna* consegue se multiplicar em dez mil corpos? Se você pensar no amor de *Krishna* como amor no espaço e no tempo, como um circuito cerebral, vai encontrar um enigma nessa lenda. Isso tem de ser uma metáfora. E é. O amor incondicional e inclusivo de *Krishna* é sempre celebrado fora do espaço e do tempo, não localmente, como relacionamentos com a potencialidade da hierarquia entrelaçada que pode se manifestar com qualquer pessoa que entre em sua esfera de vida.

Unindo tudo

Essa não foi a primeira vez que se fez uma tentativa de definir um caminho espiritual para pessoas do mundo. O Bhagavad Gita, que apresenta o que Krishna, o *avatara*, tinha a dizer para o homem do mundo, Arjuna, sob a forma de uma longa canção, pode ter sido uma dessas tentativas.

O que você precisa observar é que a metafísica do Gita não é a metafísica do Vedanta, o não dualismo perfeito, mas *Samkhya*, uma filosofia aparentemente dualista. Se olhar com as lentes quânticas, você poderá ver facilmente que Samkhya é, na verdade, a respeito do não dualismo qualificado.

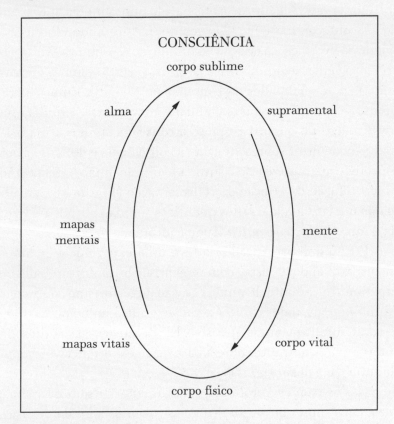

Figura 16. Involução e evolução

Na visão de mundo quântica, a consciência é o terreno do ser com potencialidade de sujeito e potencialidade de objeto científica em si – respectivamente *purusha* e *prakriti* na linguagem de Samkhya. A metafísica do Bhagavad Gita é igual à da visão de mundo quântica. E o Gita de fato também tenta integrar a epistemologia: todos os caminhos diferentes para a espiritualidade que as pessoas estavam usando na época – chamados de raja yoga, karma yoga, bhakti yoga e jnana yoga.

A tentativa seguinte de integração foi feita por Sri Aurobindo. Aurobindo não só tentou criar uma epistemologia integrativa, a que chamou de yoga integral, mas também uma nova metafísica completa equilibrando o transcendente e o imanente. Falando filosoficamente, o não dualismo do Vedanta está correto: a realidade última é eterna; ela nunca muda; aqui nada pode acontecer. Para que algo aconteça, Aurobindo vê a necessidade da involução: a criação da limitação. A primeira limitação é a consciência com qualificações — sat, chit, ananda. Depois vêm as potencialidades da consciência — o sutil. Então, finalmente, a matéria em potencialidade com inércia completa no nível macro no que diz respeito à consciência; mas a matéria macro pode fazer representação da consciência e de seus vários aspectos e atributos como o sutil. A evolução então é vista como uma evolução da criação de representação (Figura 16), envolvendo a criatividade e saltos quânticos como explicado no livro de Amit, *Evolução criativa*. Tudo combina.

É dito que Sri Aurobindo teve uma experiência de amor inclusivo quando ele estava em uma prisão britânica em Calcutá, esperando o veredito de uma acusação de terrorismo contra ele. Aurobindo viu todos como *Vasudeva* — outro nome de *Krishna* —, como inteireza, amor inclusivo. Ele desenvolveu sua filosofia integrativa penetrante sobre a base dessa experiência e o poder da intuição e dos *insights* criativos.

Nós não somos Aurobindo, e certamente não somos Krishna, mas, para suprir nossas deficiências, tivemos a ajuda da física quântica, das tradições de sabedoria, resultados de prática árdua e dados experimentais. Na terceira vez deve dar certo.

bibliografia

AUROBINDO, Sri. *The life divine.* Pondicherry, India: Sri Aurobindo Ashram, 1996. [*La vida divina.* Buenos Aires: Kier, 1980. 3 v.]

AUROBINDO, Sri. *The synthesis of yoga.* Pondicherry, India: Aurobindo Ashram. [*Síntesis del yoga.* Buenos Aires: Kier, 1980. 3 v.]

GOSWAMI, A. *Creative evolution.* Wheaton, IL: Theosophical Publishing House, 2008. [*Evolução criativa.* 2. ed. São Paulo: Goya, 2015.]

GOSWAMI, A. *God is not dead.* Charlottsville, VA: Hampton Roads, 2008. [*Deus não está morto.* 2. ed. São Paulo: Goya, 2015.]

GOSWAMI, A. *How quantum activism can save civilization.* Charlottsville, VA: Hampton Roads, 2011

GOSWAMI, A. *Physics of the soul.* Charlottsville, VA: Hampton Roads, 2001. [*A física da alma.* 3. ed. São Paulo: Goya, 2015.)

GOSWAMI, A. *Quantum creativity: think quantum, be creative.* New York: Hay House, 2014. [*Criatividade quântica.* São Paulo: Goya, 2021.]

GOSWAMI, A. *The everything answer book.* Charlottsville, VA: Hampton Roads, 2017. [*Consciência quântica.* São Paulo: Goya, 2018.]

GOSWAMI, A. *The quantum doctor.* Charlottsville, VA: Hampton Roads, 2004. [*O médico quântico.* São Paulo: Cultrix, 2006.]

GOSWAMI, A. *The self-aware universe: how consciousness creates the material world.* New York: Tarcher/Putnam, 1993. [*O universo autoconsciente:* como a consciência cria o mundo material. São Paulo: Goya, 2017.]

GOSWAMI, A. *The visionary window: a quantum physicist's guide to enlightenment.* Wheaton, IL: Quest Books, 2000. [*A janela visionária:* um guia para a iluminação por um físico quântico. São Paulo: Cultrix, 2013.]

PERT, C. *Molecules of emotion.* New York: Scribner, 1997.

RADIN, D. *The noetic universe.* London: Transworld Publishers, 2009.

SEARLE, J. *The rediscovery of the mind.* Cambridge, MA: MIT Press, 1994. [*A redescoberta da mente.* São Paulo: Martins Fontes, 2006.]

TEILHARD DE CHARDIN, P. *The phenomenon of man.* New York: Harper & Row, 1961. [*O fenômeno humano.* São Paulo: Cultrix, 1988.]

WILBER, K. *The Atman project:* a transpersonal view of human development. Wheaton, IL: Theosophical Publishing House, 1980. [*O projeto Atman:* uma visão transpessoal do desenvolvimento humano. São Paulo: Cultrix, 1999.]

índice remissivo

A

abundância, 23, 26, 27, 28, 42, 153, 156, 243,
acupuntura, 18, 175, 176, 197
Agnya (chakra), 203, 207
akarma, 150
alquimia, 113, 232
amígdala, 123, 133
Ananda, 47, 175
Anandamaya kosha, 280
anima, 166, 167, 172
animus, 166, 172
arquétipo, 23, 26, 27, 28, 29, 30, 31
asana, 127, 128, 129, 130, 131
ashram, 39
atenção plena, 24, 77, 96, 140, 142, 147, 262
ativismo quântico, 17, 21, 22, 28, 29, 81
aura, 78,
Aurobindo, 66
avatara, 281, 282
Ayurveda, 18, 125

B

Bhagavad Gita, 28, 66, 149
bhakti yoga, 66, 283
Bohm, David, 59
Bohr, Niels, 54, 74
Brahma, 37, 38, 58
Brown, Spencer G, 59
Buda, 33, 103, 117
buddhi, 248

C

Capra, Fritjoff, 45, 51
causação descendente, 281
centramento no presente, 258
cérebro
    circuitos cerebrais emocionais negativos, 22, 73, 80, 106
    chakra frontal, 120, 122, 124, 153
    terceiro olho, 125, 198
chakras, 23, 24, 25, 26, 99
    Anahata, 206, 240
    básico, 105, 121, 123, 198, 200
    coronário, 125, 198
    laríngeo, 121, 124, 198, 206, 207, 208
    Manipura, 205, 206
    Muladhara, 203
    Sahasrara, 209, 240, 242
    sexual, 105, 121, 123, 198, 200, 202, 204
    Swadhisthana, 203-204
    umbilical, 74, 99, 105, 121, 123, 161
    Vishuddha, 206, 207
chi kung, 186, 196, 201

Chopra, Deepak, 176
cinco corpos, 175
circuito cerebral emocional negativo, 22, 73, 80, 106, 121, 145, 244
colapsar, 44, 104, 105
colapso (ciência quântica), 105, 123, 163, 200
consciência cósmica, 17, 108
consciência quântica, 217, 223-225, 281
construção da alma, 133, 147, 210, 267
corpo
    material, 64
    mental, 186, 187, 279
    sublime, 167, 188
    supramental, 167, 187
    vital, 64, 99, 122, 123, 128
córtex cingulado anterior (CCA), 146
criatividade
    exterior, 67, 91, 92
    fundamental, 68, 76, 79, 111, 211
    interior, 67, 80, 91
    situacional, 67, 68, 69, 73, 75, 144

cura espontânea, 40, 176
cura quântica, 18, 175, 176, 180

D
danava, 71, 72, 73, 75
descontinuidade, 73
desequilíbrio, 260
deva, 71, 72, 73, 76
dharma, 26, 28, 42, 112
dicotomias, 21, 22, 34, 159
    bem-mal, 106, 244
    interior-exterior, 159, 160
divisão sujeito-objeto, 64, 188
do-be-do-be-do, 75, 76, 116, 142
dualismo, 86, 283

E
Eberhardt, Jennifer, 245
ecologia, 161, 162
Einstein, Albert, 91, 117
entrelaçamento, 18
Ervin Laszlo, 59
espiritualidade quântica, 108, 115, 116, 255, 268
estômago, 40, 121, 123, 202
evolução, 22, 43, 79

experiência ahá, 197
experiência de fluxo, 119, 187, 264

F
felicidade, escala da, 29, 30, 115

G
Gaia, 161, 162
Gandhi 179, 202, 265
genes, 22, 105
Gilligan, Carol, 224, 252, 254
Goleman, Daniel, 24, 96, 263
Goloka, 281
gunas, 154, 155, 156, 157

H
hatha yoga, 128, 186, 237
hierarquia
    simples, 60, 117, 177, 222, 253
    entrelaçada, 60, 73, 76, 77, 116
higiene, Mental, 162, 165, 183
hiperatividade, 75
holismo, 51, 60
homeostase, 201, 212, 275

I

iluminação, 17, 27, 30, 31

imanente, 18, 20, 21, 22, 159

impotência, 204

incubação, 134, 142, 202

insight, 48, 65, 66, 68

inspiração, 134, 202, 211

Instituto HeartMath, 81

inteligência

    emocional, 31, 81, 96, 98, 99

    mental, 31, 34, 87, 88

    supramental, 31, 34, 193, 197

intenção, 134, 202, 211

intuição, 18, 19, 22, 26, 49, 134, 202, 211

J

Jung, Carl, 46, 119, 165, 166

K

Kabir, 63

Kali, 280, 281

Kapalabhati, 202

karma yoga, 66, 149

karma, 66, 107, 109

Koshas, 275, 280

Krishna, 156, 159

Krishnamurti, Jiddu, 69, 261

Krishnamurti, Uma, 97, 162, 186

kundalini, despertar da, 200, 201, 202, 276, 277

L

lutar ou fugir (reação), 133

M

Maharshi, Ramana, 147, 168, 187

Mahavidya, 236

Mahavishnu, 281

manava, 71, 73 77, 179

Mandela, Nelson, 280

mantra, 46, 66, 134, 138, 155, 186, 256

Matangi, 241

materialismo científico, 19, 51, 54, 57, 59

medicina tradicional chinesa, 255

mente-cérebro, 216, 269

metafísica, 253, 283, 284

milagre, 139, 237, 256, 264, 276

mindfulness. Ver atenção plena

Mirabilis Mundi, 189

místico, 20, 21, 28, 57, 58, 63, 69

moralidade, 244, 253, 254

Moss, Richard, 23

movimento da consciência, 81, 107, 151, 163, 205

N

nadis, 125

não localidade, 57, 58, 73, 74, 77, 86, 127

Narada, 281

Narayana, 281

neurociência, 101, 169

neurose, 229

Nirvikalpa Samadhi, 34, 276, 279

Nirvikalpa, 34, 276, 279, 280

O

O segredo, 107

ondas gama, 262, 263

órgão-v, 62

P

paraíso, 19, 21, 22, 106, 226

Patanjali, 130, 139, 160, 181

Pattani Sunita, 30

pensamento quântico, 28, 140

persona, 49, 71, 74, 76, 117

polaridade, 218, 219, 220, 221, 222, 225

político, 85, 86, 173, 222

pranayama, 186, 196, 201, 202

prece, 81, 184

Precision Nirvana, 160

pré-consciente, 199,

processamento inconsciente, 76, 134, 139, 140, 142

processo criativo, 67, 75, 76, 114, 144, 211

Programa, 22, 60, 122, 195, 196

psicologia transpessoal, 25,

purnaavatara, 281

R

Radha, 282

rajas, 111-112, 154-157

Ramakrishna, Sri, 246, 280

reencarnação, 28, 34, 42, 111, 112

relacionamento íntimo, 96, 98, 133, 148, 153

ressonância (estado/processo), 81, 127-130

ressonância magnética funcional (fMRI), 76

Rumi, 249

S

salto quântico, 48, 57, 65, 74, 91

Samadhi, 34, 48, 197, 256, 270

Samkhya, 283

Sananda, 48

sattva, 111-112, 154-157

Savikalpa, 279

Searle, John, 89

self quântico, 24, 25, 64-66, 74

Shakti, 200, 219

Shiva, 219, 281

sincronicidade, 91, 119, 235, 272,

sistema imunológico, 124, 146, 168, 169

soma, 63, 242

T

Tagore, Rabindranath, 264, 265

tai chi, 186, 196, 201, 202

tamas, 111-112, 154-157

tantra, 66, 105, 125, 126, 180

Tara, 236-237, 238, 281, 282

Teilhard de Chardin, 80

The quantum science of happiness, 30

Tolle, Eckart, 275

transcendente, 19, 21, 159, 219, 234, 284

transpessoal, 25, 28, 29, 115, 143, 144, 206

Turiya, 276, 280

U

Universidade Maharishi, 80

Upanishads, 37, 71, 265, 279

V

Vasudeva, 284

Vedanta, 283

vegetarianismo, 186

Vigyanamaya kosha, 280

visão de mundo quântica, 19, 20, 23, 25, 29

viveka, 253

Vivekananda, Swami, 246

Von Neumann, John, 54, 60

Vyasa, 130

W

Wheeler, John, 60

Wolf, Fred Alan, 107

Y

Yama, 265

yin-yang, 219
yoga, 18, 66, 91, 97, 126
yoga quântica, 186
Yoga Sutras, 130

TIPOGRAFIA:
Walbaum MT [texto]
Ocean Sans [entretítulos]

PAPEL:
Pólen Natural 70 g/m² [miolo]
Supremo 250 g/m² [capa]

IMPRESSÃO:
Gráfica Paym [setembro de 2024]

1ª EDIÇÃO:
Junho de 2021 [1 reimpressão]